数字化转型与企业高质量发展

PLATFORM ECOSYSTEM GOVERNANCE
A New Framework in the Digital Era

平台生态系统治理

数字时代的企业治理范式

易靖韬 著

中国人民大学出版社
·北 京·

前言

近50年来,对世界影响最大的管理理论之一就是哈佛大学教授迈克尔·波特提出的企业竞争优势理论,他本人被喻为"竞争战略之父"。波特的理论研究基于美国、日本等发达国家的企业成长实践,特别是制造企业和制造经济的管理实践。随着全球逐渐进入互联网时代以及数字时代,特别是在制造企业和制造经济遭遇历史性天花板后试图转向数字制造服务经济的时代大背景下,波特的竞争理论逐步失去了时代的意义。

中国40多年改革开放取得了巨大的成就,在制造业却很少产生全球范围的最佳实践。但今天中国一系列的数字经济新场景、新实践、新企业,都已经处于全球引领地位,百度、阿里巴巴、腾讯、京东、小米、今日头条等企业和平台提供了世界上超大的管理学实验室。中国在世界制造经济时代属于跟随者,但随着全球进入互联网时代和数字时代,中国已经从跟随者转变为创新者甚至是先驱者和领导者。我们提出的生态系统竞争优势理论正是基于数字时代全新实践的深刻洞察,系统地刻画了以数字平台为基本支撑的生态系统的运行机制及其底层逻辑,从而帮助人们更好地理解平台企业近年来在全球市场迅速崛起的独特现象及其背后的经济规律。

数字时代平台企业的崛起引起了学界浓郁的研究兴趣,尤其是关于生态系统竞争优势的研究。然而社交平台内容违规、版权侵犯问题突出，购物平台质量低劣、滥用市场支配地位、偷税漏税事件频发，出行平台准入门槛低、疏于监管导致安全事故，搜索平台竞价排名导致信息误导，支付平台隐私保护不当和数据泄露，这些均对平台企业提出了重要的社会责任议题。而这些问题的交织也要求学界对平台企业在世界舞台上的崛起这一独特现象采取更加平衡的研究视角，不仅要关注其崛起的底层逻辑即竞争优势，也要关注其崛起的社会影响即社会成本。因此，我们从平台生态系统的竞争优势和社会成本两个角度全面客观地考察平台企业在未来的可持续发展问题。

在数字时代，互联网平台企业逐渐成为促进国民经济发展的重要支柱产业，在经济和社会的数字化转型进程中发挥重要的战略牵引作用。在商业实践中，平台生态系统的运行特征与传统监管治理体系的不适配对数据要素的充分流动形成重要制度障碍，显著影响数据要素流动交易过程中的价值实现和创新潜能，同时对传统监管治理模式带来了巨大挑战。平台生态系统的治理问题成为当前产业组织、战略管理、国际商务等领域的学术研究热点和中央及地方各级监管部门政策研究的关注重点。本书立足于平台生态系统的全新学术视角，系统考察以平台为基本支撑的生态系统的运行机制，深度挖掘数据驱动的企业创新的底层逻辑，提出构筑内部治理、政府治理和社会治理多元协同动态治理体系，加强对平台经济的科学合理监管，促进数据要素的有序合规流动等诸多建议，以帮助充分释放数据要素的价值潜力和创新潜能，推动平台经济蓬勃健康发展，向构筑国家竞争新优势战略方向迈进。

目录

第1章
导论：平台生态系统的治理逻辑 / 001

1.1 平台的包容发展与审慎治理：数字时代的迫切需求 / 001

1.2 本书贡献 / 004

1.3 本书概要 / 006

第一部分　起点：平台生态系统的运行机制

第2章
前置问题：平台生态系统如何运转起来 / 009

2.1 首要工作：界定准入规则，明确技术架构 / 010

2.2 重要目标：扩大用户基础，撬动规模效应 / 023

2.3 有效运行：用模块化结构调动互补者 / 038

2.4 长效发展：平衡价值创造与价值分配 / 051

2.5 讨论与小结 / 065

第3章
逻辑起源：平台生态系统的治理需求 / 067

3.1 治理核心：使平台各方利益摩擦最小化 / 067

3.2 治理难点：存在多方主体，牵一发而动全身 / 079

3.3 治理动态：平台生态系统治理机制的动态调整 / 085

3.4 治理责任：平台社会化属性的底线要求 / 094

3.5 讨论与小结 / 104

第二部分　症结：传统治理逻辑与平台生态系统治理需求的矛盾

第 4 章
市场进入：冲击市场准入原则 / 109

4.1 理论分析：模块化架构的运行原理 / 109

4.2 传统企业组织生产的逻辑 / 114

4.3 网络欺诈与假冒伪劣典型案例 / 117

4.4 讨论与小结 / 120

第 5 章
权责界定：多归属行为加大责权利界定难度 / 122

5.1 理论分析：多归属行为的理论解释 / 122

5.2 传统企业的责权利划分 / 130

5.3 平台恶性竞争行为典型案例 / 133

5.4 讨论与小结 / 135

第 6 章
动态竞争：网络外部性挑战现有竞争规则 / 137

6.1 理论分析：网络外部性是一把双刃剑 / 137

6.2 网络外部性争夺的潜在问题 / 142

6.3 大型平台垄断市场典型案例 / 150

6.4 讨论与小结 / 153

第7章
边界流动：跨行业、跨地区经营亟待协同 / 155

7.1 理论分析：平台跨界垄断的可行性 / 155

7.2 条块分割与属地监管的适用性与局限性 / 163

7.3 跨界垄断、数字税收与数字贸易问题典型案例 / 166

7.4 讨论与小结 / 170

第8章
全新挑战：大数据技术催生新的治理问题 / 172

8.1 理论分析：大数据杀熟与算法合谋的逻辑基础 / 172

8.2 为什么现行反垄断法不能解决大数据垄断问题 / 180

8.3 信息泄露与信息滥用、大数据垄断典型案例 / 183

8.4 讨论与小结 / 187

第三部分 视野：探索平台生态系统的治理路径

第9章
他山之石：平台生态系统治理的国际经验 / 191

9.1 美国：从宽松向审慎过渡 / 194

9.2 欧盟：治理态度一贯严苛 / 199

9.3 英国：积极研究平台发展难题 / 203

9.4 日本：重视产业创新与国际合作 / 205

9.5 数字经济整体发展战略规划 / 208

9.6 数字平台滥用市场支配地位 / 213

9.7 数字税收 / 220

9.8 数字平台的消费者和劳动者权益保护 / 224

9.9　数字贸易和全球治理 / 229

9.10　讨论与小结 / 233

第 10 章
创新范式：构建平台生态系统协同治理体系　/ 235

10.1　内部治理：细分主体，明确规则 / 235

10.2　外部治理：政府监管，社会引导 / 241

10.3　协同共治：构建完整的协同治理框架 / 246

10.4　讨论与小结 / 248

第 11 章
政策架构：平台生态系统治理的政策建议　/ 249

11.1　平台生态系统外部治理面临的挑战 / 249

11.2　平台生态系统外部治理的政策建议 / 263

11.3　讨论与小结 / 272

第 12 章
未来展望：平台治理与国家治理现代化　/ 273

12.1　国家治理的基本特征 / 274

12.2　平台生态系统的治理逻辑：延续与转型 / 277

12.3　国家治理现代化的挑战和未来 / 280

12.4　讨论与小结 / 281

第1章

导论：平台生态系统的治理逻辑

1.1 平台的包容发展与审慎治理：数字时代的迫切需求

　　人类社会进步取决于社会生产力的发展，每一次生产力革命都会引发生产方式和生活方式的颠覆性变化。从社会发展历史来看，人类经历了农业革命、工业革命，并正在迈进以数字化生产力为主要标志的新阶段。

　　农业革命增强了人类的生存能力，使人类从采集渔猎的野蛮时代走入文明社会。人类从事农耕和畜牧后，逐渐稳定地获得较丰富的食物来源，而且第一次有可能生产出超过维持劳动力所需的食物，并随之产生社会分工和物品交换。随着物质资源不断丰富，商人、集市等连接农业产品交换的"中介"逐渐兴起，人类开启了资源共享的生活方式。

　　工业革命后，机器取代了人力，大规模工厂化生产取代了工场手工生产。制造技术的突破极大地提高了人类社会的生产力，也催生出全新的商业网络，人类更加深入地开发互补产品、技术或服务，更加广泛地进行商品交换。

　　当前，新一轮科技和产业革命蓄势待发，信息技术和产业的发展催生出数字经济，人类历史进入继农业经济、工业经济之后又一个新的历史阶段。在新一轮革命中，重大颠覆性的技术不断涌现：大数据、人工智能、移动互联网和云计算成为信息技术新时代的重要特征，工业持续升级，从工业1.0走向工业4.0，数字经济主战场从消费互联网走向产业互联网并剑指元宇宙，全球信息化进入全面渗透、跨界融合、加速创新和引领发展的新阶段。与以往历次社会生产力革命相比，新一轮科技和产业革命增强了人类脑力，不仅在生产力层面推动劳动工具数字化、劳动对象服务化、劳动机会大众化，而且为新产业、新业态、新模式的爆发积蓄能量，在生产关系层面促进资源共享化、组织平台化。

中国将世界最大的互联网用户体量优势与世界最大的市场规模优势相结合，创造了世界量级的数字经济规模，也孕育了恢宏磅礴的数字产业活动和实践。中国信息通信研究院发布的《中国数字经济发展研究报告（2023）》显示，2022年我国数字经济规模达到50.2万亿元，占国民生产总值（GDP）比重为41.5%，表明数字经济近年来已经成为驱动中国经济增长的重要引擎。从2015年《政府工作报告》中提出"互联网+"，2016年提出"中国制造+互联网"，2017年正式写入"数字经济"，到党的十九大和党的二十大对建设网络强国、数字中国、智慧社会做出战略部署，中国数字经济的发展脉络越来越清晰。

数字经济相对于传统工业经济呈现出很多新的特征，颠覆了传统的治理逻辑和分析框架，亟须全新的治理理念和分析思路。总体来看，数字时代的治理问题呈现出四大主要趋势。第一，数字经济的数据化特征，使得数据开发、确权与保护成为重要的治理问题。第二，数字经济的智能化特征，使得"算法合谋"等新型垄断方式成为全新的治理问题。第三，数字经济的平台化特征，使得针对平台企业的市场准入、市场竞争和责权利界定成为治理问题的焦点，尤其是大型数字平台企业的滥用行为成为监管的难点。第四，数字经济的生态化特征，使得激活多元化治理主体的能力，构建协同共治体系成为政府将要探索的核心问题。

数字经济高质量发展呼唤平台生态系统治理体系创新。平台生态系统是数字经济情境下最活跃的商业模式之一，推动了国民生产生活方式实现质的飞跃。如何推动平台生态系统创新发展、构建多元主体协同治理体系，是当前阶段的重要治理目标。国家治理能力现代化对数字经济情境下的平台生态系统治理提出了新要求。党的十八届三中全会提出国家治理体系和治理能力现代化的重大命题。党的十九届四中全会全面阐释了坚持和完善中国特色社会主义制度、推进国家治理体系和治理能力现代化的总体要求、总体目标和重点任务。党的二十大报告进一步指明，改革开放迈出新步伐，国家治理体系和治理能力现代化深入推进，社会主义市场经济体制更加完善，为构建平台生态系统治理体系实现高质量发展指明了方向。

当前，加强数字经济治理成为全球趋势，各国强调数字经济治理要适应数字经济发展水平。为了给平台生态系统创造充分的发展空间，我国始终坚持包容审慎的治理原则，协同治理的趋势将进一步显现，积极推进多元化主体发挥治理合力，打造责权利分明、激励相容的协同共治格局。我国数字平台竞争现有格局及其特征对我国的市场规制也提出了新的要求。与欧美相比，我国整体数字经济市场处于上升期，中小数字平台众多，部分超大型数字平台实力强劲，逐渐形成了一定的市场势力。因此，我国对数字平台企业的监管，一直以来都是遵循数字经济发展的特有规律，秉持包容审慎的态度，兼顾扩大中小企业发展空间和约束超大企业垄断行为。一方面，我国与欧美反垄断机制的相似点在于都反对占据市场支配地位的企业排挤其他竞争企业，都保障消费者权利，都基于数字经济整体发展目标进行市场规制。另一方面，中国需要发挥大数据、物联网等数字经济基础设施优势，提升市场规制效率，发挥龙头企业引领作用，提升平台自我约束力。

面对平台生态系统情境下传统治理体系的错位与缺位，我们需要跳出传统治理逻辑的思维定式，以平台生态系统独特的运行机制和治理需求为起点，建立政企协同治理框架。这是一个全方位多角度规制平台生态系统内部各类参与者行为的纲领性架构，也是一个通过跨模块协同和内外部共治来灵活适配动态竞争环境的治理框架，深刻揭示了平台生态系统权责分明又不乏有机配合的协同机理。

1.2　本书贡献

本书从协同治理这一特定的视角审视数字平台的治理逻辑。数字平台凸显了各类参与者在价值共创和价值分配中的重要作用，但适应数字平台发展规律的协同治理恰恰是以往平台治理研究中所忽略的，因此这一视角对于现有的治理文献具有独特的贡献和意义。数字平台是一个由所有者、互补者、消费者等多元化主体松散耦合的生态系统，这种结构不可避免地诱发了各类参与者之间的利益交汇和利益冲突。协同治理的关注点正是探究如何设计一种有效的治理机制，协调不同参与者之间的竞争合作关系。协同治理也为国家治理提供了鲜活的微观样本。本书广泛借鉴世界各国政策经验，并结合我国平台经济发展的实践，提出了具有中国本土特色的平台生态系统治理制度框架与政策体系，也为世界各国在数字经济领域的政策治理贡献中国智慧和中国方案。

本书主要实现了三个方面的研究创新：一是构建了完整的平台生态系统协同治理理论分析框架；二是从各行业的代表性案例中归纳了平台

生态系统治理实践的经典问题；三是系统总结了国内治理政策和国外治理经验，提出了符合平台生态系统独特治理需求的政策建议和框架体系。

本书对相关学科建设的贡献可以归纳为三个方面：

第一，平台生态系统治理面向数字时代各种新的经济、管理和治理问题，力求为经济发展过程中涌现的新生事物和新的矛盾提供一种开拓性的解决问题的思路。本书力图解决传统企业治理逻辑和平台生态系统治理需求之间的矛盾，努力建构中国自主的知识体系。

第二，平台生态系统治理融会贯通人文社科多领域的理论，实现跨学科知识交流和学科创新。近年来，社会学、经济学、管理学、法学等领域的学者对数字经济治理展开了丰富的研究。这些研究具有各自的研究关注点和相应的文献脉络。本书的讨论并不是简单平行陈列不同学科的观点，而是试图提供跨学科交叉和融合的方法，把不同学科的关注点和思路融会贯通，形成对于平台生态系统治理机制较为系统的观点和认识。

第三，平台生态系统治理将数字平台研究立足于学术研究的前沿，以期为未来的学术研究开启新的思路。本书的基本逻辑主要借鉴数字时代兴起的数字平台生态系统竞争优势理论（ecosystem-specific advantages，ESA）。① 该理论被收录到国际学术顶级刊物 *Journal of International Business Studies* 的 50 周年庆特刊的刊首文，被评为影响未来 50 年全球经济发展的奠基性理论之一。本书将平台生态系统前沿理论与中国平台生态系统治理实际状况相结合，为数字时代亟待解决的重大问题提供具有内在逻辑的理论分析方法和政策设计思路。

---

① Li J, Chen L, Yi J, Mao J. 2019. "Ecosystem-specific advantages in international digital commerce." *Journal of International Business Studies* 50.

1.3 本书概要

平台在数字经济情境下成为最活跃、最具生命力的商业模式，对平台生态系统的治理关乎平台创新发展、市场公平竞争和社会经济进步。传统企业治理体系不完全适用于数字经济情境，产生了一系列治理错位与缺位问题，因此亟须构建符合平台生态系统特征的协同治理框架。

行业中代表性平台案例也在实践中反映出一些共性的治理问题。社交平台内容违规，购物平台产品质量低劣、滥用市场支配地位、偷税漏税频发，出行平台准入门槛降低、疏于监管，搜索平台信息误导，支付平台数据泄露，等等，对传统企业治理体系提出严峻挑战。

美国、欧盟、英国、日本等数字技术先行国家和地区从构建数字经济发展战略框架、形成数据隐私安全政策保障、制定国际市场数字贸易规则、完善平台税收征管制度等方面对平台生态系统治理进行了积极探索，为我国提供了有益的经验参考。

在综合考虑平台生态系统理论、结合我国平台经济发展现状、借鉴世界各国政策经验的基础上，本书提出完善平台生态系统协同治理的制度框架与政策体系。在国内市场上，稳步推进数字基建、人才培育等基础投入，探索建立公平竞争、数据开放等制度规范，加强倡导内部伦理、外部伦理约束，逐步明确各行业、各市场主体的细分共治责任。在国际市场上，积极参与数字经济全球治理体系建设，推进数字贸易的国际合规进程。

第一部分
起点：平台生态系统的运行机制

第 2 章

前置问题：平台生态系统如何运转起来

在协同治理框架中，平台生态系统各个方面的参与者既是治理的主体，也是被治理的客体。因此，构建协同治理机制，需要基于对平台生态系统微观运行机制极为清晰的刻画和了解。平台生态系统作为当前较为活跃的一种新模式、新业态，常常被媒体、企业与学界热议。然而，与此相关的一个基本问题就是"平台生态系统是如何运转起来的"，答案往往并不是那么明朗。的确，平台生态系统通常体量庞大，涉及高度异质且松散耦合的利益相关者，很难让人洞察到这个庞大机器的内部构造及其运行机制。不过，平台的运转过程确实是饶有趣味和值得探索的，毕竟以平台为基础的生态系统呈现了极其强大的生命力。

（1）平台是如何将松散耦合且各不相同的参与者聚集起来的？

（2）平台是如何协调不同的参与者朝着一个共同目标进行努力的？

（3）平台又是如何协调参与者之间的摩擦和矛盾的？

一方面，了解平台生态系统的运行机制，能够帮助我们识别平台生态系统内的治理主体、治理客体，并在此基础上梳理出平台生态系统治理的对象及其层次。另一方面，了解平台生态系统的运行机制，能够让我们区分平台生态系统治理与传统企业治理的不同。因此，对于平台生态系统运行机制的深刻洞察能够帮助主管部门制定与平台生态系统运行规律相适应的治理规则和政策体系。

2.1　首要工作：界定准入规则，明确技术架构

平台生态系统建立的第一步，就是研判生态系统参与者的准入条件，也就是界定准入规则。市场准入规则是指交易的一方在进入目标市场前需要达到的条件或标准，以及进入市场后需要遵守的相关规范。在常见的交易市场中，市场管理者通常对交易双方的资质进行限制，以此规定谁有资格进入市场交易，谁不能参与交易。例如，不同的城市对网约车的轴距、车价、排量、车龄都有规定。

平台的本质也是市场，并且是参与者更为复杂、更为多元化的市场。平台所有者必须首先制定规则，明确谁有资格进入生态系统，谁被限制进入，进入生态系统后的参与者又需要遵守什么样的市场规则。由于平台生态系统依托数字技术进行驱动，因此，平台通过制定一定的技术标准来设置准入门槛。

技术标准的设置是基于平台的技术架构。一般而言，平台主要有两种技术架构：开放和封闭。不同的技术架构对技术标准的要求也不尽相同。

平台的两种技术架构：开放和封闭

什么是开放平台？《平台革命：改变世界的商业模式》的两位作者，杰奥夫雷·帕克（Geoffrey G. Parker）和马歇尔·范·埃尔斯泰恩（Marshall W. Van Alstyne），与他们的研究合作者托马斯·艾森曼（Thomas Eisenmann）一起，从技术的视角给出了开放的基本

定义[①]：

如果满足这两个条件，平台就可以被称为开放平台：

1. 外部参与者在参与平台的开发、商业化或使用的过程中，没有受到来自平台的任何限制。

2. 平台对外部参与者的任何限制都是合理的和非歧视性的。例如，平台要求参与者遵循技术标准，或者要求参与者支付许可费。其中，非歧视性原则主要体现在这些限制对所有的参与者都是一视同仁的，不会因人而异地设置不同的标准。

开放平台的一个典型例子是GitHub。作为世界上最大的软件开发平台，GitHub在诞生之初就致力于社交化编程（social coding）。GitHub的准入门槛很低，每个人都能够在GitHub上创建属于自己的仓库，并且自由地上传或编辑文件。GitHub的用户不仅可以是使用者，也可以是贡献者。为了实现社交化编程，GitHub必然要采取的技术架构就是开源社区，也即开放平台。随着越来越多的应用程序转移到了云上，GitHub已经是管理软件开发以及发现已有代码的首选平台。GitHub是一个宝藏库。个体开发人员和信息技术（IT）行业是GitHub的主要用户。信息技术行业中的大多数知名企业，例如谷歌（Google）、微软（Microsoft）、脸书（Facebook）和推特（Twitter），都将其项目托管在GitHub上。另一个常见的开放平台是谷歌的安卓（Android）应用市场。在安卓应用市场中，任何人都可以发布代码，且几乎不需要经过认证。在安卓应用市场

[①] Eisenmann T R, Parker G G, Van Alstyne M W. 2009."Opening platforms：How, when and why?" In *Platforms, Markets and Innovation*, edited by Gawer A, Cheltenham, UK, and Northampton, MA：Edward Elgar.

中，不仅能搜索到谷歌本身开发的应用程序（APP），而且能看到大量其他开发商推出的 APP。

与开放平台相对的是封闭平台。我们可以类比于开放平台的概念，给出封闭平台的定义：

1. 外部参与者在参与平台的开发、商业化或使用的过程中，受到来自平台施加的限制。例如，如果在一个平台上，用户不能执行自己的代码，或者不能获取这个平台的代码，那么我们就说这个平台是封闭的。

2. 平台对外部参与者的限制可能是差异化的或歧视性的。例如，对一部分用户免费开放，而对另一部分用户收取高价。

由此可见，封闭平台的准入门槛往往非常高。平台仅允许一小部分符合要求的用户进入，而将大部分用户拒之门外。需要注意的是，封闭并不等同于完全禁止外部人员参与，它更多地表现为平台所有者阻碍一部分用户参与到生态系统中。为此，平台需要为这些"不受欢迎的"用户设置一系列复杂的市场规则，或者采取差异化的收费模式。

封闭平台的典型例子是电子游戏。这是因为，游戏机只能运行游戏机制造商编辑的代码，用户不能用自己的程序改变游戏的设定。苹果（Apple）的 iOS 系统也是一个典型的封闭平台，它只能执行经过苹果公司认证的代码。事实上，苹果公司一直以来都是封闭规则的坚实拥护者。不论是苹果电脑、手机等硬件设备，还是 iOS、App Store 等软件平台，都采取了封闭的技术架构。

我们除了从技术视角直观地感受开放和封闭的技术架构，还可以从经济学的视角甄别这两个概念。甄别的关键是理解产权的归属

（Boudreau，2010；Katz & Shapiro，1986，1994）[1][2][3]。粗略地说，封闭意味着平台中的某一方完全拥有或控制技术。为了保护自己的产权，封闭技术的所有者往往选择通过专利、版权、保密或其他手段限制外人使用该技术（Cohen，Nelson，& Walsh，2000）[4]。相比之下，开放则意味着平台既不完全属于任何一方，又不会受到任何一方的完全控制。因此，所有人都可以比较自由地访问平台，或者使用平台提供的资源（Katz & Shapiro，1986）[5]。为了更加突出技术产权的开放性，开放平台会将自己的技术公之于众，或者明确地将技术的所有权转交给一个公共机构，以确保任何人都可以不受限制地接触、使用甚至修改平台的技术。

开放平台与封闭平台的优势与劣势

给定开放平台与封闭平台的技术属性，平台需要在两种技术架构之间做出权衡和取舍，以此作为界定准入规则的基石。但是，无论从技术角度还是从经济角度来看，开放平台与封闭平台的准入规则大相径庭。在这种情况下，平台往往需要在两种技术架构之间"二选一"，决定是以开放的姿态接纳更多的用户，还是只对一部分用户敞开权限进行精耕细作。因此，要想明白平台如何做出选择，我们需要厘清开放平台和封

---

[1] Boudreau K. 2010. "Open platform strategies and innovation: Granting access vs.devolving control." *Management Science* 56（10）.

[2] Katz M L, Shapiro C. 1986. "Technology adoption in the presence of network externalities." *Journal of Political Economy* 94（4）.

[3] Katz M L, Shapiro C. 1994. "Systems competition and network effects." *Journal of Economic Perspectives* 8（2）.

[4] Cohen W M, Nelson R R, Walsh J P. 2000. "Protecting their intellectual assets: Appropriability conditions and why U.S. manufacturing firms patent（or not）." *National Bureau of Economic Research Working Paper*.

[5] Katz M L, Shapiro C. 1986. "Technology adoption in the presence of network externalities." *Journal of Political Economy* 94（4）.

闭平台各自的优势和劣势。

对选择开放的平台所有者来说，他们最看重开放的三个潜在优势：快速导流引流的能力，抢占先机打造赢者通吃的能力，快速形成盈利的能力。

快速导流引流的能力，主要体现在开放平台的准入门槛非常低。在创立初期，开放平台为了吸引用户，往往免费对公众开放。与此相对的是，封闭平台通常会或多或少地要求用户付款，才能给予用户一定的访问权限。因此，在开放平台和封闭平台提供的服务同质的情况下，消费者自然更愿意选择免费的开放平台，而不是收费的封闭平台。随着开放平台快速吸引大量用户，它们便抢占先机打造赢者通吃的市场格局。占据较大市场份额，意味着开放平台会面临更少的竞争对手。一旦用户渐渐习惯了开放平台提供的服务，开放平台就可以逐步推出一些收费项目进行收益变现，凭借庞大的用户基础快速培育盈利模式。从注意力经济的角度看，当拥有更多的用户的时候，开放平台可以同时获得来自开发者、投资者和其他领域的更多关注，也更有可能获得更多的资源用于平台未来的发展和扩张。综上可见，开放技术架构最突出的优势，就是帮助平台实现快速成长。

GitHub 的成长路径清晰地反映了开放技术架构的这一优势。2008 年初测试版本才正式面世的 GitHub，仅仅在当年 3 月就吸引了 2 000 名用户，在一年之后就积累了超过 46 000 个公开的代码库。到 2010 年 7 月，这一数字已经飙升至 100 万。在 2011 年的前 5 个月里，GitHub 相继超越几大老牌平台——Sourceforge、Google Code，以及微软的 Codeplex——成为世界上最大的代码托管平台。此外，GitHub 上线三年就实现了盈利。它的盈利主要来自收费的代码托管服务。尽管大部分用户仍在免费使用 GitHub 提供的服务，但由于用户基数极大，少部分的收费项目足以成为 GitHub 重要的收入来源。

GitHub 的盈利模式如图 2-1 所示。

图 2-1　GitHub 的盈利模式

谷歌成为横跨个人电脑时代与移动时代的巨头，与其选择开放的技术架构不无关联。谷歌不仅将安卓平台开放给所有硬件厂商，而且允许各个硬件厂商对安卓平台的代码进行修改，还允许硬件厂商发布自己开发的应用软件。于是，小米、三星等手机制造商在安卓平台上，同时扮演了硬件厂商和软件平台的角色。谷歌的安卓系统也通过开放的方式，占据了智能手机操作系统绝大部分的市场份额。

然而，开放的弊端也是显而易见的。由于任何人都能几乎毫无成本地进入平台，因此平台用户鱼龙混杂，良莠不齐，平台自身也极易遭受来自外界的攻击。例如，由于安卓应用市场对软件的筛选非常宽松，因此经常出现侵权现象。很多时候，侵权软件仅仅对原始软件的图标做一个非常细微的改动，就可以顺利通过安卓平台的审核。这些侵权软件大部分质量低劣，且常常内置广告，用户体验很差。但是，侵权软件的开发者从一开始也并不指望凭借侵权获得持续的利润回报。他们追求的是游击战式（hit-and-run）的盈利模式：依靠模仿热门应用捞一笔快钱，然后迅速跑路，再去模仿下一个热门应用。这种恶意模仿行为扰乱了市场秩序。但是，作为开放平台的安卓并没有意愿对此类侵权软件进行过多干预，它能做的只是经常提醒用户注意病毒和记录键盘信息的软件。然而，安卓却从这些软件中得到 30% 的收入分成，这一比例与 App Store 相同。不过在 iOS 平台上，软件经过了仔细的筛选。苹果会确认软件的应用技术范围，并以内容原因不时地拒绝一些应用软件的进入申请。GitHub 也面临低准入门槛带来的安全问题。2013 年 1 月 15 日，GitHub 突然疑似遭遇分布式拒绝服务攻击（distributed denial of service attack），导致大量用户的访问速度受到极大的影响。GitHub 网站管理员通过日志查询，发现是来自 12306 的抢票插件用户洪水般的访问导致 GitHub 出现问题。对于开放平台而言，通过低准入门槛获得了收益，也需要为应对低准入门槛带来的问题投入相应的治理成本。

因此，一方面为了获取低准入门槛带来的流量红利，另一方面也为了尽可能防止低准入门槛造成的质量和安全问题，开放平台会非常注重事后治理。Google Play 的事后审核体现为两大措施：人工审核和应用分层。人工审核就是在系统审查之外，安排专职的审核人员审查软件的质量，专职人员有权拒绝不符合规定的软件，并责令其按照要求整改后再重新提交入场申请。Google Play 的产品经理尤妮斯·金（Eunice Kim）表示，人工审核的目的是"更好地保护社区，提升应用质量"。但她同时也表示，虽然 Google Play 加入了人工审核，但该应用商店的准入门槛仍将比 App Store 低很多。应用分层，即对应用软件按照一定的标准分类监管。例如，从 2015 年 5 月开始，已经入驻了 Google Play 的游戏软件开发商在发布新软件或者更新软件版本时，都需要登录谷歌开发者后台（developer console），填写年龄评级问卷，这份年龄评级问卷将帮助 Google Play 为这些游戏分配特定国家的年龄分级。如果游戏软件开发商不填写问卷，就会被标注为"未评级"，并有可能被某些区域市场限制上架①。

封闭平台与开放平台形成了鲜明的对照。这是因为，封闭平台的显著优势恰恰在于强大的事前控制力。封闭平台的所有者不仅会对想要入场的互补者设置很强的访问权限和审核门槛，而且收取入场费。封闭平台之所以高度监管互补者行为，是为了高效屏蔽潜在攻击者、维护平台安全和产品质量。这些特点决定了封闭平台不仅可以获得大量的直接收入，而且可以通过高效的内部治理，保护互补者免受外界的攻击和干扰。

封闭平台的这种事前控制力也有其优点。其一，封闭平台由于在事前向互补者收取了高额的入场费，因此可以在创立之初就获得更多收入以维持高水平的良性运转。进一步来看，由于封闭平台在先期能够获得较多的直接收入，这也会成为风险投资者眼中的加分项。尤其需要注意的是，封闭平台不仅对互补者的要求很高，对用户的要求也很高，它们瞄准的往往是高度专业化的用户，因此对维护这些用户的资金需求更大。如此一来，在成立初期快速积累资本，对封闭平台而言是一个理性的选择。封闭平台只有获得更多的投资，才有可能提供更高质量的产品或服务，有更高的概率持续运行，并有更高的可能展开下一步的迭代升级。由此，封闭平台可以通过资金的积累实现弯道超车，建立有别于开放平台的竞争优势。回到商业实践，我们往往可以发现，一个领域中的封闭平台要比开放平台更早出现在市场上。例如，安卓的开发要晚于iOS，而Linux则比Windows晚了6年（Windows是1985年问世的）。这就反映出了拥有直接收费手段才可以更好地刺激开发者的积极性，而一般都是在有成功案例之后，免费的开放平台才会问世。

---

① Google Play 加入人工审核 要求开发者为应用设定年龄评级.（2015-03-18）.https：//www.sohu.com/a/6707240_114795.

其二，封闭平台在未来的管理难度更低，这一点是容易理解的。一方面，能够入驻平台的互补者本身已经具有很高的资质，因此出现失败的概率会更低；另一方面，封闭平台的所有者对平台的控制力更强，甚至拥有绝对的话语权，因此，封闭平台的所有者不仅拥有这个平台，而且兼有平台的监管职能，并且拥有更强大的管控方式去对平台交易行为和交易秩序进行维护和治理。

其三，封闭平台的环境更安全。前面已经提到，由于开放平台的准入门槛较低，这不免会令平台的互补者鱼龙混杂，导致潜在的盗版攻击者数量很大，平台遭受安全攻击的概率更高。相反，封闭平台在事前严格控制了互补者的资质和其他准入条件，控制方式包括显性的契约机制，也包括隐性的声誉机制，因此，只有安全、可靠的互补者才能够进入平台，平台的经营环境也由此得到了较大程度的保障。表 2-1 以 App Store 和 Google Play 为例，详细比较了封闭平台和开放平台的审核规则。

表 2-1 封闭平台和开放平台的审核规则示例

审核规则	App Store（封闭平台）	Google Play（开放平台）
审核机制	事前审核为主	事后审核为主
事前审核方式	人工审核	机器扫描（一定概率的人工审核）
事后审核方式	用户投诉	用户投诉
审核时间	1～4 周	1～2 天
审核重点	广告植入、支付方式、信息登录的合规性；应用内容的合法性和分级	应用内容的合法性和分级
审核结果	操作简洁、精心设计且富有创造性的应用上架	机器扫描下无明显违规行为的应用上架

开放与封闭的抉择

在了解开放与封闭平台各自的优劣势之后，一个自然的问题出现了：谁会选择开放的技术架构，而谁又会偏好封闭的技术架构呢？

从经济学的角度来看，一个考虑是否开放其技术的平台，面临两种利益权衡。第一种是被采纳与被占用的权衡（West，2003）[1]。一方面，追求开放的平台，通过降低进入壁垒和引入系统内竞争降低了创新者的利润份额。另一方面，开放意味着用户可以无成本地选择进入或退出平台，用户不用担心自己会被锁定在单一的平台上。这样一来，平台就在无形中对用户释放了一个友善的信号，鼓励用户将平台推荐给他人，从而让更广大的用户尝试使用这个开放平台，逐渐依靠口碑积累产生网络效应（Katz & Shapiro，1994）[2]。

但是，一个平台在开放后需要持续创新时，例如在未来可能要进行系统升级和改造的情况下，就会面对第二种权衡，即多样性与控制力的权衡。在多样性方面，一个开放的系统可以从更多互补者投入的资源、想法和知识中受益。事实上，利用外部知识一直是平台选择开放的技术架构的一个更有说服力的论据之一（Chesbrough，2003；von Hippel，2005）[3][4]。从根本上说，平台是促进互补者与有价值的用户进行互动的基础设施。这两种基本类型的参与者使用平台相互联系，进行价值交换。首先是进行信息的交换，然后才以某种形式的货币进行产品或服务的交

---

[1] West J. 2003."How open is open enough：Melding proprietary and open source platform strategies." *Research Policy* 32（7）.

[2] Katz M L，Shapiro C. 1994."Systems competition and network effects." *Journal of Economic Perspectives* 8（2）.

[3] Chesbrough H W. 2003.*Open Innovation：The New Imperative for Creating and Profiting from Technology*. Boston，MA：Harvard Business Press.

[4] von Hippel E.2005."Open source software projects as user innovation networks." In *Perspectives on Free and Open Source Software*，edited by Feller J，Fitzgerald B，Hissam S A，Huff K R，Cambridge，MA：The MIT Press.

换。如果一个平台想要充分地激活平台以外的合作伙伴来创造价值，就必须选择开放的技术架构。相反，如果平台过于封闭，外部合作伙伴因为缺乏控制力而少有意愿去创造实现互利交流所需的价值。

那么，倾向于选择封闭的技术架构的平台往往具有什么特征呢？平台如果主要面向的是专业化的用户，或者预备向市场提供高质量的产品或服务，则更倾向于选择封闭的技术架构。这是因为，专业化的用户更看重平台的质量和安全性。因此，平台的侧重点就转移到严把准入门槛，更多地投入事前治理。

此外，也有学者提出了影响平台做出选择的其他因素。郭广珍等提出，需求水平和成本结构是影响下游企业选择平台类型的两大重要因素[①]。具体而言，市场需求越大，行业成本越高，那么封闭平台的需求优势就越大，下游厂商就会放弃使用开放平台，而专注封闭平台带来的长期高质量和高品质的优势。反之，市场需求越低，进入成本越低，那么开放平台的成本优势越大，下游厂商就会放弃封闭平台，充分利用开放平台来扩大自己的规模。

讨论至此，我们可以发现，前面的结论基本上是基于平台必须在开放和封闭两个端点之间进行"二选一"得出的结论。但是，在现实中更常见的情况是，平台不是完全开放或完全封闭，而是介于两者之间的中间状态。我们无法绝对地说一个平台是封闭或开放的，封闭和开放之间的选择也不是非此即彼。正如《平台革命：改变世界的商业模式》描述的："平台模式的选择是在'封闭'和'开放'两个极端之间形成如'光谱'系列的选择。"[②] 封闭和开放更像是平台发展的两个极端情况，更

---

① 郭广珍，张玉兰，胡可嘉. 2017. 封闭与开放平台的选择策略：基于需求与成本优势的下游厂商博弈分析. 中国工业经济，(3).

② 帕克，范·埃尔斯泰恩，邱达利. 2017. 平台革命：改变世界的商业模式. 北京：机械工业出版社.

多时候平台呈现出介于封闭和开放之间的技术架构。

一个封闭的平台，有可能会放弃对平台的一部分控制权，从而允许外部的互补者进入平台。需要注意的是，这种做法并没有在本质上动摇封闭的技术架构。实际上，这种部分的开放甚至会强化封闭的技术架构本身的优势。为了更好地理解这一点，我们需要明白，任何平台都包含两个实体：平台所有者和平台提供者。在一些情况下，平台所有者就是平台提供者，例如阿里巴巴、爱彼迎（Airbnb）。但是在其他情况下，平台所有者和平台提供者并不是同一家企业。一般而言，平台所有者负责组织和控制互补者与用户之间的互动，而平台提供者则控制平台的整体架构，例如负责控制软件代码。如果所有者和提供者是同一家企业，就是专有模式，例如硬件、软件和手机的 iOS 底层技术都由苹果公司控制。

即使平台所有者与平台提供者是同一家企业时，也可以通过放权的方式提高平台的开放性。在这种情况下，外部的独立互补者只需要获得平台的使用许可就足够了，并不需要瓜分平台的所有权，但是它们需要确保提供的互补资源和互补技术与平台是兼容的（Boudreau & Hagiu，2009；Farrell & Klemperer，2007；Eisenmann, Parker, & Van Alstyne，2009）[1][2][3]，这样才能为平台创造潜在的收益。例如，苹果对其 iOS 操作系统以及密切相关的 iPhone、iPod 和 iPad 硬件的开发具有严格的控制

---

[1] Boudreau K J, Hagiu A. 2009. "Platform rules: Multi-sided platforms as regulators." In *Platforms, Markets and Innovation*, edited by Gawer A, Cheltenham, UK, and Northampton, MA: Edward Elgar.

[2] Farrell J, Klemperer P. 2007. "Coordination and lock-in: Competition with switching costs and network effects." In *Handbook of Industrial Organization*, edited by Armstrong M, Porter R H, Amsterdam: North-Holland Elsevier.

[3] Eisenmann T R, Parker G G, Van Alstyne M W. 2009. "Opening platforms: How, when and why?" In *Platforms, Markets and Innovation*, edited by Gawer A, Cheltenham, UK, and Northampton, MA: Edward Elgar.

权，但允许数千名外部互补者开发软件应用程序、商业媒体和用户生成内容。这些外部互补者的帮助，事实上不仅没有伤害苹果封闭的技术架构，反而在一定程度上增强了苹果的竞争力，让苹果可以在更大的范围内激发创新并创造价值。除了这种适当地放开准入许可的方式，平台还可以通过共享股权、缩小垂直范围、允许外部互补者参与操作系统的独立部分等方式来改变其对平台的控制水平以适应发展的实际需要。

另外，我们还能够注意到，前面的讨论都是静态的选择，即平台一旦确定了封闭或开放的技术架构，便会一直沿用下去。但事实上，平台在开放与封闭之间的权衡是一个动态的概念。这意味着，一个具有前瞻性的平台所有者必须设计出一个动态的技术架构，能够随着时间、外部环境和平台自身的生命周期灵活地调整，在这个封闭—开放的"光谱"中动态地寻找自身的定位。微软就是技术架构动态变化的一个典型例子。20世纪70年代，微软明显是开源文化的"死敌"。从一开始，微软就采用了软件授权的封闭的技术架构。随后，微软又逐渐建立起一套完整的定价及价格歧视策略。为了进一步提高操作系统的易用性，微软捆绑了Office套件、互联网浏览器及多媒体应用，基于这一系列的操作系统服务及生态搭建，微软在其消费者群体中建立起了强大的厂商锁定（vendor lock-in）效应，使得用户难以摆脱对其产品和服务的依赖。鉴于部分大客户和政府部门十分注重代码安全和隐私，对Windows系统心怀疑虑，微软推出了共享原始代码（shared source initiative）计划，有条件地向部分用户开放代码。与一般开源不同的是，微软不允许使用这些代码的用户改动代码或将这些代码用于自己的产品。这一系列捆绑策略让微软遭遇了美国、欧洲等的司法机构的垄断调查及诉讼，但最后它都化险为夷，并借助市场自由竞争的天然便利环境和舆论继续巩固自己在市场上的领先地位。微软认为，开源软件对协议标准的应用是其能够进入服务器市场的主要原因之一。因此，拓展旧协议和开发新协议、降低协议及应用的易用性可以有效阻止开源软件。尽管抱着敌视的态度，但微软不得不承认，开源软件是长期可信的，微软的调研也证实，开源软件能够增加商业回报。微软认为，开源软件，尤其是 Linux 操作系统，是自己在产业内地位的主要竞争威胁。尽管在公开场合总是对开源软件嗤之以鼻，但在私下，微软却认为开放是一个在长期战略中必须考虑的核心问题。2018 年 6 月，微软斥资 75 亿美元收购了 GitHub。在此之前，这个全世界最流行的开源代码共享平台已经累计募集了 3.5 亿美元的投资，估值在 2015 年超过了 20 亿美元。微软开出的 75 亿美元收购单，是这个技术世界给予开放平台的全新定价。

2.2 重要目标：扩大用户基础，撬动规模效应

任何企业的经营都离不开用户，离不开用户创造的需求。但是，为什么我们尤其强调用户对平台的意义至关重要？这是因为与传统企业相比，用户不仅具有创造需求的功能，还会直接参与平台的价值创造环节。具体而言，由于平台并不直接控制各方的交互行为，因此平台的价值创造活动遵循外部化的逻辑，需要整合平台外部的资源，通过用户和互补者直接互动创造价值（Hagiu & Wright, 2015）[①]。同时，用户本质上仍是产品或服务的消费者，是价值真正意义上得到实现的最终环节。因此，在价值共创者与消费者的双重身份下，用户成为平台企业必争的重要战略资产，吸引用户进入平台对生态系统运行的意义极为突出，也意

[①] Hagiu A，Wright J. 2015."Multi-sided platforms." *International Journal of Industrial Organization* 43.

味着流量经济时代的到来。

扩大用户基础的核心：撬动规模效应

扩大用户基础最核心的一步是撬动规模效应。在经济学中，规模经济（economies of scale）指的是企业的生产规模越大，平均分摊到每一单位产品上的固定成本越少，因此，在产品定价不变的情况下，企业能够获得的利润越多。

福特流水线就是规模经济的典型案例。流水线让一辆汽车的组装时间从手工作坊时代的 12 小时 28 分钟，缩短至 90 分钟，年产量从 12 辆飙升至几十万辆，汽车也从富人的专利变成普通人的通勤工具。随着生产效率的提高，产品或服务的单位成本降低，规模经济能够让市场上规模最大的企业享受到最多的成本优势。工业经济时代的大量垄断巨头，都是规模经济的产物。

在信息经济时代，规模效应的规律同样适用。2009 年 7 月，微软首席执行官史蒂夫·鲍尔默（Steve Ballmer）与雅虎首席执行官卡罗尔·巴茨（Carol Bartz）宣布合作，共建搜索联盟，并推出由两家企业共同命名的搜索引擎雅虎 Bing 网络。对于这次合作，鲍尔默反复提及规模经济的概念："在互联网搜索领域，规模带来认知，继而带来创新。"实际上，微软本身就是规模经济的实践者。微软不仅持续扩大 Windows 操作系统的生产规模，还不断向其他相近领域进军，研发并推出新产品，如掌上电脑、服务器操作系统、数据库、互联网接入以及手机操作系统。其中的道理是类似的——由于信息产品技术含量高，不仅需要投入大量的研发资金，还需要承担研发失败的潜在风险。除了研发环节的巨额投入，在销售环节，信息产品的市场推广费用也比传统产品高得多。尤其在竞争激烈的环境下，互联网企业为了吸引用户，往往要采取更复杂的竞争战略，例如对新用户进行低价补贴，对忠诚的老用户提供免费升级。前前后后流水一样的投入，构成了信息产品极高昂的沉没成本。为了将巨大的成本尽可能多地分摊到产品中，互联网企业必须努力扩大生产规模，让产品的单位成本不断降低，才能争得一丝盈利的空间。

值得强调的是，上面提到的规模经济都是供给侧的规模经济（supply-side economies of scale）。而数字平台所看重的是需求侧的规模经济（demand-side economies of scale）。需求侧的规模经济是指，某种产品或服务的消费者越多，这种产品或服务的价值就越大——与供给侧的规模经济相比，这恰好走向了企业利润等式的另一端（Katz & Shapiro, 1994）[1]。以太网的创始人罗伯特·梅特卡夫（Robert Metcalfe）进一步将需求侧的规模经济放在网络的背景下进行阐释——一个网络的价值和这个网络节点数的平方成正比，用数学的方式表达即为

$$V=KN^2$$

式中，V 代表一个网络的价值，N 代表这个网络的节点数，而 K 则是价值系数。这个等式意味着，如果一个网络能给每个用户带来 1 元的价值，那么 10 倍于这个规模的网络将会给每个用户带来 100 元的价值，而规模为 100 倍的网络甚至会给每个用户创造 10 000 元的价值。梅特卡夫举了电话的例子加以解释：当世界上只有 1 部电话时，它不能打给任何人，也没法创造任何价值。而在出现 2 部电话的情况下，就创造了一条连接，4 部电话间存在 6 条连接，10 部电话是 45 条连接，而 100 部电话则产生了 4 950 条连接。拥有电话的人越多，电话网络创造的价值越高。这种互联网的价值随着用户数量的增长而呈指数级增长的规则，

---

[1] Katz M L, Shapiro C. 1994. "Systems competition and network effects." *Journal of Economic Perspectives* 8（2）.

也称为梅特卡夫定律（Metcalfe's Law）。自 20 世纪 90 年代以来，互联网不仅呈现出这种超乎寻常的指数增长趋势，而且爆炸性地向经济和社会各个领域进行广泛的渗透和扩张。中国最大的社交网络腾讯与全球最大的社交平台脸书的成长轨迹，充分体现了梅特卡夫定律[①]。正是由于梅特卡夫定律的存在，无数创业者前仆后继地投身数字市场，因为他们深刻地理解，规模经济能带来指数级的回报，这一回报通常远远超出人们的想象。

梅特卡夫所举的电话连接的例子，可以视为电话用户吸引电话用户。这是单边市场的典型特征。这种类似于电话用户吸引电话用户的规模效应，被称为单边网络效应（single-side network effect）。而在如今的数字平台中，更多的是商户吸引用户、用户也吸引商户的双向吸引力：在大众点评中，用户越多，根据用户推荐汇编的"必吃榜"和"人气榜"越可靠，更准确的美食信息吸引更多用户使用平台；反之，随着用户点击量的增加，越来越多的商户也会入驻平台，增加自己的曝光量。滴滴、淘宝等平台也具有这种"用户吸引商户、商户吸引用户"的特征。Rochet 和 Tirole（2003）[②] 把这样的市场定义为双边市场。在这种对双边市场的定义下，当双边平台向需求双方索取的价格总水平（$P=P_B+P_S$）不变时（式中，P_B 为用户 B 的价格，P_S 为用户 S 的价格），任何一方用户面临的价格发生变化，都会对平台总需求和交易量产生直接的影响。这也意味着，一旦双边市场对任何一方用户实施补贴，不仅会增加补贴一侧的用户数量，而且会同时吸引另一侧用户更多地加入平台。双边市场上的这种双向吸引力，称为双边网络效应（two-side

---

[①] Zhang X Z, Liu J J, Xu Z W. 2015. "Tencent and Facebook data validate Metcalfe's Law." *Journal of Computor Scicence Technology* 30.

[②] Rochet J C, Tirole J. 2003. "Platform competition in two-sided markets." *Journal of the European Economic Association* 1（4）.

network effect),也称为交叉网络外部性(cross network externality)。

网络效应下的行业特征:赢者通吃

在具有交叉网络外部性的行业中,赢者通吃(winner-takes-all)是市场竞争的重要特征。在平台吸引用户的过程中,网络外部性会表现出显著的杠杆作用:一旦用户数量超过一个临界点(我们称之为引爆点),引入新用户的边际成本就会自动降低,平台无须过多干预,就能令用户实现自主的爆发式增长。在这种情况下,带有网络效应的需求曲线使平台的竞争策略呈现阶段性特征,如图2-2所示。市场需求曲线描述的是价格,也是边际消费者的最高支付意愿。考虑网络外部性的影响,平台的网络效应可以分为三个阶段。(1)第一阶段为引爆点出现之前。这一阶段,网络效应还未形成,消费者的支付意愿非常低,平台的获客成本相当高。(2)第二阶段为引爆点出现之后但网络效应衰减之前。受到网络外部性的影响,这一阶段的市场需求随着参与者数量的增多而扩大,消费者的边际支付意愿也随之上升,平台的边际获客成本很低。(3)第三阶段为网络效应衰减之后。一方面,该阶段的边际消费者大多具有黏性;另一方面,拥挤效应导致网络效应为负,平台的获客成本又重新变高。

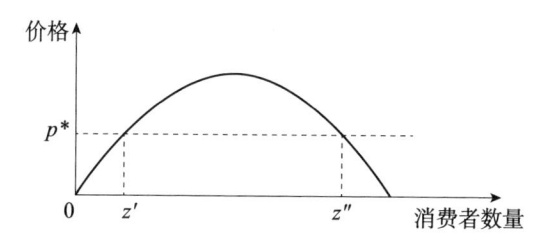

图2-2 网络外部性:平台定价与用户规模

平台网络效应三个阶段的划分给我们提供了两个启示:一方面,在网络效应的杠杆作用下，抢先占领市场的平台能够以极低的成本维持大规模用户基础，这个庞大的用户群会给平台创造巨额利润，并持续巩固平台的市场势力。另一方面，平台如果始终没能跨越这个临界点，就将持续投入大量的成本用来获客，但长期的投入对平台来说消耗巨大，可维系的网络规模越来越小，直至最终消失。在这种发展态势下，强者越强、弱者越弱。这就是赢者通吃的内涵。

在赢者通吃的市场中，平台获取用户必须秉持快速抢占市场（get-big-first）法则，利用先行优势占据先机，培育用户黏性。从前面的分析可知，在达到引爆点之前，平台会长期处于不盈利的烧钱阶段，大量平台因为没能及时跨越临界点而黯然退出市场。同时，由于先行者已经占据了绝大部分的市场份额，并建立了很高的市场壁垒，后来者想要在市场中分一杯羹更是难上加难。因此，平台必须想尽办法快速跨越临界点之前的这个初始阶段。以生活服务平台为例，2013年美团外卖进入外卖市场时，更早进入的饿了么已经积累了大量用户并获得市场认可，对美团外卖造成不小的压力。不过，美团外卖也有自己的破局方法：美团早期的团购业务积累了大量用户资源和平台口碑，因此，美团继续利用团购业务的用户基础强势打入外卖市场，迅速成长为高用户体验的平台，并与饿了么在外卖市场形成分庭抗礼的格局，即两强竞争的寡占格局。

从美团外卖抢占市场的经验中，我们可以提炼和总结平台快速抢占市场的关键点。第一，重视先期投入，尽可能在早期积累更多的用户。平台的典型先期投入策略包括价格补贴、发展意见领袖，以及创造口碑效应。例如，滴滴凭借给司机的每日400元补贴迅速崛起；抖音利用"网红"影响力吸引用户超越快手，风靡海内外；拼多多则依靠基于熟人关系的拼团模式牢牢抓住了下沉市场。第二，重视积累互补者，为后期价值创造与价值分配积蓄充分能量。淘宝与天猫作为电商领域的先行者,并不是没有考虑过农村市场和拼团模式,但早期市场尚未出现智能手机,大规模物流网络也刚刚起步,网购还不曾下沉到小城市和农村。随着我国基础设施建设日趋完善,拼多多则搭上了智能手机、全国物流网络等互补者的便车,通过小额可控的补贴就快速越过了临界点,与淘宝、天猫等并驾齐驱。第三,重视和撬动网络效应的差异性,做到知己知彼,敏捷应对。网络效应的优势千变万化,忽略不同用户群之间互相吸引或者单向吸引的差异性,很可能导致公司战略一败涂地。只有极少数极幸运的公司仅仅通过抢先一步与迅速扩张就所向披靡。

网络效应带来的结构性变革:平台外部化创造价值

通过撬动网络效应吸引用户的重要性,在数字时代被提到了一个前所未有的高度。这也引发了平台竞争战略的结构性变革:平台经营的关注点,从平台内部反转到了平台外部(Parker, Van Alstyne, & Jiang, 2017)[1]。包括用户在内的各种外部参与者,都有可能与平台一起从事产品创新和联合生产(Baldwin, Hienerth, & von Hippel, 2006; Chandra & Coviello, 2010; Vargo & Lusch, 2004)[2][3][4]。也就是说,部分价值是在平台的边界之外诞生的。例如,Shah 和 Tripsas(2007)[5]认为,用

---

[1] Parker G, Van Alstyne M W, Jiang X. 2017. "Platform ecosystems: How developers invert the firm." *MIS Quarterly* 41(1).

[2] Baldwin C, Hienerth C, von Hippel E. 2006. "How user innovations become commercial products: A theoretical investigation and case study." *Research Policy* 35(9).

[3] Chandra Y, Coviello N. 2010. "Broadening the concept of international entrepreneurship: Consumers as international entrepreneurs." *Journal of World Business* 45(3).

[4] Vargo S L, Lusch R F. 2004. "Evolving to a new dominant logic for marketing." *Journal of Marketing* 68(1).

[5] Shah S K, Tripsas M. 2007. "The accidental entrepreneur: The emergent and collective process of user entrepreneurship." *Strategic Entrepreneurship Journal* 1(1-2).

户之间的互动是创业创新的温床，用户之间的信息交流、经验分享和新想法的碰撞，正是启发商业创新的关键点。Coviello 和 Joseph（2012）[1]发现，用户不仅可以为企业贡献财务、技术和信息投入，并影响产品开发过程，而且能促进企业创新的广泛传播。这种价值创造被反转到平台外部的观点，为战略管理领域注入了全新的活力，对平台来说更是意义重大。如何能够创造价值？至少存在两种解法：一是从平台内部的生产过程去思考；二是向平台外部的用户追问答案。

这种结构性变革，凸显了数字平台与传统一般性企业的显著区别，即用户开始成为重要的资源和创新的源泉。在工业经济时代，企业可利用的资源无外乎土地、劳动力、原材料与生产技术。与工业企业相比，数字平台更关注用户作为资源的潜在价值。对平台来说，有价值且难以模仿的无形资产还包括用户网络，以及用户贡献的社区、信息和资源（Shankar & Bayus，2003；Sun & Tse，2009）[2][3]。

这种结构性变革对平台发展和国际化还有重要的启示。通过扩大用户基础撬动规模效应不仅适用国内市场，还适用于国际市场。对想要实现国际化的平台而言，用户的意义同样重要。国际化平台能够存在的重要基础就是网络效应（Zhu & Iansiti，2012）[4]，这种网络效应来自全球范围内有多少人使用平台。国际化平台拥有的用户越多，能为潜在用户提供的价值就越大，吸引新用户的能力就越强。事实上，平台比传统的一般性企业具有国际化的天然优势。这一方面是因为，数字化产品

---

[1] Coviello N E, Joseph R M. 2012. "Creating major innovations with customers: Insights from small and young technology firms." *Journal of Marketing* 76（6）.

[2] Shankar V, Bayus B L. 2003. "Network effects and competition: An empirical analysis of the home video game industry." *Strategic Management Journal* 24（4）.

[3] Sun M, Tse E. 2009. "The resource-based view of competitive advantage in two-sided markets." *Journal of Management Studies* 46（1）.

[4] Zhu F, Iansiti M. 2012. "Entry into platform-based markets." *Strategic Management Journal* 33（1）.

或服务天生就具有跨国界、跨地域、跨时间的特性，数字化产品或服务一经通过虚拟渠道发布，全球范围内的用户都可以立即访问（Coviello, Kano, & Liesch, 2017）[①]。另一方面，数字基础设施的存在让平台的国际化扩张之路无限接近于零边际成本（Boudreau, 2012）[②]。因此，有学者认为，拥有更大全球安装基础的平台，不仅可以更好地撬动规模效应，还能够更快地实现更大范围的国际扩张，站在以往网络效应的基础上渗透进新市场（Fuentelsaz, Garrido, & Maicas, 2015）[③]。因此，从第一批互联网企业试水国际化后，工具、游戏等各类移动应用纷纷紧随其后，出海之路隐现规模化的曙光。

网络效应的背面：局外人劣势

虽然平台出海之风势头强劲，但谁能在抵达彼岸后扎根存活，仍需要管理者在网络效应的土壤里进一步精耕细作。历经初期试水与规模化发展，建立在用户规模基础上的网络效应被视为移动平台成长的关键要素。但在平台出海的实践中，网络效应却显现出双刃剑的本质：一方面，新兴平台进入国际市场需要借助网络效应扩大规模；另一方面，现有竞争者构建的用户网络，成为新兴平台融入海外市场的阻碍。微信受阻于欧美市场，工具应用频频唱衰，百度搜索退出日本……在国内拥趸万千的应用软件，外国用户可能并不买账。对海外市场来说，这些平台依旧是局外人：即便有出海的万全打算，也会因水土不服而失败。这就引出了一系列有趣的问题：在什么情况下平台才能在海外市场充分发挥

[①] Coviello N, Kano L, Liesch P W. 2017. "Adapting the Uppsala model to a modern world: Macro-context and microfoundations." *Journal of International Business Studies* 48（9）.

[②] Boudreau K J. 2012. "Let a thousand flowers bloom? An early look at large numbers of software app developers and patterns of innovation." *Organization Science* 23（5）.

[③] Fuentelsaz L, Garrido E, Maicas J P. 2015. "A strategic approach to network value in network industries." *Journal of Management* 41（3）.

自身网络效应站稳脚跟？采取何种战略才能主动突破现有竞争者构筑的网络效应壁垒从而化解局外人劣势？找到这些问题的答案，对寻求国际化扩张的平台管理者至关重要。

局外人劣势（liabilities of outsidership），通常指平台难以被东道国商业网络接受从而产生相对于本土平台的竞争劣势。这种不同国家之间的网络接受程度称为兼容性，它体现在如下三个方面：首先，由于用户更愿意与熟人互动，因此国内的用户强关系对潜在用户的影响往往会盖过已安装人数的吸引力，即网络效应存在本地偏差（local bias）；其次，各异的语言文化背景阻碍了用户互动；最后，用户能从与自身差异较小的用户贡献的内容中获取更多的利益，却只能从差异较大的用户中获取较少的利益。可见，兼容性不同，意味着平台进入新的目标国家时容易受到已有网络的排挤而被赋予局外人身份，即便坐拥庞大用户基数，也难以为成功出海保驾护航。因此，平台只有从局外人转变为圈内人，嵌入目标国家主流网络，才有机会把网络效应发挥出来，在海外站稳脚跟。

克服局外人劣势，我们结合文献归纳了至少四种破局方法，如表2-2所示。

表2-2 化解局外人劣势的平台出海模式

破局方法	代表案例	核心思路
领先市场战略	优步	主动进驻领先市场构建网络效应，辐射后续扩张的市场
底层包抄战略	猎豹移动	以底层应用为核心建立产品矩阵，引流导流构建新网络
高维攻击战略	小红书、抖音	提升社交维度，用交互质量更高的网络取代已有网络
区块链+平台战略	迅雷、Adrealm	通过"共享+激励"，用去中心化网络取代中心化网络

领先市场战略

领先市场是指最早将具有全球性潜力的创新大规模应用,并成功将其在其他市场推广的区域性市场。这一概念在 2000 年初由贝斯(Marian Beise)教授提出,并在 2007 年后被纳入欧盟重启后的里斯本战略,成为欧盟产业政策的一部分。值得注意的是,这些创新并不要求一定由领先市场原创,但要求必须在领先市场首先成功推广。例如,商用移动电话最早在美国发明,却最先在北欧市场化。作为领先市场,北欧通过制定国际标准、转让知识产权向全球市场渗透,获得超额收益,并创设爱立信(Ericsson)等跨国巨头。这是因为,平台选择先进入哪个海外市场、后进入哪个海外市场的顺序,对平台积累网络效应和国际扩散至关重要。也就是说,平台自首轮出海后的前期市场渗透行为对后期国际化轨迹具有重要影响。我们在研究中发现,进驻高影响力国家或领先市场能够激发平台网络效应,为后续国际化积累用户优势,突破局外人劣势(Chen et al., 2019)[①]。这里提到的国家影响力是指一国通过经济和社会联系影响其他国家的能力。一般来说,一国越处于经济、政治或地理的重心,它的影响力越大。进入高影响力国家就是领先市场战略的一种表现形式,也是克服局外人劣势的用户战略的具体体现。

正如意见领袖影响消费者购买决策一样,领先市场也影响平台未来的国际化路径选择。当不断增长的用户网络扩散进入了领先市场时,全球用户的网络效应将在随后的国际扩张中得到加强。一方面,这得益于领先市场更广的信息渠道,其他国家用户与领先市场用户交换信息能够获得实实在在的经济效益;另一方面,领先市场的庞大用户网络充当了

[①] Chen L, Shaheer N, Yi J T, Li S L. 2019. " The international penetration of ibusiness firms: Network effects, liabilities of outsidership and country clout." *Journal of International Business Studies* 50(2).

维系社会关系的媒介，增加平台社会效益。在经济效益和社会效益共同作用下，隐藏在全球用户基数中的网络价值被放大。因此，平台经营者若能有计划地率先进入领先市场，则更有可能在国际化进程中掌握主动权。对优步来说，新加坡就是其布局亚洲的领先市场。作为亚洲科技发达、制度完善的国家，新加坡为网约车平台的落地与推广创造了巨大机遇。2013年初，优步在新加坡正式推出打车服务，新加坡的运营经验与品牌效应成为优步海外业务提速的东风。2013年6月，优步进入首尔。之后，台北、香港、东京和上海等城市也很快出现优步的身影。

然而，进入领先市场并不一定意味着成功。如果落地领先市场后不能协调全球战略，先行者依旧不能成为成功者。尽管优步出海之行一路高歌猛进，但是在东南亚市场遭遇了大面积瘫痪。一方面，优步与新加坡当地打车供应商Grab陷入"烧钱战"，每年2亿美元的高额补贴令优步的后续扩张举步维艰；另一方面，优步在领先市场安全问题频出，对其全球口碑产生打击。此外，优步在各国的运营管理各自为政也扰乱了其整体布局。因此，平台在登陆领先市场后，应尽快把重点从快速增长转移到协调国际化布局，真正从领先者进化为成功者。

底层包抄战略

底层包抄也是工具类平台出海的典型战略。如果直接与行业巨头较量，工具类平台恐怕难以招架。而从底层迂回地构建平台矩阵，却可以很容易地接触潜在用户，以极低的成本将用户通过产品矩阵导入黏性高的业务，更有效率地进行用户变现。因此，工具类平台大多不会抱守单一产品，而是在工具的基础上衍生出社交、游戏等一系列APP，另起炉灶构建网络效应。在此基础上，活跃的用户交互创造大量数据，成为工具类平台长期保持高盈利水平的核心原因。

猎豹移动就是底层包抄战略的成功实践者。凭借猎豹清理大师、猎豹安全大师等基础工具产品，猎豹移动很快在海外市场站稳脚跟。拥有海量用户基数与流量后，猎豹移动开始拓展业务版图，将用户转移到人工智能输入法 Panda Keyboard、照片处理软件 PhotoGrid、猎豹轻游戏以及个性化桌面 CM Launcher 上来。通过细化用户需求，猎豹移动进一步提升用户体验与用户黏性。由此可见，在坚实的底层托举下，平台无须进行革命性创新，只要依靠已经成熟的平台借力打力，就能克服现有竞争者的强大网络效应，用最低的成本获取用户群。产品矩阵构建成功后，平台能够满足用户细分需求，为平台占据更大的市场份额增添底气。这种雪球效应使得平台用户网络不断强化，独辟蹊径地规避了局外人劣势。

需要注意的是，工具产品虽然能很快撬动流量，但产品同质化程度高，容易被竞争对手复制或替代。久邦数码黯然退市、海豚浏览器卖身退场，皆是长期功能单一而未及时向内容化和轻社交拓展的案例。是顺势升级，还是落寞离场，在于底层包抄后能否建立平台矩阵有效地转化用户流量。

高维攻击战略

高维攻击是指平台通过提升社交维度激发用户流量。对平台来说，各方参与者都是一个维度：当用户很少互动或仅有点对点交流时，它们构成二维的平台；一旦各维度开始大范围、高频率地交互，则形成立体的平台。这个用户交互由平面到立体、从单一到全面的过程，就是提高维度。平台运营者发现，社交场景的引入可以创造比竞争对手更具活力的用户生态系统，从而对现有网络形成攻击。随着越来越多的平台注意到社交维度的重要性，单纯的文字社交场景开始变为语音、直播、短视频等更高频、更有参与感的社交场景，创造高质量的交互正成为取胜的关键。

尽管高维攻击与底层包抄都瞄准了用户流量，但不同于后者先撬动流量再拓展业务的顺序，高维攻击是进一步激活现有流量，为平台现有业务锦上添花。另外，当下热议的降维打击，即平台由收费改为免费、打破竞争对手长期依赖盈利环境的做法，实际上并未改变维度，而是将原有盈利点转移到其他地方，与我们讨论的维度战略有所区别。由此可见，高维攻击的核心目标，不在于从无到有地撬动流量，也不是声东击西地转移盈利要素，而是用一个交互强度更高的网络取代已有网络。这也是高维攻击突破局外人劣势的核心思想。

小红书的社群模式，即为社交关系对电商平台的重构。对大多数电商平台而言，建立在大数据基础上的用户画像能为消费者智能推荐产品，但实际上，用户需求还受到熟人推荐、口碑传播等社交因素的影响。在小红书上，用户在社群间交流"种草""拔草"的经验，也通过口碑传播将平台推荐给熟人，这样不仅推广了平台，还让平台以低成本迅速建立起庞大的用户网络。社交网络构成的第三维度，帮助小红书成为日本等海外市场的新锐力量。此外，抖音海外版 TikTok 在平台上引入短视频维度，提高用户互动频次，打破了 WhatsApp、Snapchat 等对社交软件市场的统治。因此，对意图出海的平台来说，高维攻击的借鉴意义在于从用户角度切入市场，凭借高频的用户互动突破现存竞争者的网络效应壁垒。

但是，高维攻击战略在吸引海量用户的同时，仍需注意假货频出、监管不力的问题。高频次互动提升了内容的社交性，却牺牲了内容的精美性。毕竟，社交维度发挥作用的前提是良好的口碑。因此，在利用社交网络增加高维攻击频次的同时，平台需要注重维护品牌形象，建立具有更高黏性的用户网络。

区块链 + 平台战略

区块链是分布式数据存储、点对点传输、共识机制、加密算法等计算机技术在互联网时代的创新应用模式，具有去中心化、高度透明、信息可追溯的特征。借力区块链技术，移动平台能够实现闲置资源开放共享、资源使用透明可查，更好地吸引用户参与、取得用户信任，建立网络效应。

当前，网络效应的构建大多依赖中心化的平台市场，用户紧紧环绕处于中心位置的大平台，依靠其提供的资源与信息生存。例如，在数字广告行业，谷歌、脸书等实力强劲的科技公司扮演中心角色，一边获取用户数据，一边承接广告投放，吸引大量广告主与用户聚集在侧。凭借中心化运营，谷歌和脸书占全球数字广告产值一度近60%，庞大的网络效应让后来者望而生畏。但是，这种局外人劣势并非无法破解。中心化平台大权独揽，使得广告主、流量主和用户三方获取的信息极度不对称，难以建立信任机制，数据泄露、流量造假、无法追溯过程等问题频出。各方参与者蒙受损失，却没有话语权。因此，"将数据还给真正的数据所有者"的呼声日益高涨。

在这种情况下，去中心化俨然成为解锁局外人困局的金钥匙，而区块链恰好能够以分布式账本技术实现去中心化，有机会一举打破目前巨头垄断的不健康市场结构，区块链+平台由此一拍即合。例如，Adrealm利用区块链将数据控制权分发给用户，外加激励机制促进数据流动，以此更好地发挥人工智能的作用，形成精准广告投放，有效地解决了数据欺诈、数据滥用等问题，极大地提升了用户信任度，从而大范围地引导用户参与，重塑由谷歌和脸书主导的数字广告行业格局。无独有偶，在下载应用领域，迅雷利用玩客云与链克率先实现区块链与平台结合。迅雷将共享经济思维引入云计算，通过智能硬件玩客云收集广大用户的闲置带宽，同时向分享闲置计算资源的用户发放虚拟数字资产链克作为奖励，保证用户的付出与回报等值。在此过程中，平台价值被分散到千万用户构成的网络中，实现去中心化。2018年，迅雷与泰国运营商CAT达成战略合作，进一步推行出海计划。

需要指出的是，尽管区块链技术前景广阔，但其实际落地仍有亟待厘清的问题。一方面，智能硬件的管理与维护需要巨大的隐性成本，且隐性成本由谁承担、如何核算，尚未得到明确解答。另一方面，区块链作为去中心化的底层逻辑，目前并不能有效缩小虚拟空间的贫富差距。因此，区块链+平台若要真正发挥网络效应，需要平台运营者着力维护用户权益。

2.3 有效运行：用模块化结构调动互补者

平台生态系统运转不仅有赖于庞大的用户基础，还需要聚合大量互补者提供多样化的互补性产品或服务，激发互补者的创新潜能。

模块化是平台管理互补者的常用方式。简单来说，它是指平台生态系统吸引各类组成部分聚集到平台上来，并让这些组成部分承担不同的功能，令它们在相互配合、相互影响中创造价值（Baldwin & Clark, 2000）[①]。在工程学的定义中，模块化用来描述一个整体，这个整体中的组成部分可以被分离和重组，整体具有一套体系去决定每个组成部分之间联系的紧密程度与重组的规则。由于几乎所有的整体都可以分解为若干个组成部分，因此几乎所有的系统在某种程度上都是模块化的。例

---

① Baldwin C Y, Clark K B. 2000. *Design Rules*: *The Power of Modularity*. Cambridge, MA: The MIT Press.

如，个人电脑最初是作为一体化软件包，如英特尔（Intel）的 MCS-4、Kenbak-1、Apple II 或 Commodore PET 推出的，但随后个人电脑迅速演变成模块化系统，从而能够混合和匹配来自不同供应商的插件。

模块化的架构不仅仅存在于实体的产品中，许多社会组织、商业联盟、生产流水线等，也都或多或少地具有模块化的特征（Ashkenas et al., 1995; Schilling & Steensma, 1999; Miles & Snow, 1992）[1][2][3]，模块化的演进也由此呈现出"技术模块化—产品模块化—产业模块化—组织模块化"的发展路径。例如，出版行业是典型的模块化组织，我们既可以把文学、哲学、经济学视为一个整体，也可以把这些领域拆解成无数的著作。每一本书，甚至每一个章节和段落，都可以被拆分与重组。在这种模块化的系统下，读者能够用书籍章节、文章、案例或他们自己的材料汇编自己需要的知识库。在生产流水线上，最先开展模块化架构实践的是德国大众汽车公司（Volkswagen AG）。不同于传统的集成化平台仅实现了共用零部件在同级别车型中的应用，德国大众对汽车平台的核心单元，如汽车底盘、车身结构、动力总成、电气系统等都依照模块化的原理进行了拆解，这样一来，汽车的各类零部件都能灵活地进行拆分、重组，整条流水线也变得有能力开始定制化生产，生产的车型也变得多元化起来。总结起来，模块化的组织与生产过程具有这样一种特征：组织或企业围绕核心产品或核心功能进行拆解，将整体分解为多个功能独立又与核心联系紧密的模块，通过对模块的重组，获得超出原来整体能够提供的能力，实现"1+1>2"。

---

[1] Ashkenas R, Ulrich D, Jick T, Kerr S.1995. *The Boundaryless Organization: Breaking the Chains of Organizational Structure*. San Francisco, CA: Jossey-Bass.

[2] Schilling M, Steensma K. 1999."Technological change, globalization, and the adoption of modular organizational forms." *Boston University Working Paper*.

[3] Miles R E, Snow C C. 1992."Causes of failure in network organizations." *California Management Review* 34（4）.

学者们进一步提出了超模块化（ultra-modular）的概念（Baldwin & Clark, 1997; Garud, Kumaraswamy, & Langlois, 2009）[1][2]。在模块化系统中，各个模块之外往往都有一个标准的界面，方便实现即插即用。超模块化对模块化系统的改进之处体现在，超模块化系统中各个模块之间的关系更复杂，呈现出相互交织的形态，并且超模块化系统中价值链活动过程的协调具有涌现特征，而不像模块化系统中是通过事先为各模块设定好产品或组成部分标准而进行协调的计划性特征。这也意味着，在超模块化系统中，模块的多样性程度更高了，平台的灵活性更强了。但相应地，平台协调模块之间的交互也变得更加复杂。

然而，并不是所有的系统都朝着模块化的方向转型，有的平台似乎走向了相反的道路——将不同的组成部分融合为一个整体。例如，在一些应用程序中，平台会将很多具有不同功能的软件捆绑到一个单独的集成包中。即使在用户看来这些软件都是可拆分的，但是平台仍然倾向于将它们打包出售。这些平台之所以拒绝向模块化转型，主要是因为它们不希望外部的互补者削弱平台对自身的控制力。这些平台往往掌握核心技术，并且不希望这些技术被模块化的架构打散。因此，尽管这些平台没有选择模块化架构，放弃了一定的灵活性，但是它们却可以用更大的整体性"集中力量办大事"，获得显著的性能改进。当然，在当前的商业趋势中，更多的平台，尤其是互联网巨头，采用了模块化的架构。接下来的讨论将聚焦于模块化架构下的平台战略选择。

---

[1] Baldwin C Y, Clark K B. 1997. "Managing in an age of modularity." *Harvard Business Review* 75（5）.

[2] Garud R, Kumaraswamy A, Langlois R. 2009. *Managing in the Modular Age: Architectures, Networks, and Organizations*. Hoboken, NJ: John Wiley & Sons.

三台引擎：模块化为何能助力平台运行

模块化架构为平台的有效运行添加了三台引擎。第一，模块化有助于丰富平台互补性资源的多样性。在电子商务领域，主导企业拥有电子商务搜索平台，但是支付平台和物流配送平台往往由作为模块供应方的第三方拥有，它们会独立研发标准化数据库和应用软件，通过相对标准化的接口，可以同时为多种服务功能提供支持，例如 PayPal、微信、支付宝通过应用程序接口同时连接到电子商务平台，相互独立地为消费者提供在线支付服务。依靠模块化的结构，就可在一个平台上生产出多样性产品，从而满足用户的个性化需求（Baldwin & Woodard，2009；Gawer，2014）[1][2]。

第二，模块化有助于激发平台互补者的创新潜能。一方面，模块化减少平台所需的协调工作量，使得独立的各方参与者相互连接，降低了隐性知识转移成本（Baldwin & Clark，2000；Kotabe, Parented, & Murray, 2007; Jacobides, Cennamo, & Gawer, 2018）[3][4][5]。另一方面，平台所有者与平台互补者耦合的难度较低、灵活性增大，为平台互补者创新性地获取和组合平台上各种资源和服务提供了便利，帮助平台互补者敏捷地解决复杂问题，有效应对不确定的环境。

---

[1] Baldwin C Y, Woodard C J. 2009. "The architecture of platforms: A unified view." In *Platforms, Markets and Innovation*, edited by Gawer A, Cheltenham, UK, and Northampton, MA: Edward Elgar.

[2] Gawer A. 2014. "Bridging differing perspectives on technological platforms: Toward an integrative framework." *Research Policy* 43（7）.

[3] Baldwin C Y, Clark K B. 2000. *Design Rules: The Power of Modularity*. Cambridge, MA: The MIT Press.

[4] Kotabe M, Parente R, Murray J Y. 2007. "Antecedents and outcomes of modular production in the Brazilian automobile industry: A grounded theory approach." *Journal of International Business Studies* 38（1）.

[5] Jacobides M G, Cennamo C, Gawer A. 2018. "Towards a theory of ecosystems." *Strategic Management Journal* 39（8）.

第三，模块化有助于平台整体提升灵活性和敏捷性。传统的一般性企业常常围绕产品的生产流程对企业价值链进行分解，将分解的任务分派给不同的职能部门。而到了平台生态系统中，平台依据生产流程、生产分工和技术功能，将核心平台分解为若干个子平台（Kwak，Seo，& Mason，2018）[①]，构成一组相互支持、功能互补的子模块。每一个子模块都具有独特的模块化资源，包括软件开发工具包、平台分销渠道、平台中植入的广告商资源等。子模块的突出优势在于，它不仅能够像传统企业分解价值链那样，让平台上的多方互补者共同参与生产进程（Schilling，2000）[②]，甚至还能够让互补者在不了解其他人的生产工序和生产进度的前提下组织生产（Baldwin & Woodard，2009）[③]。平台所有者可以像设计师解构产品一样，使产品开发和生产流程的不同单元独立运作，并以类似于个人电脑那样即插即用的方式进行重塑、重组和整合。当平台依照模块化架构组织不同类型的互补者时，紧密整合或一体化的层级制组织便被解构为模块成员间松散耦合的网络化组织，从而能够有效地应对和管理复杂性工作，增强企业在复杂环境下的动态适应能力和资源整合能力（Gawer，2014）[④]。这种特性，看似只需要互补者"各人自扫门前雪，莫管他家瓦上霜"，事实上极大地节约了平台的协调成本。同时，子模块上贮存的独特资源可以为未来不确定的用户需求提供多种

[①] Kwak D W, Seo Y J, Mason R. 2018. "Investigating the relationship between supply chain innovation, risk management capabilities and competitive advantage in global supply chains." *International Journal of Operations & Production Management* 38（1）.

[②] Schilling M A. 2000. "Toward a general modular systems theory and its application to interfirm product modularity." *Academy of Management Review* 25（2）.

[③] Baldwin C Y, Woodard C J. 2009. "The architecture of platforms: A unified view." In *Platforms, Markets and Innovation*, edited by Gawer A, Cheltenham, UK, and Northampton, MA: Edward Elgar.

[④] Gawer A. 2014. "Bridging differing perspectives on technological platforms: Toward an integrative framework." *Research Policy* 43（7）.

组合的可能性，给平台带来足够多的选择机会。

卡住平台脖子的环节：瓶颈

模块化的这些特性，可以帮助平台解决发展中的一个重要问题——瓶颈。

广义上的瓶颈包括技术瓶颈和战略瓶颈。技术瓶颈是指那些客观存在的、限制整个系统的环节，比如运送粮草的车队在路途中遇到了一条河，这条河便是运送车队提升绩效的瓶颈。技术瓶颈又可进一步细分：静态系统中的要素瓶颈，如未经怀特兄弟改良的飞机机翼；时间流动下的流量瓶颈，如福特流水线上滞留的零部件；动态交互中的匹配瓶颈，如化学反应中原子或分子特定的数量比，再如数学上的最小值函数，函数的输出值由输入值中的最小值决定。战略瓶颈则是指那些为了解决客观存在的技术瓶颈，提升整个系统的表现并且为自身谋得收益的收租行为，比如被河水拦住了去路的运送车队决定修建一座桥，在方便他人的同时通过收取过桥费的方式攫取收益。

瓶颈也是生态系统的特征之一。它是指由于质量差、性能差或稀缺而限制生态系统整体增长或表现的组成部分（Adner，2012；Baldwin，2015；Hannah & Eisenhardt，2018）[1][2][3]。瓶颈依附于系统存在，本质上也是整个系统的一个组成部分。但是在大多数情况下，系统中的所有组成部分并不是同等重要的：有些组成部分十分关键，不仅起着承上启下

---

[1] Adner R. 2012. *The Wide Lens: A New Strategy for Innovation*. New York: Penguin / Portfolio.

[2] Baldwin C Y. 2015. "Bottlenecks, modules and dynamic architectural capabilities." *Harvard Business School Finance Working Paper*.

[3] Hannah D P, Eisenhardt K M. 2018. "How firms navigate cooperation and competition in nascent ecosystems." *Strategic Management Journal* 39（12）.

的作用，还直接决定整个系统的产出水平，约束着整个系统，这就是瓶颈。瓶颈就像一个黑洞，吞没了其他环节提升的能力，让整个系统停滞不前（Adner & Kapoor，2016）[1]。

但是，一旦瓶颈的能力被突破，整个系统的潜能将被充分释放，获得突飞猛进的发展，实现"四两拨千斤"。例如，iTunes音乐商店解决了数字音乐付费的瓶颈，引发了iPod生态系统的大规模增长（Yoffie & Rossano，2012）[2]。正如詹姆斯·穆尔（James Moore）在《竞争的衰亡》中提到的，在商业生态系统时代，对手并不会选择在你的游戏中轻易击败你，而是会选择你整个生态系统中最薄弱的一环，用自己的商业生态进行靶向攻击[3]。这最薄弱的一环正是生态系统的瓶颈，它可能是你暴露给对手的把柄，将自己推向万丈深渊；也有可能被你铸成一把利刃，给对手致命一击。因此，生态系统的瓶颈是阻碍价值共创的重要因素，也是平台生态系统的治理重点。

需要特别强调的是，我们这里所说的瓶颈并不完全等同于社会学中经常提到的结构洞。结构洞是由美国社会学家罗纳德·伯特（Ronald Burt）于1992年在《结构洞：竞争的社会结构》一书中提出的概念[4]。所谓结构洞，是指社会中人际关系错综复杂，但并非所有人之间都互相有联系，这样一看就好像整张社交大网上存在几个孔隙，这些孔隙就是结构洞。举个例子，如图2-3所示，A、B、C三个成员之间互相有联系，这时的关系网中不存在结构洞；但若B与C之间没有联系，但是都分

---

[1] Adner R, Kapoor R. 2016. "Innovation ecosystems and the pace of substitution: Re-examining technology S-curves." *Strategic Management Journal* 37（4）.

[2] Yoffie D B, Rossano P. 2012. *Apple Inc. in 2012*. Boston, MA: Harvard Business School.

[3] Moore J F. 2016. *The Death of Competition: Leadership and Strategy in the Age of Business Ecosystems*. New York: HarperCollins.

[4] Burt R S. 1992. *Structural Holes*. Boston, MA: Harvard University Press.

别与 A 有关系，A 就占据了 B 与 C 之间的结构洞，成了 B 与 C 之间唯一的交流渠道。研究表明，占据更多结构洞的角色将有机会获得更多资源，尤其是信息资源，并且掌控系统中资源的流向，因此在竞争中更具竞争优势。

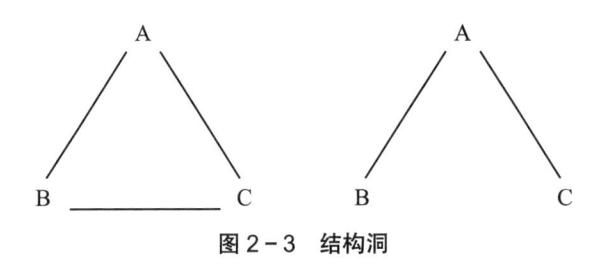

图 2-3　结构洞

对比瓶颈和结构洞，它们的共同点是都具有连接和控制的作用，但最大的区别在于，瓶颈是由技术性能定义的，而结构洞是由社会关系定义的。瓶颈连接系统中的几个环节，让系统得以运行；结构洞被占据后，会在社会中原本毫无关系或者关系微弱的成员之间搭起桥梁，让社会中的信息充分流动。瓶颈的控制属性源于技术因素，而结构洞的控制属性则源于社会活动，主观色彩更为丰富。比如，iPod 生态系统的一个重大瓶颈是缺乏合适的闪存软件。尽管一家关键的闪存生产商与苹果达成了合作关系，能够给 iPod 供应这一瓶颈部件，但这家生产商并没有占据 iPod 互补者之间纽带网络中的一个结构洞。因此，一家企业有一个独特的网络位置（比如占据一个结构洞），是根据整个社会连接网络来定义的，而瓶颈部分则是由技术性能来定义的。

瓶颈战略：如何利用模块化突破瓶颈

模块化有一个突出的优点，那就是当平台只对某个单一的模块做出调整时，并不会影响其他模块的正常运行。这个优点为解决瓶颈问题提供了契机。这是因为，平台可以独立地解决瓶颈问题，且无须大范围地调整其他组成部分，也不会影响其他组成部分的正常功能。因此，为了解决瓶颈问题，平台可以自行向瓶颈补充大量资源（Gawer & Henderson，2007）[1]，也可以激励外部互补者增加研发投入、联合创新，共同突破瓶颈（Ethiraj，2007）[2]。这对应了解决瓶颈问题的两种战略。

第一种战略是内部改进战略。这意味着平台仅依靠自己来提高瓶颈组成部分的性能，也就是在瓶颈内部进行创新。例如，Hannah 和 Eisenhardt（2018）[3]的研究表明，在新兴的住宅太阳能行业，太阳能安装能力就是一个瓶颈，甚至负责销售的企业都会因为安装能力的缺失受到影响。为了突破安装能力的瓶颈，负责销售的企业建立了专门的培训部门，通过为安装企业的工人提供培训来解决安装瓶颈，从而提高整个生态系统的性能。类似地，丰田（Toyota）通过提供知识产权和技术支持，解决了其供应商在汽车价值链中的落后能力问题（Dyer & Nobeoka，2000）[4]；英特尔在个人电脑生态系统的瓶颈部分投入了大量资源来提高其性能（Gawer & Henderson，2007）[5]。

在国内，平台通过内部改进克服瓶颈的典型案例是京东自建物流。2007 年，京东在获得首轮融资后，决定自建物流。其原因是当时京东 70% 的客户投诉来自物流，大量的顾客投诉送货慢、货物损坏严重。但

---

[1] Gawer A，Henderson R. 2007. "Platform owner entry and innovation in complementary markets：Evidence from Intel." *Journal of Economics & Management Strategy* 16（1）.

[2] Ethiraj S K. 2007. "Allocation of inventive effort in complex product systems." *Strategic Management Journal* 28（6）.

[3] Hannah D P，Eisenhardt K M. 2018. "How firms navigate cooperation and competition in nascent ecosystems." *Strategic Management Journal* 39（12）.

[4] Dyer J H，Nobeoka K. 2000. "Creating and managing a high‐performance knowledge‐sharing network：The Toyota case." *Strategic Management Journal* 21（3）.

[5] Gawer A，Henderson R. 2007. "Platform owner entry and innovation in complementary markets：Evidence from Intel." *Journal of Economics & Management Strategy* 16（1）.

当时的物流水平根本无法解决这些痛点，物流公司对加盟商没有控制力。京东认为，只有自建物流才能从根本上解决这个问题。自建物流体系是一件非常烧钱的事情。京东早期的融资，除了平台建设的进出货，其他的资金基本上注入了京东物流。虽然烧钱，但是京东物流在京东高速发展的过程中也功不可没。自建物流大大提升了京东的服务质量，客户的满意度非常高。很多买家急用一些东西，就会选择京东。自建物流也降低了运营成本。普通电子商务公司，都是将物流包给第三方，这样物流成本就比京东高一些，发货速度和送货时间也与京东有不小差距，加上京东早期的自营模式，这样一来，京东整体的运营成本便降低了。运营成本降低，商品利润点随之提高，这给了京东更大的降价空间。正是更大降价空间的优势，让京东在日后的价格战中几乎所向披靡。苏宁后来决心自建物流，正是效仿京东的做法。

但是自建物流，也存在一些弊端。弊端一：投资巨大，耗费时间长。自建物流需要投入大量资源，也要耗费很长的时间，其中新员工可能要培训数月才能上岗。物流体系的建立，非一朝一夕能够完成。从某种角度看，正是物流体系延缓了京东的扩张步伐。弊端二：物流系统庞大而臃肿。这也成为限制京东发展的因素之一。因为随着社会的发展，物流势必会越来越快。以前跨省寄件可能要三四天，后来只需要两三天。自建物流的优势在慢慢丧失。自建物流的价值会被时间逐步消解。最终，自建物流的企业跟竞争对手站在几乎同一水平线上。

第二种战略是共同创新战略。共同创新是指与外部的互补者合作，借助外界的资源堵上瓶颈的缺漏。在解决了瓶颈问题的同时，平台生态系统的规模也会更加壮大。但是，这种方式的难点在于，平台需要付出更多的努力去协调这些外部互补者，尤其是让这些互补者与平台兼容和匹配，这样才能在此基础上展开共同创新（Brusoni & Prencipe,

2006）①。共同创新的一个典型的例子是亚马逊（Amazon）与 Kindle 的合作关系。亚马逊之所以能够成功进军电子书生态系统，归功于它与电子阅读器 Kindle 的合作。合作之前，亚马逊面临的最大瓶颈是缺乏与出版商的联系，而 Kindle 恰恰拥有庞大的出版商资源。Kindle 也反过来依靠亚马逊获得了庞大的销售渠道。这种相互弥补的关系形成强强联合，甚至同时帮助两个企业克服了各自的瓶颈，实现了跨越式增长。在电子游戏领域，Ozcan 和 Eisenhardt（2009）②也观察到了游戏发行商、软件供应商和运营商之间是如何通过共同创新的瓶颈战略成为行业杀手的。该研究通过对电子游戏行业中的六家游戏开发商的调查，发现这些开发商通过推广生态系统的愿景，积极组织外部的运营商和手机制造商等企业提供各自的资源与能力，在优势互补中共同突破瓶颈，成为电子游戏行业的绝对领导者。

国际化中的瓶颈战略

那些想要将其生态系统扩展到新的市场，特别是外国市场的平台，会发现生态系统的发展受到地区特定的因素或不足的限制。平台在海外扩张的过程中遇到的问题，很大一部分源于当地基础设施薄弱或缺乏支撑生态系统良性运转的互补性资产（Ojala，Evers，& Rialp，2018）③。

与传统的国际商务理论所强调的跨国距离的负面影响不同，最近数字经济领域的研究发现，互补性资产的瓶颈是平台进入国外市场的一个重要障碍。克服这种障碍的一种策略是采用一种缩小边界的方法，去

---

① Brusoni S，Prencipe A. 2006. "Making design rules：A multidomain perspective." *Organization Science* 17（2）.

② Ozcan P，Eisenhardt K M. 2009. "Origin of alliance portfolios：Entrepreneurs，network strategies，and firm performance." *Academy of Management Journal* 52（2）.

③ Ojala A，Evers N，Rialp A. 2018. "Extending the international new venture phenomenon to digital platform providers：A longitudinal case study." *Journal of World Business* 53（5）.

占领瓶颈环节,即生产或提供瓶颈对应的部分产品或服务,并通过市场力量来协调和激励生态系统参与者的价值协同(Gawer & Henderson,2007)[①]。例如,在物流约束是电子商务主要瓶颈的一些国家(如印度尼西亚),第三方卖家可以使用亚马逊的配送服务。卖家一旦长期依赖亚马逊来挑选、打包、发货和提供服务,就不太可能背弃亚马逊,转向别的服务提供商,即放弃多宿主策略。因此,平台公司可能会专注于解决阻碍生态系统运营的最关键的瓶颈,而不是试图基于交易成本来内部化每一个可能的合作参与者的价值活动。这个策略在处理不拥挤的瓶颈时最为有效,因为在这种情况下,处于瓶颈位置的伙伴的选择空间相对有限,互补者合作的意愿会很强。

此外,瓶颈可能在行业演进过程中从原有位置转移(Hannah & Eisenhardt,2018)[②]。这使得为解决这些问题而设计的纵向一体化策略变得不那么有效。这时可以采用另一种策略,即采用扩大边界的方法,鼓励互补者进入造成瓶颈的活动,同时赋能并提升它们的能力。现有研究表明,瓶颈决定了创新资源应该集中在哪里(Ethiraj,2007)[③]。平台企业可以对占据生态系统瓶颈位置的互补者提供资源支持,也可以资助潜在的互补者进入瓶颈环节进行价值创造活动(Katz & Shapiro,1986)[④]。如果存在多个瓶颈破坏者,没有单一的互补者或有限的互补者能够较好地利用这样一个瓶颈的有利位置来获取可观的价值,那么结果必然是合作关系的失调。如果瓶颈组成部分与各种生态系统组成部分具有高度

[①] Gawer A, Henderson R. 2007. "Platform owner entry and innovation in complementary markets: Evidence from Intel." *Journal of Economics and Management Strategy* 16(1).

[②] Hannah D P, Eisenhardt K M. 2018. "How firms navigate cooperation and competition in nascent ecosystems." *Strategic Management Journal* 39(12).

[③] Ethiraj S K. 2007. "Allocation of inventive effort in complex product systems." *Strategic Management Journal* 28(6).

[④] Katz M L, Shapiro C. 1986. "Technology adoption in the presence of network externalities." *Journal of Political Economy* 94(4).

的互补性，即存在更大的外部性条件，这种方法更为有效（Jacobides, Knudsen, & Augier, 2006）[1]。东南亚著名的数字公司 Go-Jek 就是一个很好的例子。Go-Jek 的约车平台 Go-Ride 的司机在非高峰时段为其快递服务 Go-Box 递送小包裹，以补充生态系统的递送能力。

这些方法可能需要不断调整，因为瓶颈在东道国会因时间和空间条件的变化而不断转移。尤其是有些情况下，瓶颈无法或很难克服。一些共享经济平台可能需要相当大的人口密度，才能形成对其商业模式良性运转至关重要的网络效应。许多公司严重依赖于完善的数字基础设施，远远超出了平台公司所涉及的领域（de la Torre & Moxon, 2001）[2]。这意味着有些地方不具备平台国际化的落地条件。理清这些问题能更好地帮助我们理解平台公司何时、何地以及如何实现国际化的第一步。

跨国公司寻求利用自身的企业竞争优势，部分是基于其在生产网络中享有的位置优势。相比之下，平台则通过与平台生态系统其他参与者合作创造价值来寻求扩大生态系统竞争优势。平台生态系统的领导者通常是平台公司，它们与平台生态系统其他参与者既是价值的共创伙伴，又是价值获取或分配方面的竞争对手（Brandengurger & Nalebuff, 1996）[3]，构成生态系统的竞争合作关系。平台可能确实会模仿互补者的产品，并阻止它们接触消费者，从而占有共同创造的价值的更大份额（Zhu & Liu, 2018）[4]。这就产生了一个两难的局面。在国外，生态系统竞

---

[1] Jacobides M G, Knudsen T, Augier M. 2006. "Benefiting from innovation: Value creation, value appropriation and the role of industry architectures (Article)." *Research Policy* 35.

[2] de la Torre J, Moxon R W. 2001. "Introduction to the symposium e-commerce and global business: The impact of the information and communication technology revolution on the conduct of international business." *Journal of International Business Studies* 32（4）.

[3] Brandengurger A M, Nalebuff B J. 1996. *Co-Opetition*. New York: Currency / Doubleday.

[4] Zhu F, Liu Q. 2018. "Competing with complementors: An empirical look at Amazon. com." *Strategic Management Journal* 39（10）.

争优势不一定会带来短期利润，因此平台会从互补者那里征收租金来弥补利润的缺口。这种行为最终会削弱整体意义上的生态系统竞争优势。因此，平台需要在短期利润与追求长期增长和市场支配地位之间进行权衡。

这就解释了为什么数字平台的国际表现可能会因其主要目标是价值创造还是价值获取而存在巨大差异。与平台生态系统竞争优势相关的各种替代性性能指标（如规模、范围和增长）也应该考虑在内。价值创造和价值获取之间的平衡也需要关注。我们所概述的价值创造与价值分配的动态关系在很大程度上是当地市场竞争强度的函数。更激烈的竞争很可能会导致平台强调价值创造而不是价值获取，这主要是因为它们非常依赖于保留互补者或寻求互补者的支持。当互补者寻求占据瓶颈位置时，这种动态关系可能又会发生根本性变化。

2.4 长效发展：平衡价值创造与价值分配

平台不仅要考虑将生态系统这个巨轮运转起来，还要追求这个巨轮的可持续运转，实现基业长青。平台通过模块化架构聚集了大量的互补者，如果这些互补者齐心协力朝着相同的目标努力，则能够为平台生态系统创造极大的价值。例如，阿里巴巴集成了电商平台淘宝、移动支付服务支付宝、线上广告投放市场阿里妈妈、云计算服务阿里云、物流服务菜鸟网络、金融服务蚂蚁金服等互补者，构筑了一个庞大的生态系统。这些互补者一方面为阿里巴巴在全球范围内吸引了数以万计的注册用户，另一方面为阿里巴巴赋能，为用户提供金融、支付、物流、广告等多类服务，而阿里巴巴也从中获取巨额利益。阿里巴巴与互补者之间形成了一种良性互动关系——互补者为平台的平稳运行贡献关键资源或提供关键服务，平台也鼓励用户和互补者进行价值共创，互补者、用户与平台在价值共创过程中通过撬动网络效应促进平台发展。

如果互补者之间的目标南辕北辙，平台在运行的过程中必定会低效运转并产生利益冲突，聚合过多的互补者反而给平台增加了协调成本。例如，平台互补者之间为了争夺平台资源形成恶性竞争，引发"烧钱大战"，在拓展各自用户基数的同时，也消耗着平台整体的大量财务资源，加大平台运营风险。

由此可见，平台与互补者之间不仅存在价值共创的共生关系，也存在价值分配的竞争合作关系。平台内部需要促进资源合理优化配置，培育具有较强互补性的用户和实现互补者之间的良性竞争，防止恶性竞争带来的无谓内耗。因此，平台生态系统要实现良性运转，必须策略性地平衡好平台与互补者之间的价值创造与价值分配关系。

平台企业与传统企业的价值创造和价值分配

平衡价值创造与价值分配的关系并不是平台生态系统特有的命题。对传统企业而言，这也是一个重要的话题。在传统企业中，价值链承担了平衡价值创造和价值分配的关键任务。在传统企业的价值链中，企业要做的核心工作是将价值链的每个环节分配给最适合的人去完成，以此寻求最高的投资回报。现实中，我们常常见到价值链以合同制造、业务流程外包和服务业等形式出现。在传统企业的价值链上，各类参与者具有自己明确的角色，不同的角色也对应了不同的活动。此外，在价值链上，价值创造和价值获取是紧密相连的，价值链上的参与者创造了多少价值就按比例获得相应的回报。

然而，尽管传统价值链在协调价值创造和价值分配上非常有效，但是价值链上通常只有有限数量的参与者，价值链上的交互关系也相对简单清晰。但是，这种针对简单清晰的交互关系的协调方式已不再适合平台生态系统。最突出的表现在于，人们在平台生态系统中很难进行明确的角色划分。在数字经济背景下，一个行业中的新进入者频繁涌入，垂直竞争十分激烈，价值链中的秩序也变得更为分散。在平台生态系统中更是如此。一个典型的例子就是社交媒体平台。在传统的媒体行业中，内容创建者、内容整合者、内容发布者各司其职，价值创造和价值获取之间是一一对应的。但到了数字时代，数字化技术让社交媒体行业发生了革命性变化，产生了融媒体这种新形式。在融媒体中，媒体行业参与者角色的划分已经不再明确，因为内容创建者已经找到了直接接触终端消费者的途径，而内容整合者也不再仅仅依赖于内容发布者。在融媒体的背景下，最终的结果是消费者能够以更低的价格获取更多的内容，消费者剩余不断增加。价值创造和价值获取之间的关系不再是简单的一一对应关系。

更进一步来说，传统价值链的不适用，本质上是由于平台生态系统与传统企业的价值主张不同。首先，与传统企业相比，平台生态系统的价值主张（ecosystem value proposition，EVP）具有一个突出的特征：没有任何个体参与者拥有完全独立开发和实现解决方案的知识或能力。也就是说，平台生态系统要实现价值创造，必须依靠技术供应商、基础设施供应商、平台运营商、政府机构、初创企业、大学与研究机构等更多元、更复杂的互补者之间的紧密合作（Adner，2017；Jacobides，Cennamo，& Gawer，2018）[1][2]。其次，互补者通常目标各异、能力不同，

---

[1] Adner R. 2017. "Ecosystem as structure：An actionable construct for strategy." *Journal of Management* 43（1）.

[2] Jacobides M G，Cennamo C，Gawer A. 2018. "Toward a Theory of Ecosystems." *Strategic Management Journal* 39（8）.

因此它们的创新效率不同，给平台创造的经济效益也不相同（Casadesus-Masanell & Yoffie，2007）[①]。最后，由于平台结构复杂，平台本身对整个生态系统的控制力远远不如传统企业对价值链的控制力，平台很难有绝对的影响力协调到每一个互补者。这些特征无疑使得平台生态系统的价值创造和价值分配更为分散和更为复杂。

但是，大多数价值创造与价值分配的模式都是针对传统企业价值链建立的，这些模式通常并不适用于平台生态系统。为了让价值创造与价值分配在新的平台生态系统环境下仍然能发挥作用，平台所有者必须改进协调互补者的方式。建立适应平台生态系统环境的价值创造与价值分配模式，至少需要考虑三个关键问题[②]：第一，平台如何认识各种各样的参与者（如竞争对手、初创企业、企业家、大学、社会组织和政府部门）在生态系统中的位置？第二，平台如何辨析各类参与者的角色、任务、贡献和奖励？第三，如果对价值主张的创建不具有绝对的控制力，平台能否通过松散耦合的方式创造价值，又将如何创造价值？

三个关键问题

经济学家已经注意到平台特殊的价值创造与价值分配需求，并基于此展开了大量研究。在有关网络效应的文献中，学者们不仅强调了间接网络效应的重要性（即平台生态系统规模越大，越能为用户创造更多价值，互补者也就有越大的动机加入平台生态系统，并为平台提供关键的互补性资源），而且提出了平台需要着重关注价值创造战略（Armstrong，2006；Caillaud & Jullien，2003；Parker & Van Alstyne，2005；Rochet &

[①] Casadesus-Masanell R，Yoffie D B. 2007. "Wintel：Cooperation and conflict." *Management Science* 53（4）.

[②] https：//www.linkedin.com/pulse/ecosystem-operating-models-how-participate-create-value-witteveen.

Tirole，2006）[1][2][3][4]，这些价值创造战略将有助于平台生态系统吸引数量更多的参与者加入进来，从而积累网络效应。

但是，用户不仅仅对平台上互补者的数量感兴趣，更关注自己能够从互补性资源中获得多少好处，而用户从互补性资源中得到的好处的多寡，是与互补者的质量紧密相关的（Cennamo，2018；Cennamo & Santaló，2019；Markovich & Moenius，2009；Seamans & Zhu，2014）[5][6][7][8]。因此，在创造网络效应时，互补者的创新性（包括互补者的质量和新颖性）与互补者的数量同样重要，甚至更重要（Cennamo，2018；Markovich & Moenius，2009；Seamans & Zhu，2014；Binken & Stremersch，2009）[9]。用户对互补者数量的偏好和对互补者创新性需求的综合影响，是平台生态系统力求在价值创造和价值分配中取得平衡的重要驱动因素。

McIntyre 和 Srinivasan（2017）[10]从这个关键的现象中，提出了两个

---

[1] Armstrong M. 2006. *A Handbook of Human Resource Management Practice*. London：Kogan Page Publishers.

[2] Caillaud B，Jullien B. 2003."Chicken & egg：Competition among intermediation service providers."*RAND Journal of Economics* 34（2）.

[3] Parker G G，Van Alstyne M W. 2005."Two-sided network effects：A theory of information product design."*Management Science* 51（10）.

[4] Rochet J C，Tirole J. 2006."Two-sided markets：A progress report."*RAND Journal of Economics* 37（3）.

[5] Cennamo C. 2018."Building the value of next-generation platforms：The paradox of diminishing returns."*Journal of Management* 44（8）.

[6] Cennamo C，Santaló J. 2019."Generativity tension and value creation in platform ecosystems."*Organization Science* 30（3）.

[7] Markovich S，Moenius J. 2009."Winning while losing：Competition dynamics in the presence of indirect network effects."*International Journal of Industrial Organization* 27（3）.

[8] Seamans R，Zhu F. 2014."Responses to entry in multi-sided markets：The impact of Craigslist on local newspapers."*Management Science* 60（2）.

[9] Binken J L，Stremersch S. 2009."The effect of superstar software on hardware sales in system markets."*Journal of Marketing* 73（2）.

[10] McIntyre D P，Srinivasan A. 2017."Networks, platforms, and strategy：Emerging views and next steps."*Strategic Management Journal* 38（1）.

值得深入分析的关键点：第一，平台不仅仅要关心网络效应的绝对规模，更要关心网络效应的结构和相对强度；第二，平台需要战略性地管理不同类型的互补者，使互补者的目标与平台生态系统的总体目标保持一致，从而让更多的互补者参与到平台中，并激发更大规模的创新（Adner，2017；Jacobides，Gennamo，& Gawer，2018）[1][2]。因此，我们不能仅仅把平台视为一个市场，还要把平台看作协调各类参与者来构建互补性创新的一个综合体。在这个综合体中，如何激励各类互补者，并使得互补者与平台生态系统具有一致的奋斗目标，成为平台生态系统的核心战略问题（Cennamo & Santaló，2019；Jacobides，Gennamo，& Gawer，2018；Rietveld，Schilling，& Bellavitis，2019）[3]。

更细化地来看，平台要做的具体工作是促进互补者之间的良性竞争，抑制互补者之间的恶性牵制。在早期对传统企业的研究中，合作被定义为企业追求共同利益、实现共同利益，竞争被定义为企业以牺牲他人利益为代价追求自身利益、实现个人利益[4]。在现实的商业实践中，企业之间的联盟（alliance）关系最能体现企业在竞争与合作中进行的权衡取舍。然而，联盟中的企业应当选择合作，还是选择竞争，现有文献并没有给出统一的观点。理论研究认为，当联盟中的企业在合作与竞争之间取得一个完全的平衡时，联盟才能成功（Das & Teng，2000；Lado，Boyd，& Hanlon，1997）[5]。例如，Das 和 Teng（2000）提倡平衡

---

[1] Adner R. 2017. "Ecosystem as structure: An actionable construct for strategy." *Journal of Management* 43（1）.

[2] Jacobides M G，Cennamo C，Gawer A. 2018. "Towards a theory of ecosystems." *Strategic Management Journal* 39（8）.

[3] Rietveld J，Schilling M A，Bellavitis C. 2019. "Platform strategy: Managing ecosystem value through selective promotion of complements." *Organization Science* 30（6）.

[4] Das T K，Teng B S. 2000. "A resource-based theory of strategic alliances." *Journal of Management* 26（1）.

[5] Lado A A，Boyd N G，Hanlon S C. 1997. "Competition, cooperation, and the search for economic rents: A syncretic model." *Academy of Management Review* 22（1）.

企业间的竞争与合作，这样任何企业都不占绝对的主导地位，这种平衡将产生更稳定和更成功的关系。相反，实证研究表明，联盟中的企业要么竞争，要么合作，与选择中庸之道相比，企业更愿意选择某一个极端（Doz，1996；Sytch & Tatarynowicz，2014）[1][2]。例如，de Rond 和 Bouchikhi（2004）[3] 研究了制药巨头和生物技术企业之间的联盟，发现这种关系在合作和竞争之间来回摇摆，但最终会螺旋式上升为竞争关系。Sytch 和 Tatarynowicz（2014）也研究了生物技术企业与制药企业之间的联盟，发现它们的竞争和合作是不稳定的，并最终只会朝其中一个极端方向发展。

尽管生态系统不是联盟，但两者在竞争和合作之间都有类似的权衡取舍的特点（Bremner，Eisenhardt，& Hannah，2017）[4]。在平台生态系统的研究中，也有一部分文献重点关注了互补者之间的竞争与合作关系。一方面，如果互补者合作太密集，分配到单个互补者的价值可能会很少，互补者会因为无法获得足够的价值来生存而选择退出。另一方面，如果互补者竞争过度，平台生态系统可能根本无法形成足够的价值空间（Ozcan & Santos，2015）[5]。

平台所有者更关心的是如何设计一套合理的战略来协调互补者之间的竞争合作关系（co-opetition）。有一类文献着重研究了平台生态系统的

---

[1] Doz Y L. 1996."The evolution of cooperation in strategic alliances：Initial conditions or learning processes?" *Strategic Management Journal* 17（S1）.

[2] Sytch M, Tatarynowicz A. 2014."Friends and foes：The dynamics of dual social structures." *Academy of Management Journal* 57（2）.

[3] de Rond M, Bouchikhi H. 2004."On the dialectics of strategic alliances." *Organization Science* 15（1）.

[4] Bremner R P, Eisenhardt K M, Hannah D P. 2017."Business ecosystems." In *Collaborative Strategy：Critical Issues for Alliances and Networks*, edited by Mesquita LF, Ragozzino R, Reuer J J, Cheltenham, UK, and Northampton, MA: Edward Elgar.

[5] Ozcan P, Santos F M. 2015."The market that never was：Turf wars and failed alliances in mobile payments." *Strategic Management Journal* 36（10）.

竞合战略（Adner & Kapoor，2010；Ansari，Garud，& Kumaraswamy，2016；Hannah，2018；Ozcan & Eisenhardt，2009）[1][2][3][4]。在这类文献中，一部分研究考察了平台企业为了价值创造而进行的合作。例如，平台通过联合研发解决瓶颈问题（Ethiraj，2007）[5]。另一部分研究则探索了平台企业为了价值获取而采取的竞争（Jacobides，MacDuffie，& Tae，2016）[6]。这种竞争常常发生在平台生态系统的内部，尤其是互补者之间。这些研究的核心观点是，平台企业需要限制自身组成部分的过度竞争，但同时要促进互补者的适度竞争，这样才能为生态系统整体创造最大的价值空间。

综上所述，这些研究证实了合作和竞争是平台生态系统长效发展的核心，并为互补者之间的合作或竞争战略提供了见解。但是，仍然有一些问题还没有被研究者回答。第一，平台生态系统具体要通过哪些方式，才能成功地平衡合作和竞争，以实现价值创造的效率和价值分配的公平？第二，平台生态系统的价值创造与价值分配战略如何才能使得平台和互补者获得长期绩效？第三，随着时间的推移，平台生态系统将如何动态调整价值创造与价值分配战略？在这一节，我们将重点回答前两个问题。平台生态系统价值创造与价值分配战略的动态调整，将在第3

---

[1] Adner R，Kapoor R. 2010. "Value creation in innovation ecosystems：How the structure of technological interdependence affects firm performance in new technology generations." *Strategic Management Journal* 31（3）.

[2] Ansari S，Garud R，Kumaraswamy A. 2016. " The disruptor's dilemma：TiVo and the US television ecosystem." *Strategic Management Journal* 37（9）.

[3] Hannah D. 2018. " Collaborative strategy and value capture in innovation ecosystems." In *Academy of Management Proceedings*. Briarcliff Manor，NY：Academy of Management.

[4] Ozcan P，Eisenhardt K M. 2009. "Origin of alliance portfolios：Entrepreneurs，network strategies，and firm performance." *Academy of Management Journal* 52（2）.

[5] Ethiraj S K. 2007. " Allocation of inventive effort in complex product systems." *Strategic Management Journal* 28（6）.

[6] Jacobides M G，MacDuffie J P，Tae C J. 2016. "Agency，structure，and the dominance of OEMs：Change and stability in the automotive sector." *Strategic Management Journal* 37（9）.

章展开论述。

价值创造是什么？有什么对应的战略？

生态系统长效发展的一个本质问题就是实现价值创造。竞争战略学者迈克尔·波特将价值创造视为竞争优势的重要来源[①]。他认为，一个企业的竞争优势取决于它比竞争对手创造更多价值的能力。企业需要设计出一个合理的运营机制，帮助企业规划工艺流程、组织分工合作、明确奖惩机制，进而激励员工实现价值创造。类似地，平台生态系统需要设计出一种运营模式，使得各类参与者都能受到足够的激励，从而成功参与到开发价值主张的过程中。

在平台中，最常用的方式是通过定价机制激发价值创造：（1）平台所有者选择一种定价策略；（2）互补者根据平台的定价策略判断是否进入平台，如果进入平台，则根据平台的定价调整自己的定价，以及调整自己的创新程度；（3）用户购买平台的产品或服务，完成价值创造的环节。正如前面的分析中提到的，用户不仅仅在意平台生态系统的规模（由互补者的数量决定），更关注平台生态系统的创新性（由互补者的质量和新颖性决定）。这就促使平台生态系统在创新性和规模化之间谋求一个平衡，以便使平台的收益最大化。当这种权衡落在互补者身上时，互补者就需要决策如何使自身的价值创造活动最大化。平台在互补者规模和互补者创新之间的抉择，需要充分考虑两种外部因素：市场的竞争程度和用户的需求特征。

市场的竞争程度，无外乎市场更接近于完全竞争市场还是具有一定的垄断性。在垄断的市场中，往往某个平台一家独大。这个平台中的互

---

① Porter M E. 1985. "Technology and competitive advantage." *Journal of Business Strategy* 5（3）.

补者只需要考虑与平台内部的其他互补者展开竞争，以提高自身的互补性资源对用户的吸引力。在这种情况下，互补者具有很大的动力进行创新，平台也更倾向于选择以创新性吸引用户。与之形成对比的是，在竞争程度较高的市场中，互补者不仅要面对平台内其他互补者的竞争，还要面对跨平台的竞争。高度的竞争会促使平台压低产品价格，从而压低互补性资源的价格。因此，在竞争程度较高的市场中，互补者创新的动力可能会略显不足。在这种情况下，平台更愿意通过扩大规模发挥网络效应和加强引流举措。

用户的需求特征也会影响平台的抉择。具体来说，如果用户更偏好平台的规模，平台通常会通过降低定价吸引用户使用平台的产品或服务，但相应地，互补者也会压缩在创新活动中的投入。与之形成对比的是，如果用户更偏好平台的创新性和质量，平台则会给高质量的产品确定更高的定价，互补者也更有动力从事创新活动。

另外，需要注意的是，平台生态系统的价值创造战略并不是一成不变的，也不存在一个放之四海而皆准的战略可以帮助任何平台最大化价值创造活动。相反，平台生态系统的价值创造战略会随着平台的生命周期而不断调整，是一个动态演进的战略。第 3 章会展开详细论述。

除了通过定价策略激励价值创造，平台也可以使用其他战略激励互补者去创造价值。例如，通过选择不同的技术架构（开放或封闭）促进价值创造活动（Cennamo，Ozalp，& Kretschmer，2018）[①]，通过开发工具包来降低高质量互补产品的生产成本（Anderson，Parker，& Tan，

[①] Cennamo C，Ozalp H，Kretschmer T. 2018. " Platform architecture and quality trade-offs of multihoming complements." *Information Systems Research* 29（2）.

2014）[1]，加强对核心功能与核心技术的投资（Schilling，2003）[2]，加大核心互补产品的营销力度（Rietveld，Schilling，& Bellavitis，2019）[3]，大力培育具有更高创新能力的互补者（Cennamo，2018；Hagiu & Spulber，2013）[4]，等等。

需要注意的是，平台生态系统的价值主张最突出的特征是，没有任何个体参与者拥有完全独立开发和实现解决方案的知识或能力。然而，对大多数企业而言，它们并没有足够的能力去建立平台生态系统或者维系平台运营模式。针对这些平台企业，有两种替代方案，可以帮助它们撬动平台生态系统的优势，并同样可以进行价值创造和价值分配活动。这两种方案分别是接口运营模式（interface-operating model）和风险投资模式（operator-fund model）[5]。

接口运营模式

接口运营模式的特点是从用户的角度出发，激励用户与平台共同开发、共同生产，为用户设计出更好的服务，提供更为个性化的价值。接口运营的关键在于两项技术：应用程序接口（application programming interface，API）和软件开发工具包（software development kit，SDK）。平台企业利用 API 和 SDK，广泛地与用户进行连接，并在此基础上规定哪些功能、活动和数据可以与第三方交换。将平台开放给更多的用户，其核心目的就是激发更大规模的创新应用。

---

[1] Anderson Jr. E G, Parker G G, Tan B. 2014. "Platform performance investment in the presence of network externalities." *Information Systems Research* 25（1）.

[2] Schilling M A. 2003. "Technological leapfrogging: Lessons from the US video game console industry." *California Management Review* 45（3）.

[3] Rietveld J, Schilling M A, Bellavitis C. 2019. "Platform strategy: Managing ecosystem value through selective promotion of complements." *Organization Science* 30（6）.

[4] Hagiu A, Spulber D. 2013. "First-party content and coordination in two-sided markets." *Management Science* 59（4）.

[5] 具有不同目标、能力和风险偏好的平台，选择的治理方式也不同。

但是，接口运营模式也具有一定的风险。其一，如果生态系统中的一个互补者有能力将其业务转变为平台运营模式，那么其他互补者就有被平台锁定，从而失去差异化能力的风险，这在一定程度上抑制了生态系统中互补者的多样性。其二，平台企业通过 API 和 SDK 添加一些原本该由互补者提供，而平台企业本身可能不熟悉也不擅长的新功能，如果操作不当，其结果可能是对平台价值创造活动产生负面冲击。其三，平台企业需要妥善处理接入新功能时可能涉及的知识产权纠纷问题。在传统企业的价值链中，从采购到生产再到分销，大多是通过合同来明确产权关系的。与传统企业的价值链一样，平台生态系统也需要对知识产权、数据所有权，以及潜在的风险、贡献和回报做出清晰的界定。然而，大多数平台生态系统还处于探索的早期阶段，并没有现成的经验可以借鉴，这使得产权界定常常不明晰，容易在未来产生利益纠纷。

为了解决上面的问题，平台企业可以通过下面的四个步骤循序渐进地建立接口运营模式：（1）在最初的时候，平台企业需要明确与第三方合作的领域是什么，这个领域可能涉及数据、知识、产品、销售或客户关系，但是，平台企业应当首先选择有限数量的领域进行合作，这是为了避免后续的价值创造关系过于复杂而增加高昂的协调成本；（2）一旦选定了合作的领域，平台企业就可以建立一套协调互补者关系的临时规则，并在后续的价值创造活动中运用这套临时规则去管理更加广泛的互补者；（3）平台企业需要努力消除互补者与互补者之间、互补者与平台企业之间的摩擦，并且要将所有与价值创造相关的治理经验、教训与尝试都记录下来，定期更新和迭代先前建立的协调规则；（4）当与互补者的合作趋于成熟，平台企业就可以考虑将这套临时规则正式化，以合同契约的方式确定下来。

风险投资模式

风险投资模式是由企业的业务单元、投资组合企业与合资企业组成的。类比于平台生态系统，处于核心位置的合资企业相当于平台所有者，投资组合企业相当于互补者，企业的业务单元类似于互补者提供的互补功能，其中合资企业是维系风险投资模式的独特组成部分。但是，与接口运营模式相比，风险投资模式的意图并不在激发大规模创新，而是寻求规模效应，让大量的企业围绕平台生态系统价值主张进行大规模合作。

如果一个企业选择通过风险投资模式建立一个近似于生态系统的环境，那么处于核心位置的合资企业将扮演双重角色。一是战略运营者的角色。核心企业会为大量的投资组合企业创建一个平台，并让这些投资组合企业围绕一个共同的价值主张进行价值创造。虽然投资组合企业之间是相对独立的，但核心企业需要鼓励这些投资组合企业互相合作。二是投资者的角色。核心企业需要对大量的投资组合企业有一个大致的判断，根据它们能够提供的功能、创新能力或创新速率灵活地决定对这些企业是给予少量股权投资、合资还是全面收购。不同的投资选择，也对应了不同的价值创造力度。这些都需要核心企业来统筹掌握。

目前，大多数世界500强企业会在内部设立一个风险投资部门，这是迈向风险投资模式的必备条件。但是要基于风险投资模型发展成真正的平台生态系统，并像平台生态系统那样进行更为广泛的价值创造，仍需要大量的工作。它不仅需要像平台生态系统一样聚合大规模的互补者，而且需要从母公司到子公司都完全按照平台的逻辑进行适应调整。这将是一个浩大而漫长的转型和裂变过程。

价值分配是什么？有什么对应的战略？

生态系统长效发展的另一个关键的战略问题是价值分配。在传统企业中，价值分配的依据是关键绩效指标（key performance indicator，KPI）。KPI 的核心是对企业的战略目标进行分解，并把工作细化到员工绩效。只要参与者对企业战略目标的实现做出了积极的贡献，就可以获得为企业创造的价值对应的一部分绩效。在传统企业中，以 KPI 为基础的价值分配是以财务绩效为主的，价值分配与价值创造是一一对应的，且不可分割。

但是，平台生态系统价值分配的依据就不能唯财务维度的 KPI 而论。一方面，这是由于互补者类型多样，它们为平台生态系统创造的价值也是多样的。例如，在开放平台中，互补者不仅有助于平台生态系统的技术迭代，还有助于吸引新的人才和激发新的创意。此时，互补者的贡献就不仅仅局限于财务贡献，反过来，单一的财务绩效也不能准确地衡量该互补者应该分配多少价值作为回报。另一方面，平台生态系统也很难像传统企业那样，对整体目标做出极其清晰的分解。在平台生态系统中，价值创造活动是相互交织、相互补充的。因此，价值分配与价值创造之间很难再建立一一对应的线性关系。

实际上，在平台生态系统中，价值分配的形式可以更加具有弹性和更加灵活。我们可以将这些形式大致划分成四类：（1）权力（leadership）分配，平台所有者会将一部分控制权让渡给互补者，让贡献更大的互补者更多地参与到平台的决策中来，共同领导平台的发展；（2）实物（in kind）分配，例如为互补者提供免费的产品或服务、保护互补者的知识产权、为互补者开放关键技术、帮助互补者改进功能等；（3）财务（cash）分配，这与传统企业类似，都是以工资、奖金或补贴等形式将价值转换为肉眼可见的现金分配给互补者；（4）股权（equity）分配，即为互补者提供股份兑现[①]、期权或权证。

[①] 这里涉及兑现期（vesting period）的概念，兑现期是指持有某物权利的投资者或其他人必须等待，直到他们能够充分行使其权利的一段时间。

在平台生态系统的价值分配中，不仅要有多元化的分配形式，还要类似于价值创造那样，建立一个价值分配规则框架。这个框架最核心的原则是公开透明：对所有平台互补者的角色、贡献、价值分配规则与价值分配结果进行公开透明的讨论。强调公开透明是基于三个方面的考虑。其一，透明度是平台生态系统中促成信任的关键因素，而信任本身，则是达成更高效的合作的关键因素。其二，透明度有利于提升公平感，公平感不仅是激励任何一个单一的互补者对平台产生认同、愿意为平台创造价值的关键因素，还有利于保持整个生态系统的稳定。其三，随着时间的推移，不同的互补者的角色、贡献都有可能发生改变，互补者所涉及的技术与功能也有可能迭代更新。这需要平台公开地、定期地更新价值分配的原则，保障互补者在任何时刻都享有充分的知情权。由此可见，由透明度作为联结，平台生态系统的价值分配与价值创造能够形成良性循环，这进一步为平台生态系统的长效发展奠定了坚实的基础。

总而言之，随着越来越多的企业开始了面向平台生态系统的战略转型，我们有必要对平台生态系统运行的底层逻辑进行深入思考和系统归纳。这个运行逻辑既包括激励互补者更多地创造价值，也包括为互补者合理地分配价值。大多数的平台生态系统采取的是综合的、动态的和多维的治理方略，包括财务激励、知识产权管理、人才开发、股权并购、战略联盟等。学会适应平台生态系统运行规律的企业，更有可能走向长效发展的道路，成为未来的赢家。

2.5 讨论与小结

本章从四个层面探讨了平台生态系统的运行机制。第一个层面是对平台技术架构的讨论，封闭和开放是平台的两种主要技术架构。封闭平台强调事前控制，不仅可以获得大量收入，而且便于管理，不易受到外界的攻击；开放平台则侧重事后治理，在获取流量、扩张规模上更加方便快捷。一般来讲，对于封闭平台和开放平台的选择取决于客户群体，封闭平台倾向于服务专业化人士，开放平台则面向大众。第二个层面是对平台的重要目标——扩大用户基础的讨论。在数字经济中，用户是平台企业的关键战略资产，吸引用户使用平台有利于实现生态系统的高效有序运营。平台一方面借助网络外部性扩大用户规模，另一方面利用先行优势强化用户黏性，提高平台对用户的吸引力。第三个层面是对平台模块化的分析。平台模块化不仅有助于激活平台互补者的多样性，使它们生产多样化产品满足用户的个性化需求，而且可以激发平台互补者的创新潜能，如创新性地使用和组合平台的各种资源和服务，研发出满足用户个性化需求的各式产品或服务。第四个层面是对平台生态系统如何持续运营的讨论。一言以蔽之，就是激励用户与互补者进行价值共创，同时平衡好各方的利益分配。平台一方面要激励互补者贡献关键资源和技术创新，另一方面需要尽可能地为用户提供金融、支付、物流等完备高效的服务。平台企业需要打造良性的生态系统竞争合作关系，防止和杜绝因为争夺平台资源发生恶性竞争，平台内部需要建立高效的治理机制来平衡各方的利益诉求，促进生态系统良性长效发展。

第 3 章

逻辑起源：平台生态系统的治理需求

平台的运行涉及平台从初始创建、目标制定、运转机制到长效发展等各个环节的关键要点，但同时平台运行的各个环节也隐含着不同的治理需求。这些治理需求既有贯穿平台运行始终的核心任务，也有卡住平台脖子的治理难点。相对于传统企业，平台由于其运行的松散耦合特性而具有独特的治理需求，即平台如何适应生态系统和外部环境的动态变化，又将如何最大限度地承担社会责任。这就要对平台的运行过程进行拆解，并将运行过程的各个环节放在更现实的商业逻辑、更复杂的利益关系、更动态的商业环境和更广阔的社会意义下进行解读。讨论平台生态系统的治理需求具有重要意义，这是因为只有当我们了解平台生态系统治理的要点和特点是什么、治理的重心和策略是什么，才能对平台的症结进行对症下药。因此，理清平台生态系统的治理需求是后续构建平台生态系统治理体系的基石。

3.1 治理核心：使平台各方利益摩擦最小化

什么是平台治理？Fukuyama（2013）[①] 认为传统的治理是"政府制

---

① Fukuyama F. 2013. "What is governance?" *Governance：An International Journal of Policy，Administration and Institutions* 26（3）．

定和执行规则以及提供服务的能力"。可见最开始的治理强调的是政府的一种能力。但自20世纪90年代以来,这一概念随着全球治理运动的开展发生了变化,人们开始对治理有着更为广泛、更为灵活的理解。不同领域的学者对治理提出了不同的定义。在平台研究领域,一部分学者认为平台服务可以极大地影响个人的行为。也就是说,平台治理的一个层面涉及个人用户(Gillespie,2015)[①]。另外,平台治理不可避免地受到平台所有者的政策和监管约束的影响。比如脸书作为一个大型社交平台,其运行依赖于美国监管和海外运营的国际监管框架。不难发现,平台治理的关键参与者包括用户、平台所有者、互补者(包括数据代理商、广告商、开发人员及平台生态系统其他参与方)、政府部门等多方主体。平台治理参与者的界定有利于我们更好地理解平台生态系统治理涵盖的主要内容。

现象：五大平台治理乱象

Tiwana(2013)[②]将平台的架构和治理比作两个齿轮,其中架构可以降低平台结构的复杂性,治理可以降低平台行为的复杂性,两者的协调配合才能保证平台持续健康发展,如图3-1所示。由此可见平台治理对于平台持续健康发展的重要性,而目前出现的关于平台治理的问题可以归结为五大类。

第一类是传统经济运行发展过程中普遍存在的问题,如隐私侵权、假冒伪劣、虚假宣传等。从平台服务提供者一方看,对于拥有相同客户群体的商家来说,为了扩大用户群体,各商家便有足够的动力制造假冒伪劣产品,进行虚假宣传和欺骗消费者。这些传统经济中存在的典型

[①] Gillespie T. 2015. "Platforms Intervene." *Social Media + Society* 1(1).
[②] Tiwana A. 2013. *Platform Ecosystem：Aligning Architecture，Governance，and Strategy.* London：Morgan Kaufmann.

图 3-1 平台架构和平台治理

问题，平台生态系统也不能避免，甚至在平台生态系统中表现得更加突出。因为存在信息不对称，一方面，平台企业无法掌握平台互补者产品的质量，这进一步助长了互补者虚假宣传的风气；另一方面，消费者也没有足够的信息去识别商家提供的产品或服务，最终导致互补者提供的产品的质量很难保证。

第二类是平台经济中特有的各利益主体之间的冲突问题，如大数据杀熟、价格歧视、歧视性的市场准入等。平台经济虽然是一种新的经济模式，但其本质上仍然具有企业和市场的双重性质。一方面，平台企业在平台生态系统中充当的是市场角色，为互补者和消费者提供交易的平台；另一方面，平台企业在为互补者和消费者提供交易的平台的同时，可能会以市场参与者的身份参与到市场经济中。在企业和市场双重身份下，必然会产生一些矛盾和冲突。这些矛盾和冲突主要表现在平台与服务提供商、平台与零工经济劳动者、平台与消费者之间。

首先，平台与服务提供商之间存在冲突。平台一般会向入驻商家收取一定的费用，比较典型的就是滴滴抽成和苹果税。滴滴打车平台会对司机每一笔交易进行抽成，而抽多少、如何抽，都需要经过慎重决策，稍有不慎，便会产生矛盾。苹果税指的是苹果对 iOS 开发者的收入进行分成，同时规定 App Store 内所有的 APP 都必须走苹果自己的支付渠道，苹果会从每一笔交易中抽取 30% 的分成。其次，平台与平台上的零工经济劳动者也会产生冲突。以网约车平台为例，零工经济劳动者如果在工作期间发生了安全问题，平台是否应该承担责任、如何承担等一系列问题引起了社会的重视。现有劳动法在判断框架上采取了劳动关系与劳务关系的二分法，而平台与零工经济劳动者的关系正好处在中间地带[1]，这也成为平台生态系统面临的一个治理难题。最后，平台与消费者之间也会产生冲突。如我们有时会看到关于打车平台、在线旅游平台或购物平台大数据杀熟的消息。平台按照"数据收集—用户画像—区别定价"的环节逐步实施价格歧视，根据我们的浏览记录等信息精准推送满足我们偏好的产品，完成精准杀熟。

第三类是平台垄断和滥用支配地位问题。不同于以往的行业垄断，平台垄断呈现出一些新的特点，表现为数据垄断、流量垄断和算法垄断三种[2]。

所谓数据挖掘，是指互联网平台借助一些手段吸引消费者使用，整个过程中产生的数据便成为平台了解消费者的工具，平台据此对消费者进行有针对性的促销。当然，从精准促销到形成平台垄断还需要经过一些重要环节。第一种途径是平台基于自身市场势力，限制消费者的选择范围。举一个简单的例子，我们在注册某一个 APP 的时候，有一个环节就是进行信息授权，这也是正常使用 APP 的前提条件，授权信息包括通讯录、相机、录音等一系列信息，其中一些是平台为完成服务所必需的，另外一些却是非必需的，只是平台为获得更多消费者数据形成垄断所额外要求的。第二种途径是平台基于消费者数据不断增强自身竞争优势。平台一方面基于消费者的信息形成用户画像为消费者推送定制化

---

[1] 丁晓东.2018.平台革命、零工经济与劳动法的新思维.环球法律评论，40（4）.
[2] 李勇坚.2021.互联网平台寡头垄断：根源、影响及对策.人民论坛，(Z1)．

信息，另一方面利用交叉应用收集的同类消费者数据不断巩固自身的市场地位。第三种途径是平台基于现有的数据信息排斥竞争和打压新兴平台发展。排斥竞争方面比较典型的就是淘宝和京东的"二选一"政策，任何电商要售卖自身产品，只能在淘宝和京东间选择一家，不可同时入驻两家平台。就打压新兴平台而言，大型成熟平台往往在新兴平台成立初期就将其收购从而达到遏制潜在的竞争对手的目的。

流量垄断指的是平台借助网络效应、双边市场效应等，使得平台上不断汇聚大量用户，从而垄断用户流量。这种流量垄断又会进一步强化流量优势。Epstein 和 Robertson（2015）[1]研究发现，搜索引擎能够基于用户的搜索记录，有效识别用户倾向偏好，形成搜索引擎操纵效应，这类效应又会进一步增强其流量优势。这一现象在我国也是屡见不鲜，流量垄断一方面致使中小商家没有生存空间，另一方面抑制了社会创新，容易造成强者愈强、弱者愈弱的局面。

算法垄断就是平台利用算法将自己经营的业务放到更加醒目的位置，同时歧视竞争对手的业务，实行差别对待。比较典型的就是韩国互联网巨头 NAVER 因为调整其视频和购物平台的搜索算法，以便使得自己的服务置于其他服务之上，被韩国公平贸易委员会（KFTC）处以 267 亿韩元（约合 2 360 万美元）的罚款。2022 年 7 月，KFTC 也对韩国电商巨头 Coupang 展开反垄断调查，这一调查旨在评估 Coupang 是否通过操纵搜索算法，将自家产品置于供应商产品之上。诸如此类的算法垄断的例子可谓不胜枚举，平台巨头通过算法实行垄断的现象进一步加大了平台治理的难度。

---

[1] Epstein R, Robertson R E. 2015. "The search engine manipulation effect（SEME）and its possible impact on the outcomes of elections." *Proceedings of the National Academy of Sciences of the United States of America* 112（33）.

第四类是数据的使用、归属及安全问题。数据是平台经济时代产生的一种独特的生产要素，是社会网络化、智能化、数字化不可缺少的生产要素。在平台经济市场化运营的过程中，数据便源源不断地产生，从最开始的量少可管理的数据发展到如今的海量数据。数据的爆发式增长带来了一系列问题，如何规范使用数据，如何有效安全地存储数据，如何界定数据的主体职责与所有权、使用权……这些都是目前我们亟须解决的治理问题。

第五类是监管体制与平台经济不匹配问题。平台生态系统中产生了新的市场组织形式和竞争形式，传统的监管理论与方法越来越难以发挥效用。传统监管体制总的来说有几类特点：关注市场结构、寻求社会福利最优、一般性的判别标准、纯经济效率标准、简单的禁止性措施。传统的监管体系无法适应平台经济中灵活多变的市场环境，这也就要求必须制定与平台经济相适应的监管举措，从原先的关注市场结构转向关注反竞争行为，从寻求社会福利最优转向寻求监管合意状态，从一般性判别标准转向一事一议、灵活处理，从纯经济效率标准转向经济与社会伦理等多重标准，从简单的禁止性举措转向更为精巧的市场监管设计[1]。

平台生态系统运行过程出现的假冒伪劣、大数据杀熟、平台垄断、数据归属抑或监管体制问题，其本质还是因为平台生态系统中聚合了庞大的利益相关者，在平台企业、平台互补者以及平台消费者等都出于自身利益最大化考虑的情况下，在经济运行的过程中，难免会牵涉多方主体的利益，复杂的价值交互不可避免地会产生利益摩擦。这也进一步提醒我们，平台治理的核心在于如何使多方利益摩擦最小化，在多方利益主体之间寻求平衡。

---

[1] 胡滨，杨涛，程炼，等.2021.大型互联网平台的特征与监管.金融评论，（3）.

核心：合作竞争驱动良性互动

早先一些学者的研究也证实了平台生态系统治理的核心在于如何驱动平台生态系统参与者之间的良性互动使利益摩擦最小化，通过互补式创新实现平台生态系统的整体增长（Adner & Kapoor，2010；Ceccagnoli et al.，2012；Hagiu & Hałaburda，2014）[1][2][3]。平台企业和平台互补者通过协作共同创造生态系统价值，但在价值分配上存在竞争关系（Brandengurger & Nalebuff，1996）[4]，这是利益摩擦的主要来源（Teece，2018）[5]。平台企业可能会模仿平台互补者的产品，剥夺互补者接触潜在用户的机会，以攫取更多市场价值（Zhu & Liu，2018）[6]。此外，平台企业为了提升平台总体利润，可能会牺牲单个互补者的利益，并可能最终削弱生态系统整体的竞争优势。平台企业有必要协调和控制各方参与者的交互行为，在保留足够控制权的同时，赋予平台互补者充分的自主权，激励互补者持续创新，实现价值共创与价值分配的平衡（Cennamo & Santalo，2013；Kapoor & Lee，2013）[7][8]。因此，使平台各方利益摩擦

---

[1] Adner R，Kapoor R. 2010. "Value creation in innovation ecosystems: How the structure of technological interdependence affects firm performance in new technology generations." *Strategic Management Journal* 31（3）.

[2] Ceccagnoli M，Forman C，Huang P，Wu DJ. 2012. "Cocreation of value in a platform ecosystem: The case of enterprise software." *MIS Quarterly* 36（1）.

[3] Hagiu A，Hałaburda H. 2014. "Information and two-sided platform profits." *International Journal of Industrial Organization* 34.

[4] Brandengurger A M，Nalebuff B J. 1996. *Co-Opetition*. New York: Currency / Doubleday.

[5] Teece D J. 2018. "Profiting from innovation in the digital economy: Enabling technologies, standards, and licensing models in the wireless world." *Research Policy* 47（8）.

[6] Zhu F，Liu Q. 2018. "Competing with complementors: An empirical look at Amazon.com." *Strategic Management Journal* 39（10）.

[7] Cennamo C，Santalo J. 2013. "Platform competition: Strategic trade-offs in platform markets." *Strategic Management Journal* 34（11）.

[8] Kapoor R，Lee J M. 2013. "Coordinating and competing in ecosystems: How organizational forms shape new technology investments." *Strategic Management Journal* 34（3）.

最小化的关键就是协调好合作和竞争的关系，正如 Hannah 和 Eisenhardt（2018）[①] 所言，成功的生态系统离不开企业间合作和竞争。Lado, Boyd 和 Hanlon（1997）[②] 的研究更是早已表明同时参与合作和竞争比仅强调其中一个方面表现更好。一方面，如果企业过度注重合作，则无法获得足够的价值来生存；另一方面，如果企业竞争过多，则无法形成一个价值共创的生态系统（Das & Teng, 2000）[③]。

企业间的合作可以有效促进技术交流和学习，可以整合资源开发新的市场、扩大投资规模，还可以降低个体经营成本、分担投资风险（Jorde & Teece, 1989）[④]。在合作中，企业能够获取新的技术和市场，从共同研究、制造或者营销中获得规模经济利益，获得互补性的技能，分担超出单个企业能力范围的风险，通过力量聚合产生协同作用，克服单个企业势单力薄的缺陷，从而提升企业创新能力。

但是，合作并非总是有利的。有限的合作才能促进企业的创新。合作可以被看作另一种形式的竞争。事实上，一个新的合作者也是一个潜在的竞争者，有朝一日可能会超越自己成为竞争对手。因此，企业必须基于清晰的战略目标建立合作联盟，同时必须警惕影响自身成功的合作伙伴的战略目标。合作并不是为了追求简单的和平共处，而是要存在互动和争论，有争论才有相互促进的动力。合作要在有限的范围内进行，保证自己的核心技术掌握在自己的手中。最重要的是相互学习，学习彼此的技术和知识，并在组织内部传播，以提高组织的整体水平。

[①] Hannah D P, Eisenhardt K M. 2018. "How firms navigate cooperation and competition in nascent ecosystems." *Strategic Management Journal* 39（12）.

[②] Lado A A, Boyd N G, Hanlon S C. 1997. "Competition, cooperation, and the search for economic rents: A syncretic model." *Academy of Management Review* 22（1）.

[③] Das T K, Teng B S. 2000. "A resource-based theory of strategic alliances." *Journal of Management* 26（1）.

[④] Jorde T M, Teece D J. 1989. "Competition and cooperation: Striking the right balance." *California Management Review* 31（3）.

平台生态系统的竞争可以分为平台内竞争和平台间竞争。对于平台间竞争的研究较为丰富，早期的研究主要集中在不同平台如何利用价格、非价格策略（如补贴、质量投资等）为自己带来网络外部性（Brynjolfsson & Kemerer，1996；Fershtman & Gandal，1994；Parker & Van Alstyne，2005）[1][2][3]。而在平台生态系统中，这一竞争策略也发生了显著的变化。平台在引入高质量的参加者的同时，提供了一个无边界的交易环境（Panico & Cennamo，2022）[4]。这一竞争策略可以帮助平台获得相对于竞争对手平台的竞争优势，但也会给平台带来一些负面影响——对互补者的激励越大，平台获取的价值就越低。Kretschmer，Leiponen，Schilling 和 Vasudeva（2022）[5] 的研究验证了来福车（Lyft）和优步对司机补贴带来的影响。两家公司为了形成巨大的网络效应以便司机都会选择它们的平台来吸引更多的乘客，而乘客也可以借助平台获得更快的乘车体验，给予了司机高额补贴。但这并没有带来事先预想的结果，两家公司没有考虑到转化成本的影响，当然也没有办法阻止多归属行为（multi-homing）[6]，最终的结果就是高额补贴带来的竞争效果并不明显。来福车和优步的例子进一步说明，盲目引入互补者来跟竞争对手平台竞

---

[1] Brynjolfsson E, Kemerer C F. 1996. "Network Externalities in microcomputer software: An econometric analysis of the spreadsheet market." *Management Science: Journal of the Institute of Management Sciences* 42（12）.

[2] Fershtman C, Gandal N. 1994. "Disadvantageous semicollusion." *International Journal of Industrial Organization* 12（2）.

[3] Parker G G, Van Alstyne M W. 2005. "Two-sided network effects: A theory of information product design." *Management Science* 51（10）.

[4] Panico C, Cennamo C. 2022. "User preferences and strategic interactions in platform ecosystems." *Strategic Management Journal* 43（3）.

[5] Kretschmer T, Leiponen A, Schilling M, Vasudeva G. 2022. "Platform ecosystems as metaorganizations: Implications for platform strategies." *Strategic Management Journal* 43（3）.

[6] Cennamo C, Ozalp H, Kretschmer T. 2018. "Platform architecture, multihoming and complement quality: Evidence from the U.S.video game industry." *Social Science Electronic Publishing*.

争的策略是不可行的,平台应该在协调用户和互补者行为的激励措施之间寻求一个平衡,充分保证各参与方的价值诉求,才能真正增强自身的竞争优势。

平台内竞争最近越来越受到人们的普遍关注。所谓平台内竞争,即一个平台内的所有者和互补者容易出现一些相互冲突的目标,这自然会形成平台内竞争。一方面,平台所有者和互补者的竞争在一定程度上可以促进平台的发展。为了与平台所有者竞争,互补者往往会通过高质量的互补品建立竞争优势,这无疑会为平台吸引大量的消费者,扩大平台的用户基础。另一方面,平台内的竞争会排斥第三方提供互补品,阻止平台的继续扩张和健康发展(Niedermayer,2013;Ozalp & Kretschmer,2019;Pierce,2009)[1][2][3]。合作虽然会避免一定的利益摩擦,但也压缩了可获得的价值空间;竞争虽然激励多方利益共同体不断进步,但不可避免地会产生利益摩擦。因此,仅依靠合作或竞争无法达到使多方利益摩擦最小化的目的,这也促使我们寻求新的解决方法——在合作中寻求竞争,在竞争中寻求合作,两者可以同时兼顾,而最大的难点在于如何权衡和取舍。

关键:寻求竞争合作关系平衡点

竞争与合作是矛盾统一体,合作并不否认竞争,企业可以在竞争中寻求合作的机会,也可以通过合作更好地竞争。完全损人利己的竞争时

---

[1] Niedermayer A. 2013. "On platforms, incomplete contracts, and open-source software." *International Journal of Industrial Organization* 31(6).

[2] Ozalp H, Kretschmer T. 2019. "Follow the crowd or follow the trailblazer? The differential role of firm experience in product entry decisions in the US video game industry." *Journal of Management Studies* 56(7).

[3] Pierce L. 2009. "Big losses in ecosystem niches: How core firm decisions drive complementary product shakeouts." *Strategic Management Journal* 30(3).

代已经结束，传统竞争方式不可能确保赢家拥有最低成本、最佳产品和最高利润。1996 年，耶鲁大学拜瑞·内勒巴夫（Barry J. Nalebuff）和哈佛大学亚当·布兰登伯格（Adam M. Brandenburger）合著的《合作竞争》（Co-opetition），对企业之间的合作和竞争关系进行了深入研究，提出了合作竞争理论的新观点。他们在书中写道："合作竞争是一种超越了过去的合作以及竞争的规则，并且结合了两者优势的一种方法。合作竞争意味着在创造更大的商业市场时合作。"这一概念的提出，说明了双方在竞争中合作，又在合作中竞争。当然，这一现象不仅适用于平台间竞争，还适用于平台内竞争。

对于平台间竞争，平台生态系统治理的一个关键是参与者之间协调的程度和性质。一方面，当协调高度集中即合作胜于竞争时，技术规范和用户交互得以发展，但是产品或服务的交付周期会变长，同时整个生态系统的冗余度和盲点都会比较低。另一方面，当平台生态系统的环境竞争胜于合作时，虽然这会给整个生态系统带来创造力、生态活力以及应对消费者偏好的能力，但是平台也会面临一些治理难点。因此，最好的举措便是权衡协调性和参与者开放性，同时限制互补者和消费者的活动区域，打造一个更加集中的生态系统。思科公司（Cisco）就是一个在平台间竞争时完美权衡合作和竞争的程度，最终不断发展的典型例子。在 Khanagha，Shahzad，Paroutis 和 Oviedo（2022）[1]的研究中，思科公司在寻求获得更高的体系控制地位的同时，也希望作为互补者继续接受来自平台的支持。经过一番对云计算市场的深入调查，思科公司选择了一个避免与诸如亚马逊和微软等巨头直接竞争的策略。思科公司一方面

---

[1] Khanagha S，Shahzad A，Paroutis S，Oviedo L. 2022. "Mutualism and the dynamics of new platform creation：A study of Cisco and fog computing." *Strategic Management Journal* 43（3）.

可以继续扮演云计算补充者的角色，另一方面在云计算市场发展相对缓慢的部分取得领先地位。思科公司的案例更加说明，在平台生态系统中，单纯地依靠竞争或者合作无法取得预期的效果，通过与竞争对手保持协调关系，往往能获得超出预期的结果。

对于平台内竞争，前面的研究已经发现平台内竞争具有双面性：一方面会排斥第三方互补者的进入，另一方面也会促使平台内互补者提供高质量的产品。Kretschmer，Leiponen，Schilling 和 Vasudeva（2022）[①]的研究指出，管理平台内竞争的关键就是要权衡参与者之间的价值创造，平台需要巧妙利用平台的边界界定、激励措施等平衡好平台内主体的竞争和合作的关系。美国的众筹平台 Spacehive 可以说是这方面的标杆。Spacehive 在生命周期的不同阶段都融入平台集成（平台活动与平台利益相关者紧密耦合）和平台适应（给予平台参与者更多的自由度），通过平衡平台参与者之间的竞争和合作实现了平台的持续成长。

总的来讲，平台生态系统的多方主体参与的特点决定平台有着复杂的价值交互网络，如何使平台各方的利益摩擦最小化也自然成为平台生态系统治理的核心和重点。而要落实到具体的操作层面，关键在于要平衡竞争和合作的关系，单纯依靠合作虽然能在一定程度上避免摩擦和竞争，但必然会压缩企业获取价值的空间。同样，单纯凭借竞争而没有合作也无法形成一个价值共创的生态系统。因此，最佳的策略就是合作竞争。企业必须同时关注竞争和合作，学会将两者很好地融合起来，并根据企业自身特征和发展阶段加以灵活运用，在保证各方利益摩擦最小化的前提下实现价值共创最大化。

---

① Kretschmer T, Leiponen A, Schilling M, Vasudeva G. 2022. "Platform ecosystems as metaorganizations: Implications for platform strategies." *Strategic Management Journal* 43（3）.

3.2 治理难点：存在多方主体，牵一发而动全身

回顾：传统企业治理模式

传统企业治理机制包括企业自治的内部治理机制和由市场体系、政府制度、社会责任构成的外部治理机制。其典型特点之一就是需要明确界定利益相关者的责权利，对利益相关者施加明确的激励和约束。

内部治理机制属于企业内部的正式制度安排，主要聚焦于三个目标：协调内部利益相关者的目标冲突、约束代理人的机会主义和激励代理人的积极作为。为了实现这三个目标，企业也发展出了相应的治理机制——激励机制和监督机制。激励机制注重通过激励董事与经理人为企业创造价值，减少道德风险。委托人通过一套有效的激励制度激励代理人自觉采取适当的行动，竭力实现委托人的效用最大化。常见的激励机制有报酬激励机制、剩余索取权、声誉激励机制等。监督机制则侧重如何对经理人以及董事的行为进行监督约束，建立一个有效的相互制衡的监督机制。监督机制分为内部监督机制和外部监督机制，其中内部监督机制指的是企业基于公司内部权力机关的分立设置了股东大会、董事会、监事会等监督机构，外部监督机制则侧重借助媒体舆论、企业绩效表现等监管与制衡经理人和董事的行为。

企业的外部治理机制具有点对点原子式治理的特点，主要是借助外部环境的力量进行治理。Aguilera，Desender，Bednar 和 Lee（2015）[1]的研究指出，企业的外部治理主要有六个关键机制：法律制度、市场控制、外部审计、利益相关者行为、评级机构和媒体监督。法律制度机

---

[1] Aguilera R V, Desender K, Bednar M K, Lee J H. 2015. "Connecting the dots: Bringing external corporate governance into the corporate governance puzzle." *Academy of Management Annals* 9（1）.

制指的是法院和证券机构通过法律规范界定公司内部和周围不同利益集团的权利和责任，从而对公司施加影响（Aguilera & Cuervo-Cazurra，2004；Fligstein & Choo，2005）[1][2]。法律制度体系详细地定义了公司治理结构的各个方面，如商业实体的目的，拥有者、利益相关者能做什么、不能做什么，以及最终利益如何在公司内部分配。当公司绩效不佳，面临被外部所有者接管的风险时，市场控制机制能够敦促企业管理者将公司效用最大化放在第一位，其底层逻辑是市场的运作部分是为了约束经理人和董事的行为（Dalton et al.，2007；Fama & Jensen，1983）[3][4]。市场控制机制一般在企业管理者做出糟糕的战略决策导致公司资产在股票资产被低估时发挥作用。管理者由于担心公司被收购，因此不断提高管理公司资产的能力，以股东最大利益而非自身利益为出发点（Cowen & Marcel，2011）[5]。外部审计机制通过提高会计信息披露的质量，减少了公司内部人士和其他利益相关者之间的信息不对称，反过来又限制了管理者操纵信息和获取不当财富的能力（Aguilera et al.，2015）[6]。利益相关者行为机制指的是利益相关者可能通过对公司政策和实践施加外部压力影响公司治理。利益相关者的范围涵盖了长期投资者、追求短期利润

---

[1] Aguilera R V, Cuervo-Cazurra A. 2004. "Codes of good governance worldwide: What is the trigger?" *Organization Studies* 25（3）.

[2] Fligstein N, Choo J. 2005. *Law and Corporate Governance - eScholarship*. New York: M. E. Sharpe.

[3] Dalton D R, Hitt M A, Certo T, Dalton C M. 2008. "The fundamental agency problem and its mitigation: Independence, equity, and the market for corporate control." *Academy of Management Annals* 1.

[4] Fama E F, Jensen M C. 1983. "Separation of Ownership and Control." *Journal of Law and Economics* 26（2）.

[5] Cowen A P, Marcel J J. 2011. "Damaged goods: Board decisions to dismiss reputationally compromised directors." *Academy of Management Journal* 54（3）.

[6] Aguilera R V, Desender K, Bednar M K, Lee J H. 2015. "Connecting the dots: Bringing external corporate governance into the corporate governance puzzle." *Academy of Management Annals* 9（1）.

最大化者以及没有财务权的社会积极分子。拥有股权的利益相关者会利用其地位积极影响公司政策和实践，没有股权的利益相关者也可能会间接对公司施加压力（de Bakker et al.，2013）①。评级机构机制指的是诸如金融分析师和评级机构根据财务和治理绩效对公司进行排名，进而对公司治理产生影响，其底层逻辑是评级会提供有关预期绩效和公司治理实践的信息，减少了管理者和股东之间的信息不对称。媒体监督机制在某些特定情况下可以作为影响公司治理的外部机制，其手段包括报纸、电视、广播、博客等。媒体作为一种外部治理机制是如何发挥作用的呢？一是监督。媒体可以广泛传播信息，例如公司的负面新闻经媒体传播会对公司的市场表现产生消极影响，管理者担心自己的声誉受损，便会减少机会主义的自利行为。二是通过提高透明度和减少管理层利益相关者间的信息不对称提升治理效率。

传统企业治理的一个典型特点是通过约束代理人的行为让他们为公司的效用最大化努力，代理人和股东有着明确的职责划分，其核心就是通过提供足够的激励和有效的监督促使代理人寻求公司利益的最大化。这也启发我们从内外两个层面的互动关系思考企业治理机制的构建逻辑。第一，内部治理机制取决于组织结构与运行机制，对利益相关者关系产生直接影响。第二，外部治理机制的目的是弥补内部治理盲区，间接影响内部治理结构和结果，通过内部治理对各个主体起到激励和约束作用。但在平台生态系统治理过程中，平台并没有明确的边界划分，系统内各部分间的利益交互也更加复杂，这些特性使得平台生态系统治理面临不同于传统企业治理模式的新的难点。

---

① de Bakker F G A, den Hond F, King B, Weber K. 2013. "Social movements, civil society and corporations: Taking stock and looking ahead introduction." *Organization Studies* 34.

难点：价值依赖和瓶颈制约

平台企业兼具市场和企业的双重性质。一方面，平台企业具有企业的属性，其本身也会作为市场主体参与到平台市场中；另一方面，平台企业作为所有者，提供各方进行市场交易的平台，聚合了多方参与主体，不同的主体之间相互依赖，共同形成一个生态系统，缺少任何一方都可能会对平台生态系统的价值创造产生显著影响。因此，平台企业的双重性质决定了平台生态系统具有一些不同于传统企业的特征（Hannah & Eisenhardt，2018）[1]。这些特征也使得平台生态系统中涌现出一些不同于传统企业治理模式的新的难点。

首先，平台生态系统中的企业无法单独依靠自己的力量完成价值创造。平台生态系统中的企业想要创造价值，必须依靠生态系统中多方主体的参与，彼此具有相互依赖性，存在"一荣俱荣，一损俱损"的关系。如何理解这种关系呢？试想一下，平台生态系统一般都是围绕着某一最终产品进行组织的，比如在美团外卖平台中，平台所有者、商家、广告商、技术支持方都是围绕如何吸引更多的用户使用美团外卖平台而工作的，不同的主体之间存在相互补充的关系，没有商家，纵使平台技术如何完备，也无法为消费者提供相应的服务；同样，没有平台的支撑，商家和消费者也无法完成交易。也就是说，平台互补成分之间存在着复杂的多边依赖性，同时不同的互补成分之间具有不同的经济特性，表现出不同的创新效率（Casadesus-Masanell & Yoffie，2007）[2]。

其次，平台生态系统存在典型的瓶颈环节。所谓瓶颈，指的是平台

---

[1] Hannah D P, Eisenhardt K M. 2018. "How firms navigate cooperation and competition in nascent ecosystems." *Strategic Management Journal* 39（12）．

[2] Casadesus-Masanell R, Yoffie D B. 2007. "Wintel：Cooperation and conflict." *Management Science* 53（4）．

生态系统中的某一方的发展限制会影响整个生态系统的长期发展[1]。平台生态系统中的各方是紧密联系的，某一方的发展能带动其他方的发展，自然该方的质量和绩效也会影响其他方乃至整个生态系统的价值创造（Baldwin，2015；Adner & Kapoor，2016）[2]。平台生态系统的这一特性一方面会影响平台生态系统的价值创造，另一方面会抑制处在非瓶颈的主体的创新水平。Hughes 早在 1983 年对电力输送基础设施的研究中就发现了这一规律，电力输送基础设施不仅会影响向客户输送电力的能力，也会影响输电技术的发展[3]。

最后，企业既在合作中创造价值，又在竞争中获取价值。更为复杂的是，这种竞争和合作可能同时存在于多个层面——可能存在于一个细分领域的内部之间，也可能存在于一个平台生态系统中不同领域的主体之间，甚至存在于不同的平台生态系统之间。这种复杂的竞争合作关系构成了平台生态系统复杂的价值交互网络，使得整个生态系统呈现出牵一发而动全身的特点。

如图 3-2 所示，正是由于平台生态系统中存在牵一发而动全身效应，因此平台生态系统针对任何参与者的决策或活动都可能对其他参与者产生影响，而后者的反应又会反过来对前者造成影响，如此不断循环往复，形成平台生态系统治理决策在参与者之间非线性的影响传递。平台自身规模变动、平台上应用程序规模变动、平台审查应用程序周期长短以及平台的更新迭代速率，都会显著改变平台参与者各自的行为与它

---

[1] Baldwin C Y. 2015. "Bottlenecks, modules, and dynamic architectural capabilities." *Harvard Business School Working Papers*.

[2] Adner R, Kapoor R. 2016. " Innovation ecosystems and the pace of substitution: Re-examining technology S-curves." *Strategic Management Journal* 37（4）.

[3] Hughes T. 1983. " Drives and Drive Controls: Update '83. " *Penton's Controls & Systems* 30.

们的价值交互关系（Zhou, Song, & Wang, 2018）①，同时对平台生态系统长期和短期绩效产生无法预测的潜在影响。

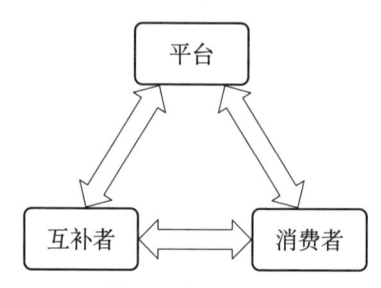

图 3-2　推演：牵一发而动全身效应

平台生态系统中关键的三方是平台、互补者和消费者，两两之间相互影响，形成一个闭环的链条。也就是说，平台的战略会影响互补者之间的价值分配以及价值获取的机会，改变互补者之间的竞争合作关系。一种比较直接的方式是，平台企业会为不同的平台参与者设定不同的价格，以专用性投资或其他形式提供补助（Katz & Shapiro, 1986）②。此类策略会影响平台生态系统内的企业间以及不同平台生态系统间的企业竞争和合作的动态平衡，互补者之间的关系也会影响提供给消费者的产品的数量、种类乃至质量，而消费者作为平台生态系统价值创造的源泉，其行为又会进一步影响平台企业的战略决策及绩效水平。同样地，由于受到一些外部冲击，消费者的偏好、行为可能会发生变化，或多或少对平台上的互补者的战略产生影响，不同互补者的竞争合作关系有可能因此发生转变。面对这种情况，平台所有者会相应地调整管理策略、运行机制等治理举措，这些变化又会影响消费者行为。但是这种从用户

---

① Zhou G, Song P J, Wang Q S. 2018. "Survival of the fittest: Understanding the effectiveness of update speed in the ecosystem of software platforms." *Journal of Organizational Computing and Electronic Commerce* 28（3）.

② Katz M, Shapiro C. 1986. "Technology adoption in the presence of network externalities." *Journal of Political Economy* 94（4）.

到终端与从终端到用户的传导效应是不对称的，可能存在时间上的滞后性。这也进一步启示我们在平台生态系统治理过程中针对任何一方的措施都会对其他各方产生附带效应即显著外部性，存在牵一发而动全身效应。因此，在平台生态系统治理过程中，不能单纯地考虑对某一方的治理，而是要全面系统地考虑对各方的影响，以及潜在的循环互动效果，避免出现严重的责任冲突与利益摩擦，进而影响平台生态系统价值共创活动。

从传统企业治理模式和平台生态系统的特性来看，平台生态系统的价值创造活动需要依赖各方参与进行价值共创，同时平台生态系统存在典型的瓶颈效应，即一方的发展限制会影响整个平台生态系统的长期发展。这也说明平台生态系统的治理相比传统企业治理将更为复杂，对任何一方的约束都会对其他参与者甚至整个平台生态系统产生附带效应，可谓牵一发而动全身。在平台生态系统治理过程中，面对任何一方的行为反常，不能简单地通过对该方施加约束进行治理和规范，还需要考虑对其他参与主体可能产生的影响。

3.3 治理动态：平台生态系统治理机制的动态调整

平台生态系统边界的流动性要求治理机制动态调整（O'Mahony & Karp，2020）[1]。为了保持治理体系的稳定性，传统企业治理机制一经确立便保持相对固定。与传统企业相比，平台边界动态变化是适应不确定性环境的要求。平台由相互独立的一组子模块和平台标准化接口界面构

---

[1] O'Mahony S, Karp R. 2020. "From proprietary to collective governance：How do platform participation strategies evolve?" *Strategic Management Journal* 43（3）.

成(Meyer & Lehnerd, 1997)[1], 通过特征要素的增加、替代或者移除, 能够进行便利的调整(Wheelwright & Clark, 1992)[2]。因此, 平台企业具有敏捷性和流动性, 有利于适应不确定的环境(Cattani, 2005)[3]。

基石：动态调整能力

企业为什么能够保持竞争优势并获得超过行业平均利润的经济租金, 是战略管理领域研究的基本问题(Penrose, 1959; Porter, 1985; Amit, Glosten, & Muller, 1993)[4][5][6]。为了回答这一基本问题, 企业所拥有资源和能力如何与其所处环境相匹配成为研究热点。以波特为代表的战略定位学派(positioning school)认为, 环境决定企业的能力和战略, 进而影响企业盈利。蒂斯(Teece)等提出动态能力的概念, 认为动态能力是企业"整合(integrate)、建立(build)以及重构(reconfigure)企业内外能力, 以便适应快速变化的环境的能力"(Teece, Pisano, & Shuen, 1986)[7]。他们认为, 企业能够获得持续竞争力的关键在于企业拥有能够根据市场变化迅速且持续地调整战略、整合企业各种资源的动态能力。作为一种组织过程或战略管理能力, 动态能力使企业通过获

---

[1] Meyer M H, Lehnerd A P. 1997. *The Power of Product Platforms*. New York: Simon & Schuster.

[2] Wheelwright S C, Clark K B. 1992. "Creating project plans to focus product development." *Harvard Business Review* 70 (2).

[3] Cattani G. 2005. "Preadaptation, firm heterogeneity, and technological performance: A study on the evolution of fiber optics, 1970-1995." *Organization Science* 16 (6).

[4] Penrose E T. 1959. "Profit sharing between producing countries and oil companies in the Middle East." *Economic Journal* 69 (274).

[5] Porter M E. 1985. "Technology and competitive advantage." *Journal of Business Strategy* 5 (3).

[6] Amit R, Glosten L, Muller E. 1993. "Challenges to theory development in entrepreneurship research." *Journal of Management Studies* 30 (5).

[7] Teece D J, Pisano G, Shuen A. 1986. "Dynamic capabilities and strategic management." *Strategic Management Journal* 18 (7).

取、释放、整合或重组自己的资源来适应或创造市场变化，或者凭借战略惯例不断更新资源配置以满足环境变化的需要。由此，动态能力被很多学者认为是当代企业获得持续竞争优势的根基。蒂斯认为，动态能力包含流程（process）、位置（position）和路径（path）三个层面，即动态能力嵌入组织的流程当中，而组织的流程是由组织的位置和路径所塑造的。Teece（2007）[1]还提出了新的阐释动态能力的框架，将动态能力分解为感知能力、攫取能力和转化能力。而在数字时代，平台企业面临的是一个更加强调竞争的市场结构，同时存在技术争端、公共政策等多重影响的更加复杂的商业环境（Kotler & Armstrong，2011）[2]，这要求平台企业必须选择合适的战略来应对剧烈变化的市场环境。为了解释这一方面的变化，平台企业相关的研究由最开始的双边市场理论（Rochet & Tirole，2003；Parker & Van Alstyne，2005）[3][4]拓展至现在的平台生态系统理论（Cusumano & Gawer，2002；Halman, Hofer, & Vuuren, 2003；Evans, Hagiu, & Schmalensee, 2006）[5][6][7]。平台生态系统也对平台领导者的能力提出了新的要求。Helfat 和 Raubitschek

---

[1] Teece D J. 2007."Explicating dynamic capabilities：The nature and microfoundations of (sustainable) enterprise performance." *Strategic Management Journal* 28（13）.

[2] Kotler P，Armstrong G. 2011. *Principles of Marketing*. Englewood Cliffs，NJ：Prentice Hall.

[3] Rochet J C，Tirole J. 2003."Platform competition in two-sided markets." *Journal of the European Economic Association* 1（4）.

[4] Parker G G，Van Alstyne M W. 2005."Two-sided network effects：A theory of information product design." *Management Science* 51（10）.

[5] Cusumano M A，Gawer A. 2002."The elements of platform leadership." *MIT Sloan Management Review* 43（3）.

[6] Halman J I M，Hofer A P，Vuuren W V. 2003."Platform-driven development of product families：Linking theory with practice." *Journal of Product Innovation Management* 20（2）.

[7] Evans D S，Hagiu A，Schmalensee R. 2006. *Invisible Engines：How Software Platforms Drive Innovation and Transform Industries*. Cambridge，MA：The MIT Press.

(2018)[1]指出，在一个平台生态系统中，平台领导者需要具备三种动态能力，即创新能力、环境感知能力和对平台生态系统的综合协调能力，其中在面对外界环境的不断变化时，创新能力以及感知机会和威胁的能力显得至关重要。虽然学者们基于不同的研究视角、研究对象对动态能力的界定有所差异，但是大部分学者的界定都立足于三个而非多个基本点。动态能力是企业的整合、重构能力，其核心内容是组织学习和知识管理，其目的是有效应对日益动荡复杂的环境。数字技术使得平台企业具备可以灵活调整的动态能力，有利于平台企业形成动态调整机制以适应快速的技术变化和环境变化。

匹配：动态能力契合治理需求

为什么动态能力显得如此重要呢？这是因为当面临重大的技术范式转变时，企业精心培育的核心能力可能在瞬间被市场颠覆，从而成为制约企业发展与成长的制度刚性（Leonard-Barton，1992；Christensen，2013）[2][3]。但基于环境变化适应性的动态能力却可以有效保持企业的竞争优势（Teece，Pisano，& Shuen，1997）[4]。当技术范式转变时，现有的技术被新的技术逐渐取代，技术的进步和更新换代主要表现为突变的、跃迁的、非连续性的过程，强调的是动态性、无序性、非线性和难以预测性。在这样的情境中，产业间的边界模糊，潜在进入者、替代品厂

---

[1] Helfat C E, Raubitschek R S. 2018. "Dynamic and integrative capabilities for profiting from innovation in digital platform-based ecosystems." *Research Policy* 47（8）.

[2] Leonard-Barton D. 1992. "Core capabilities and core rigidities: A paradox in managing new product development." *Strategic Management Journal* 13（S1）.

[3] Christensen C M. 2013. *The Innovator's Dilemma : When New Technologies Cause Great Firms to Fail*. Boston, MA: Harvard Business Review Press.

[4] Teece D J, Pisano G, Shuen A. 1997. "Dynamic capabilities and strategic management." *Strategic Management Journal* 18（7）.

商、购买者、供应商和竞争者是不确定的，外界环境充满着机会和威胁。基于此，技术范式的转变为众多企业带来了一个学习窗口，动态能力可以帮助企业在应对或利用转变的过程中摆脱路径依赖和结构惯性，革命性地摧毁黏滞在旧范式下的领先者优势，使新生力量脱颖而出。动态能力可以说是企业应对多变的环境、保持竞争优势的一个制胜法宝，而动态能力对于平台生态系统治理更是至关重要，可以从三个方面来理解。

首先，平台生态系统不再是一个双边市场，而是多边市场（Adner，2017）[①]。外部参与者可以同时与平台各方发生复杂的价值互动关系，争夺市场主导地位（Wareham，Fox，& Giner，2014；West & Wood，2013；Gawer，2014）[②③④]。外界的变化和竞争的压力就促使平台企业必须不断创新，动态调整平台的准入、架构和激励等条件或举措以适应变化的外部环境。这也进一步表明，平台参与不是一个典型的静态选择，而是一个持续的动态选择。

其次，平台生态系统存在模块化、瓶颈环节等基本特征。这些都加大了治理的难度，而动态能力的一个重要方面就是通过改变底层模块结构发现瓶颈、模块以及进行控制。平台生态系统的创新、迭代也会引起平台边界的调整，而边界调整意味着平台生态系统内各参与主体的生态位构成更加多元且复杂，平台生态系统嵌入社会经济的方式也会产生相

---

① Adner R. 2017. "Ecosystem as structure：An actionable construct for strategy." *Journal of Management* 43（1）.

② Wareham J，Fox P B，Giner J L C. 2014. "Technology ecosystem governance." *Organization Science* 25（4）.

③ West J，Wood D. 2013. "Evolving an open ecosystem：The rise and fall of the symbian platform." *Advances in Strategic Management-A Research Annual* 30.

④ Gawer A. 2014. "Bridging differing perspectives on technological platforms：Toward an integrative framework." *Research Policy* 43（7）.

应的变化。

最后,由于平台生态系统是一种新型组织范式,社会对平台生态系统的认知处于不断深化的过程中,相应的治理机制建构也处在动态完善之中,对平台生态系统治理的理念、方式的探索都呈现动态迭代趋势。因此,平台生态系统治理架构必将随着认知深化而动态调整,其内容范畴与行为边界也会进行匹配性重塑。

平台生态系统这些特点表明平台的治理范围、治理规则也需要适应不断调整的平台边界进行动态迭代。动态化的调整机制对于平台生态系统治理至关重要。既然动态能力对于平台生态系统如此重要,那我们不免要问:平台需要对哪些架构或能力进行动态调整呢?平台的能力是有限的,不可能保证平台的所有架构都是动态的可以灵活调整的,因为这一方面会造成高昂的成本,另一方面会提高管理的难度。这就要求平台企业有所侧重,对关键能力或核心能力进行动态调整。

策略:价值创造和价值分配动态调整

关于价值创造和价值分配,在市场营销战略管理、产业组织、商业模式领域研究较多。平台生态系统内的价值创造被认为是一种价值链协作和活动机制,其目的为用户创造价值(Tuomisaari et al., 2013)[①]。平台生态系统内的价值分配一般指企业层面的战略计划,即将平台生态系统创造的总价值在价值交互相关方之间进行适当配置(Tuomisaari et al., 2013)。在一个平台生态系统内,价值创造和价值分配需要通过合作开发资源或者共同目标驱动的合作竞争活动(Dagnino &

[①] Tuomisaari H, Peltonen J, Nyberg T R, Dong X S, Nyman G. 2013. "Value capture and value creation in high-velocity networked environments." *IEEE International Conference on Service Operations and Logistics*, *and Informatics*.

Padula，2002）[1]以及平台所有者提供的价值交互平台来实现（Valkokari，2015）[2]。而平台开发者在涉及创意产业和工业生态系统的价值创造活动中起着至关重要的作用（Parker，Van Alstyne，& Jiang，2017）[3]。那么，为什么平台生态系统中的价值创造和价值分配活动需要进行动态调整呢？

首先，平台生态系统内的企业需要具备的三种动态能力决定了价值创造和价值分配活动是动态的（Helfat & Raubitschek，2018）[4]。平台生态系统内的领导企业需要具备创新能力、环境感知能力和对平台生态系统的综合协调能力这三种动态能力。在平台生态系统中，为了应对不断变化的环境和威胁，企业需要有高度的灵活性，此时动态能力就显得十分重要。试想一下，如果企业的能力是相对固定不变的，迅速变化的平台生态环境将使得企业的发展难以为继。但如果企业可以根据环境变化灵活地做出调整，那么环境变化对企业来说或许是一个成长的绝佳机遇。

其次，平台生态系统的复杂价值网络属性要求价值创造和价值分配活动是动态的。一是平台生态系统内的不同主体因为利益关系而存在复杂的交互网络，这与传统企业的价值网络类似。现有的对于传统企业网络的研究认为，动态性是由小企业在寻求资源时不断变化的配置引起的

---

[1] Dagnino G B, Padula G. 2002. "Coopetition strategy: A new kind of interfirm dynamics for value creation." In *Innovative Research in Management*, European Academy of Management（EURAM）, second annual conference, Stockholm, May Vol. 9.

[2] Valkokari K. 2015. "Business innovation, and knowledge ecosystems: How they differ and how to survive and thrive within them." *Technology Innovation Management Review* 5（8）.

[3] Parker G, Van Alstyne M, Jiang X Y. 2017. "Platform ecosystems: How developers invert the firm." *MIS Quarterly* 41（1）.

[4] Helfat C E, Raubitschek R S. 2018. "Dynamic and integrative capabilities for profiting from innovation in digital platform-based ecosystems." *Research Policy* 47（8）.

(Tuomisaari et al.，2013）[①]，而价值创造和价值分配不可避免地会涉及资源的配置问题，因此不难判断价值创造和价值分配需要具有一定的动态性。二是平台生态系统的价值网络属性使得组织冲突和代理问题从企业内部上升到企业网络层面，为了应对系统内部的冲突问题，系统内的价值创造和价值分配必须动态调整，以解决系统内部的冲突问题。固定不变的价值创造和价值分配不仅无法创造维持系统正常发展的价值，还缺乏解决系统各部分间的冲突的能力。

最后，外部环境的竞争压力要求价值创造和价值分配活动是动态的。平台企业面临来自即将成立的和已成立的公司的竞争压力，其中包括目前和以前的互补者。它们不断地利用创新的商业模式引进创新的产业和服务。面对这种创新竞争，平台企业不得不动态调整价值创造和价值分配以获得动态竞争优势。

既然价值创造和价值分配的动态调整对平台生态系统治理如此重要，那么平台企业如何实现价值创造和价值分配的动态调整呢？合作和竞争是企业创造价值和分配价值的重要渠道。在理论方面，关于合作和竞争的动态变化，已有一部分学者进行了讨论。例如，Khanna，Gulati和 Nohria（1998）[②]认为，共同利益与私人利益的比率权重决定了企业之间的关系是保持合作还是转向竞争。此外，随着时间的推移，双方的主动学习可以触发信任和合作的良性循环，而早期的失败则会导致竞争的恶性循环。也有研究表明，随着时间的推移，分离合作和竞争可能是

[①] Tuomisaari H, Peltonen J, Nyberg T R, Dong X S, Nyman G. 2013. "Value capture and value creation in high-velocity networked environments." *IEEE International Conference on Service Operations and Logistics, and Informatics*.

[②] Khanna T, Gulati R, Nohria N. 1986. "The Dynamics of learning alliances: Competition, cooperation, and relative scope." *Strategic Management Journal* 19（3）.

有效的。例如，Navis 和 Glynn（2010）[①]的研究表明，XM 公司和 Sirius 公司最初是通过合作共同确立卫星广播的合法性的，但在这一类别确立之后，它们又开始争夺客户和合作伙伴。类似地，Davis 和 Eisenhardt（2011）[②]关于研发联盟的研究发现，轮流领导可以让每个伙伴在有限的时间内竞争性地追求自身利益，从而促进卓越的创新。总之，这些研究证实了竞争与合作之间的动态调整关系，相互竞争的企业可能演变为合作伙伴，合作伙伴也有可能转化为竞争关系。当然，竞争和合作也存在一种微妙的平衡。

平台生态系统治理的内在需求与动态能力相契合，勾勒出平台生态系统的动态调整机制。首先，平台生态系统特有的模块化、网络化特征使得平台企业面临更多的不确定性，由此引致的多边摩擦对平台生态系统治理提出了全新的挑战。平台生态系统面临的是一个多边市场，存在交叉网络效应，平台企业所面临的外界环境相比传统企业更为复杂，竞争压力也更为强大，这就需要一个更加灵活的、可以动态调整的治理机制与其相适应。其次，平台的包络化和迭代更新引致的生态边界调整需要平台生态系统具有一个动态调整机制进行维系和支撑。最后，平台生态系统作为一种新的组织范式，必然要经历从成长到成熟的过程，随着管理的认知的不断深化，平台生态系统的治理机制需要适时做出相应的调整。动态能力作为一种敏捷性组织整合周围资源以适应环境剧烈变化的能力，正好与平台生态系统治理的内在需求相契合，因此，平台生态系统治理机制需要动态调整以维持动态竞争优势。因为平台生态系统治

[①] Navis C, Glynn M A. 2010. "How new market categories emerge : Temporal dynamics of legitimacy, identity, and entrepreneurship in satellite radio, 1990-2005." *Administrative Science Quarterly* 55（3）.

[②] Davis J P, Eisenhardt K M. 2011. "Rotating leadership and collaborative innovation : Recombination processes in symbiotic relationships." *Administrative Science Quarterly* 56（2）.

理就是在平台价值交互各主体之间实现价值创造和价值分配的平衡，所以平台生态系统治理的内在需求需要动态化的治理机制与其适应。

3.4 治理责任：平台社会化属性的底线要求

无论是电子商务、社交还是共享经济，数字平台都在某种程度上满足了特定的社会需求，解决了特定的社会问题。因此，平台生态系统内的价值交互表现出很强的社会性和公共性。平台功能的社会化属性一方面强调了平台对社会的贡献，另一方面也放大了平台生态系统治理缺失或异化问题对社会的危害。平台企业对互补者和消费者的不负责任行为缺乏有效管理，导致其依托平台进行的供给或消费行为对经济社会产生消极影响。可见，平台生态系统的社会性和公共性一方面意味着经济社会对平台生态系统治理提出了更高的要求，另一方面也意味着平台生态系统治理需要更广泛的社会主体的参与，接受更加广泛的社会监督，保持更高的信息透明度和更通畅的社会交流。

对于个体企业而言，虽然界定企业社会责任内容边界的逻辑起点有期望、影响、契约、福利贡献等多样化的观点，但它们在底层逻辑上都收敛于企业功能，即企业在经济社会中的功能定位。即使是基于本质推导法，由于企业的本质必然回归于企业在经济社会中的功能定位，因此对企业社会责任内容边界的界定也被认为是以企业的功能定位为逻辑起点。也就是说，功能定位是平台企业"作为独立运营主体的社会责任"内容边界界定的逻辑起点。无论是从历史视角还是现实逻辑，个体企业在经济社会中应然的功能定位主要包括两个方面，即提供社会所需产品和服务的核心社会功能、提供人与人（利益相关方）交往载体的衍生社会功能。

平台企业依托互动性交易平台构建了嵌入于社会的平台生态系统。因此，平台企业不仅需要保证自身行为对社会负责任，而且需要确保平台生态系统的运行符合社会责任规范。平台生态系统的社会责任行为来自平台生态系统所有成员的负责任行为，而平台生态系统成员履行社会责任，除自律机制外，平台生态系统内的社会责任的他治机制也十分关键。平台企业作为平台所有者和平台提供者，在平台生态系统中处于关键性的中心位置，往往成为平台领导企业，能够对平台生态系统成员产生非对称影响。

起点：一般性企业的社会责任

平台本质上仍然是一个商业经营者。因此，平台企业的治理责任在很大程度上与一般性企业的社会责任有相似之处。企业社会责任（corporate social responsibility，CSR）是指企业在创造利润、对股东和员工承担法律责任的同时，还要承担对消费者、社会和环境的责任。企业社会责任要求企业必须超越把利润作为唯一目标的传统观念，强调要在生产过程中对人的价值的关注，强调对环境、消费者、社会等利益相关者的贡献。企业社会责任概念自提出以来，受到企业管理者、社会组织甚至是政府部门的重视。由于全球化和国际贸易的深刻影响，企业社会责任引起了越来越多的关注，这主要体现在对提高企业经营过程的透明度以及要求企业承担更多社会责任的新要求上。企业社会责任的理论框架至今仍在不断地被学者迭代、演绎，带动了管理学领域相关研究工作。

下面简要回顾一下企业社会责任提出的背景。一般认为，企业社会责任的基本理念是指企业有义务努力满足更广泛的利益相关者的需求（Clarkson，1995；Waddock，Bodwell，& Graves，2002）[①②]。2001年，世界可持续发展工商理事会（World Business Council for Sustainable Development，WBCSD）将企业社会责任定义为"企业致力于促进可持续经济发展，与员工、他们的家庭和当地社区共同努力"。因此，企业社会责任是一套管理实践，这套管理实践能够确保企业的经营对社会的积极影响最大化，甚至超过社会的期望和要求，主动为社会创造价值（Luetkenhorst，2004）[③]。因此，企业社会责任已经在某种程度上成为企业的一种义务，即企业有应尽之义务促进经济增长、维护公平竞争，以及促进社会的可持续发展。

Carroll（1979）[④]提出了一个描述企业社会责任构成的模型，这个模型将企业社会责任划分为四个组成部分：经济责任、法律责任、伦理责任和自由选择的责任。

第一种责任是经济责任，即创造经济价值，它是企业社会责任的基础。例如，企业需要为所有者和股东提供投资回报，为工人创造就业机会和公平薪酬，促进技术进步，促进产品和服务创新，等等。从这个角度来看，企业要想实现其他的社会责任，必须建立在能够较好地创造经济效益的基础上。否则，失去了经济效益的保障，其他社会责任都是空谈。

第二种责任是法律责任，它规定了企业需要遵守的法律和市场规则。从这个角度来看，法律责任是企业的底线要求，即企业必须在法律

---

① Clarkson M. 1995. "A stakeholder framework for analyzing and evaluating corporate social responsibility." *Academy of Management Review* 20（1）.

② Waddock S A, Bodwell C, Graves S B. 2002. "Responsibility: The new business imperative." *Academy of Management Perspectives* 16（2）.

③ Luetkenhorst W. 2004. "Corporate social responsibility and the development agenda." *Intereconomics* 39（3）.

④ Carroll A B. 1979. "A three-dimensional conceptual model of corporate performance." *Academy of Management Review* 4（4）.

的约束下完成其创造经济效益的使命。但是，法律责任具有一定的局限性。尽管法律对企业的行为具有强制性的约束力，但法律有的时候可能会被一些特殊利益集团选择性滥用，从而损害企业的正常经营活动。此外，法律责任通常强调一种事后规制，它无法激励企业主动地响应社会期待。

因此，我们需要引入企业的第三种责任，即伦理责任，克服上述提及的法律责任的一些局限性（Solomon，1994）[①]。伦理责任为企业的经营活动赋予一些道德层面的约束。例如，企业需要做道德的、正确的、公正的和公平的事情。因此，伦理责任的范围更大，会超出法律的要求。然而，范围过大也会带来一些问题，即伦理责任的定义很模糊，有的时候企业很难具体地去履行伦理责任，社会也很难找到一个绝对的标尺去衡量企业履行伦理责任的效果。

最后一种责任是企业自由选择的责任。例如，企业可以自由地决定是否去做一些回馈社会的活动，比如进行慈善捐赠、提供社会化的培训、参与扫盲运动等（Carroll，1979）[②]。之所以加入企业自由选择的责任，是因为人们认为商业活动与社会发展是紧密交织的（Frederick，1994）[③]。因此，企业的经营必然或多或少地会对社会造成影响。但是，这种类型的责任是最具争议的，因为它的范围更广，也更难以衡量。最重要的是，企业过度地参与社会活动，很可能是一件不划算的事情。企业投入很多成本，却未必能从社会活动中获得实实在在的收益。因此，企业自由选择的责任，很可能与最基本的经济责任在目标上是相互冲

[①] Solomon R C. 1994. *The New World of Business : Ethics and Free Enterprise in the Global Nineties*. Lanham，MD：Littlefield Adams Quality Paperbacks.

[②] Carroll A B. 1979. "A three-dimensional conceptual model of corporate performance." *Academy of Management Review* 4（4）.

[③] Frederick W C. 1994. "From CSR1 to CSR2." *Business and Society* 33（2）.

突的。

Carroll（1991）[①]重新审视了企业社会责任的四个组成部分，并将这些社会责任组织成一个金字塔结构。如图 3-3 所示，在金字塔中，经济责任是基础，自由选择的责任是对企业最高的要求。经济责任、法律责任、伦理责任和自由选择的责任，共同构成了企业应当对社会承担的总体责任，反过来也是社会对企业的总体期待。这种金字塔式的企业社会责任结构有一个重要的意义：企业的四种社会责任是累进的。例如，企业想要承担伦理责任，就必须建立在已经完成了经济责任和法律责任的基础之上。企业不能跳过底层的责任而去直接承担更高层级的责任。在这个意义上，经济责任和法律责任是底线要求，不容得争辩；伦理责任和自由选择的责任则是延伸性的责任，它们不具有强制性，比起责任，更像是一种权利，企业可以选择去做，也可以选择不做。从这个角度出发，我们可以将这四种责任进一步归类，分为底线要求和衍生要求。底线要求是每个企业都必须完成的责任，而衍生要求是企业自愿承担的任务。

图 3-3 企业社会责任金字塔

---

① Carroll A B. 1991. "The pyramid of corporate social responsibility: Toward the moral management of organizational stakeholders." *Business Horizons* 34（4）.

底线要求：作为商业经营者的社会责任

我们把分析的目光从一般性企业转向平台生态系统，会发现它们在本质上的相似之处：两者都是直接内嵌于社会中的商业组织，都兼具经济功能与社会功能。因此，对平台生态系统社会责任的分析，同样适合从提出底线要求和衍生要求两个层面逐一理解。

与传统的一般性企业一样，平台的根本任务是持续运转和保持盈利。因此，经济责任同样是平台生态系统最底层的责任，而且，平台的经济责任甚至更为重要。首先，我们回归到平台的定义，平台本质上是连接消费者（买方）与互补者（卖方）双边市场的载体。并且在平台生态系统之内，还有众多的互补者等利益相关方。正如前文所述，平台在任何经济活动中的任何细微的调整，都会牵一发而动全身，对所有的利益相关者产生影响。这意味着平台在履行经济责任的时候，必须更加注重从利益相关方的视角来审视和改进平台的运行过程，更加努力地调动所有利益相关者的能动性来使经济价值最大化，更加重视协调不同利益相关者之间的关系，更加谨慎地设计平台价值分配体系。

更为重要的是，由于规模庞大、职能部门众多，平台往往需要比一般性企业雇用更多的劳动力。例如，在网约车行业中，据全国网约车监管信息交互平台统计，截至2024年3月31日，全国345家网约车平台企业共发放网约车驾驶员证679.1万本、车辆运输证284.7万本。此外，网约车平台驾驶员也有兼职和专职之分，不同类型的驾驶员的工作时间、工作强度、合规标准与劳动保障规定也不尽相同。因此，平台除了要满足利益相关者的经济利益，还需要保障员工的合法权益，尊重员工，创造人性化的工作环境，给员工提供符合安全和卫生要求的工作场所，制定公正公开的奖惩制度，公平地对待每一位员工，为其提供生存和发展的空间。例如，网约车平台可依据网约车司机获得的客户评价反馈等级进行优先派单设计，激励网约车司机为客户提供高品质服务。这不仅要依靠平台企业的自觉，还需要与劳动保障相关的法律的约束。在我国，劳动关系与劳务关系的认定在法律上具有一系列不同的后果。如果过于轻易地将劳动者与网络平台之间的关系都定义为劳动关系，那么这将给平台企业带来一些不尽合理的负担；如果将劳动者与网络平台之间的关系都视为劳务关系，那么劳动者的一些基本权益将得不到保障。

法律责任同样也是平台企业必须履行的责任。近年来，关于数字平台依法依规经营的讨论逐渐受到重视。这里的依法依规，最直接的体现就是保证产品与服务的质量、杜绝违法经营、维护消费者合法权益。平台企业应通过制定严格的平台准入规则，对互补者的生产与销售资格严加审核，监督平台互补者的行为。某些购物平台假冒伪劣产品盛行、外卖平台的餐饮商家提供劣质食品等，都是平台对互补者缺乏审核和监督的体现。法律责任也体现在平台自身遵守法律法规、保障互补者等利益相关方的基本权益等方面。例如采取信息安全措施，避免泄露用户隐私。平台应该自主地通过显性合约等方式明确规定自身应当承担的责任。

依法依规不仅包括平台引导互补者的行为，还包括平台引导消费者的行为。这是符合逻辑的，平台模式是一种典型的具有双边市场属性的商业模式，交易双方中的任何一方的行为都会对另一方产生影响。因此，对消费者行为的法律约束与对互补者行为的法律约束是相辅相成的。为此，平台需要积极引导消费者合理地参与到平台的价值共创中，合法地表达自己的消费需要，合规地反映自己的诉求。2013年9月，北京某科技有限公司在淘宝网注册成立网上店铺，主要经营论文相似度检测业务。而在淘宝网经营同类业务的被告人董某为谋取市场竞争优势，雇用并指使被告人谢某，多次以同一账号恶意大量购买对方的商品，导致其订单交易额损失15万余元，严重破坏了市场竞争秩序。除了消费者恶意刷单，类似的行为还有电商平台的"水军"有组织、有规模的"差评"，共享单车用户乱停乱放单车、故意损毁单车、将共享单车据为己有、抢占机动车道等。这些都是需要进行约束的消费者行为。

衍生要求：作为社会资源配置平台的社会责任

对平台的衍生要求是指平台在满足利益相关者和社会的基本需求后，自觉、自律地提供超出社会期待的产品或服务，这不仅包括平台本身提供的产品或服务具有更高标准的适用性、安全性、可靠性、便捷性等，还包括平台参与到社会公益活动中，为更广阔的社会群体谋求福利。具体而言，对平台的衍生要求同样可以对照一般性企业的社会责任层级，分为伦理责任和自由选择的责任。

平台的伦理责任的一个典型的例子是谷歌。谷歌长期以来将"不作恶"（don't be evil）作为其经营理念之一。谷歌在2004年的首次公开募股招股书中提出了"不作恶"宣言："不要作恶。我们坚信，作为一个为世界做好事的公司，从长远来看我们会得到更好的回馈——即使这将以我们放弃一些短期收益作为代价。"[1] 事实上，美国大型互联网平台，尤其是社交网络上的极端思想开始泛滥，已经引起了民众的警觉和抗议。谷歌、脸书和推特三大社交网络平台也在尝试合作，共同制定内容审查的标准和机制，包括扩充通用软件标准以识别和删除经过篡改的视

---

[1] Google's self-proclaimed mission and core values（"We want to work with great people" – "Technology innovation is our lifeblood" – "Working at Google is fun" – "Be actively involved; you are Google" – "Don't take success for granted" – "Do the right thing; don't be evil" – "Earn customer and user loyalty and respect every day" – "Sustainable long-term growth and profitability are key to our success" – "Google cares about and supports the communities where we work and live" – "We aspire to improve and change the world"）. 参阅 http：//blogoscoped.com/archive/2007-06-01-n17.html.

频，删除信息来源不明的新闻评论，等等。随着大型数字平台越来越深刻地陷入网络言论、社会问题甚至政治博弈的旋涡中，平台所应担负的伦理责任会更重。

平台的伦理责任也可从对互补者的责任和对消费者的责任这两方面进行逐层分解。平台对互补者的伦理责任是指平台利用自身对互补者的影响力，通过机制构造与方式创新，尽可能地引导、支持、激励互补者对社会和利益相关方底线之上的价值诉求与合理期望予以回应，包括提供高品质、高价值的产品和优质、高效、温馨的服务，真诚友好地对待用户，增进环境友好与扩大社会积极影响，等等。例如，知乎设立"盐选"，鼓励各个领域的专业答主贡献其专有的经验和知识；设立"知乎小管家"，鼓励用户投诉违反社区规定的问答行为，包括恶意引导、虚构答案、人身攻击等，共同维护平台环境，使其更加符合社会进步的方向。当然，问答平台上的答主兼具互补者和消费者的双重身份，这也体现出平台的伦理责任的复杂性。

与此相对应的是平台对消费者的伦理责任，即平台正面引导和激励消费者按照社会期望实施负责任的购买行为和可持续的消费行为。例如，平台引导消费者购买节能产品、倡导共享出行、推广回收再利用等行为。此外，平台还可以激励消费者更好地参与到价值共创的活动中，为平台发展集思广益，让平台的产品和服务更多地符合社会期待。例如，2019年7月《上海市生活垃圾管理条例》施行，其中第二十二条明确规定，餐饮服务提供者和餐饮配送服务提供者不得主动向消费者提供一次性筷子、调羹等餐具。违反者由市场监管部门责令限期改正；逾期不改正的，处五百元以上五千元以下罚款。基于条例相关规定，美团外卖于2019年6月26日完成不需要餐具产品功能改进，减少不必要的一次性餐具使用。截至2020年8月，上海无需餐具订单数较2019年上半年增加了约 9.5 倍。"如果用户选择'无需餐具',则可获得公益能量激励,用户收集能量可以兑换公益金捐助公益项目。"①

需要注意的是,平台并不是无所不能的。尽管伦理责任的范围更广,但也并不意味着平台必须或有能力承担所有的伦理责任。平台企业在平台生态系统中的影响力决定其无法按照避风港原则和所谓的技术中立规则行事,而是需要按照责任铁律要求和权责一致原则承担起平台治理责任,即对平台生态系统成员的负责任行为进行约束性规制和激励性支持②。这意味着影响力是平台"作为商业运作平台的社会责任"内容边界界定的逻辑起点,平台承担的平台生态系统治理责任范畴和程度取决于它在平台生态系统中的影响对象范围和影响强度。

最后,平台也具有自由选择的责任。自由选择的责任意味着平台可以对超出社会基本期望的诉求问题进行回应。平台之所以愿意承担超出底线要求的责任,其一是因为平台体量巨大,聚合的社会资源极广,比其他任何单一的传统企业更具有资源能力优势去回应社会的期待。其二,平台本质上是一个聚合了多方利益主体的生态系统,参与社会问题,能够让平台创造更大的共享价值和更多的合作剩余,将各个利益相关方潜在的互利共赢转变为现实。其三,也是最本质上的原因,平台不仅仅是商业组织,更是对平台场域内资源和社会资源聚合、整合与优化配置的系统。实际上,任何具有双边市场属性的商业平台同时也具有社会属性,相应地就需要承担社会公民的责任,而对于平台来说,承担社会责任最有效的方式就是发挥平台的社会资源整合配置功能,在更大范围内吸引社会主体的关注,共同参与解决社会问题。

平台承担自由选择的责任的途径可归为三类:一是发挥平台对生

---

① 他们去美团、饿了么检查:不主动提供一次性餐具,外卖商家做到了吗?. (2020-09-04). https://m.thepaper.cn/newsDetail_forward_9029008.

② 肖红军,李平. 2019. 平台型企业社会责任的生态化治理. 管理世界,(4).

态系统成员和广泛社会主体的聚合力，激励其贡献各具优势的意愿与行动，并通过平台的整合形成社会价值创造合力。例如，淘宝立足已有的商业交易平台界面推出淘宝卖家用户的公益宝贝计划，撬动平台内双边用户主动参与解决社会问题，扩大平台企业内外资源的整合效应；天猫鼓励优质卖家利用其信誉口碑佳与销货能力强的优势，帮助销售贫困地区的特色产品。二是依托商业平台搭建社会型平台，聚合与配置多元社会主体共同解决社会问题，以便通过平台化资源配置模式实现更高的社会价值配置效率。例如，腾讯依靠商业平台的巨大用户流量基础，推出腾讯乐捐平台开展公益项目，撬动多元社会主体参与到社会问题的解决中，实现乘数效应甚至指数效应，从而形成超越商业平台生态系统的社会责任平台生态系统；淘宝、腾讯QQ等多个互联网平台还接入公安部儿童失踪信息紧急发布平台，增加与拓展儿童失踪信息的发布功能。

总而言之，平台生态系统治理需要更多地体现社会责任。而平台的社会责任，不仅包括在法律范围内创造出最大的经济效益的底线要求，还包括强调按责任和伦理形式承载更多社会意义的衍生要求。强调平台生态系统治理的责任是具有重要意义的。因为平台的责任具有更广阔的视域，不仅仅局限于平台内部此时此刻的经营状态，更强调平台与社会的连接，以及平台与社会在未来更长时间的可持续发展。

3.5 讨论与小结

本章主要围绕平台生态系统治理的四个模块展开，分别是治理核心、治理难点、治理动态和治理责任。平台生态系统的治理核心是使平台各方利益摩擦最小化，协调平台所有者、互补者及消费者的价值交互行为，实现价值共创和价值分配的动态平衡，其中最重要的一点就是寻求平台成员间的竞争合作关系平衡点。单纯的竞争或合作均无法达到要求，唯有竞争合作相协调才能实现系统的良性互动。牵一发而动全身是平台生态系统治理面临的最大难点。不同于传统企业清晰的边界和权责划分，平台生态系统内不同主体间的价值依赖和瓶颈限制使得平台生态系统治理面临牵一发而动全身的治理难点。传统企业治理遵循线性化的内部治理机制和点对点的外部治理机制。内部治理机制遵循传导式的治理范式，以产权为主线，聚焦协调内部利益相关者的目标冲突、约束代理人的机会主义和激励代理人积极作为三个方面。外部治理机制遵循原子式治理范式，以竞争为主线，通过六个关键机制约束企业的相关行为。传统企业的治理逻辑虽然不能完全应用于平台生态系统，但对其适用性和局限性的分析对建构平台生态系统治理框架、克服治理难点大有裨益。动态调整是平台生态系统治理中的关键策略。平台生态系统的模块化特征以及多边市场属性要求必须动态调整价值创造和价值分配，才能适应动态变化的环境。社会化属性也是平台生态系统治理过程中需要统筹考虑的。平台生态系统聚合了所有者、消费者、互补者等多方主体，由此也决定了平台生态系统治理应该思考如何强化各参与方的社会责任。经济责任和法律责任是对平台生态系统的底线要求。当然，平台也应该积极拓展非商业性的社会服务功能，如淘宝、腾讯 QQ 接入公安部儿童失踪信息紧急发布平台就是其积极承担社会责任的体现。平台社会化属性的实现不是单方面的工作，平台生态系统想要健康发展，不仅需要社会主体的广泛参与，还需要接受社会的广泛监督，保持高透明度、高通畅度才能既快又好地实现平台生态系统治理的目标。

第二部分
症结：传统治理逻辑与平台生态系统治理需求的矛盾

第 4 章

市场进入：冲击市场准入原则

4.1 理论分析：模块化架构的运行原理

企业治理原理与逻辑虽然具有普适性，但无论是线性化的内部治理机制还是点对点的外部治理机制，都不能完全适用于非线性化、复杂化的平台生态系统情境。传统企业治理机制以可知的知识、稳定的环境为前提，以降低交易成本为目的，但是其层级结构的命令链和计划职能无法满足快速变化的环境的需要。由于平台生态系统整合，商业逻辑和产业性质变化，跨行业、跨区域、多边互动的复杂生态系统形成，现行治理体系移植到平台生态系统情境后，不适应症状凸显，暴露出一系列治理错位与缺位的问题。为了理解并解决这些问题，我们首先需要进一步剖析模块化的概念。

模块化架构的内涵

Baldwin 和 Clark（2000）[①] 认为，模块是系统的组成单元，模块之间相互独立，借助系统这个平台共同发挥作用，而系统提供协同框架，保证各个模块相互独立又保持联系。这是当前对模块化较为权威的解释。当平台生态系统作为一个复杂的系统时，软件开发模块、平台分销模块

---

① Baldwin C Y, Clark K B. 2000. *Design Rules*. Cambridge，MA：The MIT Press.

以及广告植入模块等平台互补者在平台生态系统中相互独立，但彼此之间又存在一定的联系，此时平台生态系统便呈现出模块化特征。正如第2章所说，模块化在各类组织中都发挥着相当的作用，甚至超模块化逐渐成为企业赋能的动力之一。海尔是模块化架构的典型例子。2005年，张瑞敏在海尔全球经理人年会上首次提出"人单合一"的概念；2015年，海尔对人单合一进行迭代升级，出现"平台"和"小微"两个关键词；2019年，海尔进入人单合一3.0阶段，即更为契合生态体系的链群合约。海尔在企业集团范围内推行小微企业发展模式，创客们通过"官兵互选"选出小微主，形成独立运作的模块化创业小微，这些小微具有一定的自主决策权、分配权和用人权，节点小微与创业小微之间形成市场结算关系，成为全流程并联的集团内部资源供应方。如果说人单合一像水母，每位员工与用户相连，直接创造机会，既为用户创造价值，也在此过程中实现自己的价值，那么链群合约则像海星，每个小微创造和满足新需求，并在下一个新需求出现时分裂出新的模块，成为新的链群合约。仅仅截至2017年8月，海尔已经形成了200多个创业小微，其中100多个小微年营收过亿元，52个小微引入风投，18个小微估值过亿元，另外还有3 800多个节点小微，企业内部整体上形成了异质且互补的七类子平台，每类平台通过细分平台核心，解构为相互独立的模块，形成充满灵活性和开放性的多平台组织模式。正是这些处于不同创业阶段的小微企业（N）作为平台的使用者与构成平台组织核心的各个子平台（M个核心模块），构成了海尔的"M×N"型的超模块组织[1]，呈现出海尔的模块化结构，支持海尔发挥超模块组织的作用。由此可见，模块化的形态是模块化发挥作用的必要条件。

---

[1] 王凤彬，王骁鹏，张驰. 2019. 超模块平台组织结构与客制化创业支持：基于海尔向平台组织转型的嵌入式案例研究. 管理世界，(2).

然而正如硬币的两面，模块化在赋予了平台生态系统化整为零、灵活组合、彼此激发的能力的同时，其分离和重组与相对独立也降低了平台生态系统的整体性和协调性。这是由模块化结构的形态本身所决定的。但众所周知，系统都会有不同的子系统和组成部分，难道零散的模块就无法按照一般系统的组织方式结合、统筹起来吗？尤其是当平台生态系统掌握巨大的议价权和统筹能力时，整合不同的模块似乎成为天方夜谭。不论平台自身是否有强烈的意愿来充分整合模块，就模块整合本身而言，存在一个棘手的问题——模块化架构的运行机制。

模块化架构的运行机制

了解一个系统的运行方式，除了观察不同子系统的运行特点，还可以观察子系统之间的联系。这也是为什么在剖析模块化架构时，不仅要了解模块本身的特点，还要进一步研究模块的运行机制。

那么，模块化架构的运行机制是什么样的呢？青木昌彦等以电脑为例，提出了模块化架构的三种运行方式[①]。青木昌彦等认为，电脑是由三个单位组成的系统，其中两个是硬件系统和软件系统。要以更低的成本设计、生产最终产品，仅凭硬件系统和软件系统远远不够，此时需要负责处理硬件和软件之间的系统信息和个别信息的第三个单位。青木昌彦等参考阿罗（Kenneth J. Arrow）和赫维兹（Leonid Hurwicz）的相关经济理论，用舵手来形象地比喻这至关重要的第三个单位。在舵手这个概念的基础上，青木昌彦等进一步提出了模块化架构的三种基本运行机制：金字塔型分割（IBM/360 电脑）、信息同化型联系（丰田型）和信息异化型 - 进化型联系（硅谷型）。

那么，这三种基本运行机制分别指什么呢？在金字塔型分割模式

---

① 青木昌彦, 安藤晴彦. 2003. 模块时代：新产业结构的本质. 上海：上海远东出版社.

下，舵手扮演设计师的角色，各个模块听从舵手的号令，舵手负责处理系统信息，事先告知各个模块联系规则，各个模块根据规则处理各自活动的个别信息，模块自身无权改变联系规则。在信息同化型联系模式下，舵手和各个模块之间实行双向的系统信息交流，联系规则在活动开始后也会做出细微的调整，但此时仍然只有一名舵手。而在信息异化型-进化型联系模块下，不仅多个模块主体同时活动，而且出现了多名舵手，此时各个模块发出的信息不一定是相同的，而是不同的信息，即异化的信息；舵手结合自身所处的系统环境对这些异化的信息进行处理之后，以一种简约的形式反馈到整个系统中，各个模块对反馈的信息进行比较、解释、选择、处理等，模块之间的联系规则不断被筛选、进化发展，舵手在事后找出最合适的路径，形成系统。表4-1对三种不同的模块化架构的特征进行了对比。

表4-1 三种不同的模块化架构的特征对比

	金字塔型分割	信息同化型联系	信息异化型-进化型联系
舵手数量	1	1	n
信息方向	单向	双向	多向
舵手对信息的掌控	强 ────────────────▶ 弱		

在基本运行机制的基础上，进一步推导不同模块化架构的特征及其影响。信息的流动，是联系的一种重要表现形式，对信息的掌控和决策权是一致的；对信息的掌控，反映了个体或特定部分对系统其他部分的影响力。在金字塔型分割模式中，舵手掌控了单向的信息流动渠道，因此对整个系统拥有较为绝对的决策权和掌控力；在信息同化型联系模式中，舵手依然拥有决策权和掌控力，但双向的信息流动渠道使得其影响力有所下降；在信息异化型-进化型联系模式中，由于多舵手的出现和信息联系方向的不确定性，决策权和掌控力随着信息流动被分散，没有一

个舵手掌握着所有的信息也就没有一个舵手能掌控全局。在模块化基础上,正是这种架构的运行机制,从根本上决定了系统中各个模块的能力。

平台生态系统正是建立在信息异化型－进化型联系的运行机制上,多个卖家在平台上共同活动,信息也是基本异化的。尽管就空间而言,所有模块都集中在一个平台,但信息在平台和卖家之间是高度异化且不对称的,这就导致信息掌握在多个舵手即多个利益相关者或卖家手中。换言之,平台尽管看似坐拥一切,但实际上只是那艘船,而不是舵手。也许它能部分发挥舵手的作用,但无法取代舵手,甚至在某种意义上,平台生态系统其实并不存在一个真正的舵手。由此可见,整合不同模块、集大全的平台生态系统看似强大,其实存在诸多漏洞,根本原因在于它的架构本身及其运行机制。

模块化架构冲击市场规则

模块化虽然是平台生态系统的底层逻辑,为平台生态系统发挥作用提供了重要的理论根据,但其本身的特征决定了它的本质和运行机制都存在先天缺陷。揆诸当下,模块化架构在宏观经济运转上已经显著冲击了当前的市场规则,具体表现有二。

第一,模块化架构聚合了松散、广泛的价值交互主体,冲击了传统市场准入门槛。传统市场准入是由政府管理部门制定的关于经营者进入市场的相关法律法规、政策措施、制度规定、有约束力的承诺及管理方式,如登记审批制度、质量安全制度等,本质上是对市场主体的事前资质审查。由于买家个性化需求接入平台并转变为大众化需求,平台生态系统不得不降低准入门槛,吸纳更多卖家进入平台生态系统以满足市场需求,此时新进入卖家的质量难以得到保障,不可避免地导致平台生态系统内参与者资质良莠不齐,并且可能带来参与者自身利益与平台整体利益的冲突。

第二，平台自律准入监管可能与公共政策和自身利益存在冲突。平台作为具有准公共品属性的商业组织，往往对互补者设置准入权（Rochet & Tirole，2006）①，以此维护自身商誉和平台的交易秩序，保证参与者平等。该功能属性使平台成为一个自律监管者，设置准入权成为平台必要的自律监管措施。但一方面，如果反垄断当局无法容忍准入权管理的排他性行为，那么交易秩序尤其是服务质量和安全性问题可能无法获得有效保障。另一方面，如果反垄断当局允许这种准入权管理，平台企业作为基础设施有可能获得垄断高收益，对公共政策提出更大的挑战。例如，站在电商平台的角度，"二选一"是平台确保库存、供应可控，对消费者负责，对平台有序管理负责的措施，但明显造成了垄断的事实。此外，平台自律准入监管还可能与其自身的经济利益存在一定的冲突。在平台所有者与互补者自由的双边谈判中，互补者的竞争又可以削弱平台所有者的市场势力。如何平衡维护交易秩序和市场竞争之间的关系，成为平台治理需要考虑的重要问题。

这两种表现反映的是模块化架构中参与者的问题和模块化架构组织方式的问题。由此可见，模块化的形式和运行机制问题，确实深刻地反映在市场运行中。

4.2 传统企业组织生产的逻辑

进一步理解平台生态系统的模块化架构对现有市场机制的冲击，需

---

① Rochet J C, Tirole J. 2006. "Two - sided markets: A progress report." *RAND Journal of Economics* 37（3）.

要从传统企业组织生产的逻辑出发。就根本而言，现有市场体制很大程度上来源于传统企业组织，因此这样的体制会不适用于在传统企业中少见的模块化架构。

传统企业治理机制分为两部分，即内部治理机制和外部治理机制。内部治理机制包括企业的规章制度、决策程序和企业文化等，反映了企业内部的制约与平衡关系；外部治理机制由市场体系、政府制度、社会责任构成。一内一外两种治理机制，有着较为本质的区别，具体如图4-1所示。传统企业治理机制清晰地界定了利益相关方的责权利，明确规定了企业、市场、政府、社会分别对企业的激励约束行为。

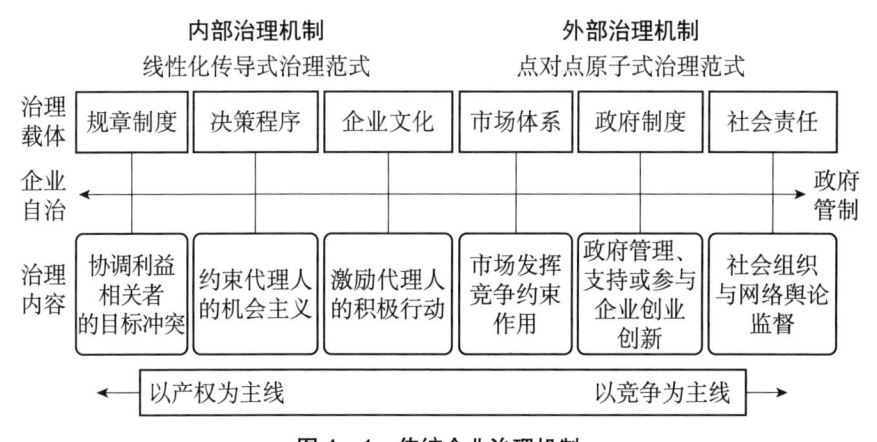

	内部治理机制 线性化传导式治理范式			外部治理机制 点对点原子式治理范式		
治理载体	规章制度	决策程序	企业文化	市场体系	政府制度	社会责任
企业自治 ←——————————————————————→ 政府管制						
治理内容	协调利益相关者的目标冲突	约束代理人的机会主义	激励代理人的积极行动	市场发挥竞争约束作用	政府管理、支持或参与企业创业创新	社会组织与网络舆论监督
←———— 以产权为主线 ————————— 以竞争为主线 ————→						

图4-1 传统企业治理机制

企业内部治理机制是以产权为主线的内在制度安排，属于线性化传导式治理范式。线性化的企业内部治理体系聚焦于三个方面：协调利益相关者的目标冲突、约束代理人的机会主义和激励代理人的积极行动。内部治理机制具体通过制定相关规章制度、决策程序以及建设企业内部的文化氛围产生作用，强调培育企业自治的动力机制。线性化的企业内部治理通常由企业所有者发起，利用企业上下层级之间的关系，逐级驱动经理人、各级管理者和员工履行义务、承担责任，共同参与价值创造。

企业外部治理机制是以竞争为主线的外在制度安排，属于点对点原子式治理范式。就其组成部分而言，外部治理机制由三大治理载体构成。一是市场体系，包含资本市场、控制权市场、接管市场、劳动市场、产品市场和金融市场，尤其以控制权市场的竞争约束机制为主要渠道。二是政府制度，政府的介入意味着企业经营活动不再是单纯的个体行为，而是具有公共影响和社会意义的行为（Shleifer & Vishny，1997）[1]，需要政府用"看得见的手"规范企业活动。政府作为管理者，对企业提出命令或规制，强制约束市场垄断与恶性竞争；作为支持者，鼓励中小企业创新，为战略性新兴企业提供政策扶持；作为合作者，与企业共同参与创业创新。三是社会责任，强调各类社会组织与网络舆论等，对企业的监督与治理。社会作为标准制定者、履责倡议者，对企业实施概念性治理；社会组织作为合作实施者、履责监督者，对特定企业实施操作性治理。由此可知，市场、政府和社会治理方案都是在具体落地时针对特定企业施加影响，并非像内部治理机制一般拥有明确的主线，因此更多时候呈现为点对点的形式。

传统企业的内外部治理机制为平台模块化的治理提供了灵感。内部与外部、线性化与点对点的差异，恰好启发从内外两个层面的互动关系思考治理机制的构建逻辑。第一，内部治理机制取决于组织结构与运行机制，对利益相关者关系产生直接影响；第二，外部治理机制的目的是弥补内部治理机制的盲区，对内部治理结构和结果产生间接影响，通过内部治理机制对各个主体起到约束和激励作用。因此在平台生态系统中，平台对其参与者来说相当于外部治理，但平台又无法像市场体系、

---

[1] Shleifer A, Vishny R W. 1998. *The Grabbing Hand.* Boston, MA: Harvard University Press.

政府制度和社会责任一样对其参与者进行约束。而平台作为独立的组织，又应当有内部治理的功能。正是平台治理需求和治理能力的错位，使得平台生态系统的治理体系与传统企业截然不同。在此情况下，外部治理机制也需相应调整，弥补平台内部治理机制的盲区，用政策等手段弥补平台生态系统的治理缺陷。

4.3 网络欺诈与假冒伪劣典型案例

深入发展的数字经济颠覆了大众的购物方式。2023年，全国电子商务交易额达46.83万亿元，同比增长9.4%。跨境电商也在"一带一路"布局下稳步发展。目前，我国已经成为全球电子商务规模最大的国家，电子商务生态体系建设也日益完善。图4-2表明，我国近年来电子商务交易规模持续扩大，电子商务发展较快。此外，广泛应用的大数据技术引发了零售业的深刻变革。自"新零售"概念诞生以来，电商巨头及

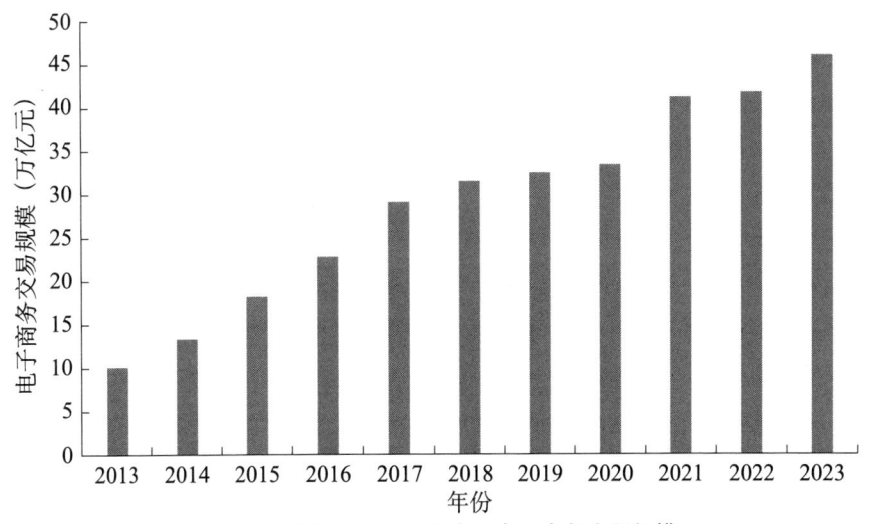

图4-2 2013—2023年中国电子商务交易规模

传统零售商纷纷布局线下新零售，诞生了小米有品、盒马鲜生等新零售平台。外卖行业的异军突起也极大地改变了人们的生活习惯。

然而，数字平台在创造发展红利的同时，也因其准入门槛低、市场高度垄断等特征导致网络欺诈与假冒伪劣现象频发，不仅制约了平台生态系统的持续健康发展，而且引致了平台社会责任的缺失和异化行为的发生。因市场准入规则而产生的质量低劣问题在购物平台领域尤其突出。购物平台是模块化架构的体现——平台提供的电子商城拥有不同的商品大模块，参与的卖家构成了小模块。这种模块化的架构，充斥着松散、广泛的价值交互主体，对市场准入、平台规则都产生了不容忽视的影响，尤其是当购物平台试图提高规模效应（即网络外部性）时，这个问题的后果就凸显出来了。下面以拼多多、淘宝和京东为例进行说明。

经过激烈竞争，目前，国内电子商务市场基本成熟，形成淘宝、京东、拼多多三足鼎立的格局。

团购式电商平台拼多多于2015年正式上线，其核心竞争力为拼单模式和大量优质低价商品，目标市场定位于消费者收入水平低但消费意愿强的中国三四线城市和农村。拼单模式促使大量用户和订单迅速涌入平台。拼多多为了满足用户对优质低价商品的需求，凭借海量的订单直接与供货商合作，通过减少中间环节获取价格优势。同时，拼多多降低供货商准入门槛，个人只需提交身份证照片就可以轻松通过审核，导致平台内假冒品牌随处可见，平台长期受到侵权案例困扰。但"假冒而不伪劣"的产品特性不仅绕过了市场监管，而且具有强大的市场需求，这使得侵权行为始终无法彻底解决。

开放式电商平台也深受假冒行为的困扰，"假冒盗版商品损害消费者权益"是开放式电商平台治理困境中的共性问题。阿里巴巴旗下电商平台淘宝于2003年成立，目前已是国内规模最大的开放式电商平台。

淘宝平台上卖家数量繁多，但消费者浏览时间有限，因此销量高、好评多的店铺更容易得到消费者的青睐。一条完整的刷销量和刷好评的产业链由此产生，许多卖家利用好评之名掩盖假冒盗版商品之实，扰乱了正常的市场竞争秩序。阿里巴巴开始重点治理假货。根据阿里巴巴知识产权侵权投诉规则，淘宝针对出售假冒、盗版商品的商家实行"三振出局"制，即卖家凡出售假冒盗版商品记为一次违规，若同一卖家出售假冒盗版商品的次数累计达三次，则将被永久查封账户。尽管阿里巴巴采取严厉的打击假货措施，假货依然存在。

以第三方卖家身份同时提供商品的自营式电商平台同样面临假冒伪劣的问题。京东作为中国知名的自营式电商平台，随着平台规模的扩张，第三方卖家比例逐渐提高，2019年京东的平台监管难度也随之加大。2019年京东频繁收到的行政处罚反映出其虚假广告问题的严重程度，存在夸大产品使用效果、误导消费者的倾向，尤其在保健食品和护肤品行业较为明显。自营店铺与第三方卖家均存在以假充真、以次充好的现象。

不仅电商平台面临严重的假冒伪劣问题，大数据技术催生的新零售平台也深受其扰。盒马鲜生作为生鲜零售与数字平台结合的典型样本，运用大数据、移动互联、智能物联网、自动化等技术及先进设备，建立起从供应链、仓储到配送各个环节的完整零售生态系统，实现人、货、场三者之间的最优化匹配，将生鲜零售做成由线下向线上引流的一体化超市。截至2024年3月，盒马鲜生已在全国开设了超过360家门店，成为生鲜电商领域的领军者。盒马鲜生的供应链模式是从原产地直采直购，减少中间环节，降低成本，提高效率。生鲜对冷链运输的要求较高，而盒马鲜生采用的"二段式"半程冷链运输，即城市之间冷藏运输、末端保温箱运输，容易出现商品损坏的现象。因此，盒马鲜生在店铺快速扩张的情况下，平台管理的理念和方式跟不上开店速度，多次爆出质量问题。2018年11月19日，上海市静安区市场监督管理局针对偷换标签事件对盒马鲜生立案调查，库存73盒胡萝卜产品第一时间下架封存。2018年12月11日，国家市场监督管理总局发布食品抽检通告称，组织抽检糕点、薯类和膨化食品、水产制品、粮食加工品、乳制品和食用农产品等11类食品1 781批次样品，不合格样品11批次；其中，广州盒马鲜生销售的鲫鱼检出抗菌药。2021年，盒马鲜生更是因为虚假广告、不严格查验多次被罚，被罚产品涉及海鲜、化妆品、粮油等。多次爆出的质量问题表明，盒马鲜生作为一个巨大的平台生态系统，尽管拥有大数据、数字技术等优势，在实际经营中也因为模块化的架构，面临多个产品领域、多个生产环节产品质量和管理方面的挑战。这不仅反映了生鲜零售平台的困境，而且折射出加强新零售行业治理体系和治理能力建设的紧迫性。

4.4　讨论与小结

本章从模块化架构的角度出发，探讨了平台生态系统在模块化架构的条件下，对市场准入原则的冲击。模块化架构存在金字塔型分割（IBM/360电脑）、信息同化型联系（丰田型）和信息异化型-进化型联系（硅谷型）三种基本运行机制，而平台生态系统的模块化形式及其信息异化型-进化型联系的运行机制有两个主要的后果。第一个后果是模块化架构聚合了松散、广泛的价值交互主体，冲击了传统市场准入门槛。由于买家个性化需求接入平台并转变为大众化需求，平台生态系统不得不降低准入门槛，吸纳更多卖家进入生态系统来满足市场需求，导致平台生态系统内参与者资质良莠不齐，参与者自身利益与平台整体利益发生冲突。第二个后果是平台自律准入监管可能与公共政策和自身利益存在冲突，影响了市场的有效、有序运行。在交易秩序和市场竞争的矛盾之间，平台面临两难的抉择。这反映了平台生态系统与传统市场规则矛盾的地方，而这正是由平台生态系统与企业组织截然不同的逻辑导致的。传统企业治理机制包括线性化以产权为主线的企业内部治理机制和点对点以竞争为主线的企业外部治理机制，两者的差异为平台模块化的治理提供了灵感，即平台作为独立的组织应当有内部治理的功能，但对其参与者来说相当于外部治理。因此，平台应调整外部治理机制弥补平台内部治理机制的盲区。此外，本章还以团购式电商平台拼多多、开放式电商平台淘宝、自营式电商平台京东和新零售平台代表盒马鲜生为例，呈现了当前数字平台在创造发展红利的同时，也因其准入门槛低、市场高度垄断等特征带来的网络欺诈与假冒伪劣现象。

第 5 章

权责界定：多归属行为加大责权利界定难度

5.1 理论分析：多归属行为的理论解释

多归属（multi-homing）的概念最早运用于双边市场理论，Caillaud 和 Jullien（2003）[①] 与 Rochet 和 Tirole（2006）[②] 将用户同时加入两个或两个以上同类型平台的行为称为多归属行为。多归属分为纯粹多归属和部分多归属。纯粹多归属是所有平台双边用户在两个或两个以上具有竞争关系的平台注册。Poolsombat 和 Vernasca（2006）[③] 的研究中提出了部分多归属，即平台互补者和消费者并不完全是单归属或多归属，在用户群体内部存在分化，一部分是单归属，一部分是多归属。由于现实生活中所有双边用户都是多归属的现象不存在，一般将部分多归属看作多归属。简言之，人的需求具有多样性，而企业提供的产品是差异化的，用户为了满足个人多样化的需求，可能同时使用多个企业的产品。胥莉等

[①] Caillaud B, Jullien B. 2003. "Chicken & egg: Competition among intermediation service providers." *RAND Journal of Economics* 34 (2).

[②] Rochet J C, Tirole J. 2006. "Two-sided markets: A progress report." *RAND Journal of Economics* 37 (3).

[③] Poolsombat R, Vernasca G. 2006. "Partial multihoming in two-sided markets." *University of York Discussion Papers in Economics / Department of Economics.*

（2006）[1]对双边市场特征的产业研究发现，不论是平台互补者还是消费者，普遍存在多归属行为。以外卖平台为例，目前市场竞争激烈，有在外卖领域发展数年、占据绝大部分市场份额的美团外卖和饿了么，也有依托于短视频平台开展生活服务业务、迅速发展的抖音，还有企业也会使用小程序开展外卖业务如麦当劳麦乐送、肯德基宅急送、星巴克专星送等。消费者为了购买性价比较高的商品，可能会通过比较平台间代金券、配送费等一系列因素，选择最符合心理预期的平台下单；而商家为了尽可能多地获取愿意购买的消费者，也普遍存在多归属行为，同时在不同的外卖平台注册、入驻、运营。

多归属行为对平台定价策略的影响颇受人们的关注。程贵孙（2010）[2]研究了用户单归属和部分多归属下网络外部性对平台利润和定价的影响，利润水平与组内网络外部性成正比、与组间网络外部性成反比，价格水平与组内网络外部性强度相关。纪汉霖（2011）[3]系统地研究了不同归属结构下平台的最优定价策略，部分多归属会降低平台的利润水平和价格水平，因此平台存在阻止多归属的倾向。但是随着平台经济蓬勃发展，平台治理问题凸显，平台互补企业与用户天然具有多归属性。例如，餐饮商户会同时接入美团、饿了么等多家外卖平台，最大限度提升订单量；消费者为了购买低价电影票，同时注册为淘票票、猫眼等多家购票平台会员。无论是互补者追求利润最大化，还是消费者货比三家，都促使其入驻多家平台，这同时也对权责界定提出挑战。

第一，多归属行为对明确平台各方参与者责权利归属造成困难。一

---

[1] 胥莉，陈宏民，潘小军.2006.消费者多方持有行为与厂商的兼容性选择：基于双边市场理论的探讨.世界经济，（12）.
[2] 程贵孙.2010.组内网络外部性对双边市场定价的影响分析.管理科学，（1）.
[3] 纪汉霖.2011.用户部分多归属条件下的双边市场定价策略.系统工程理论与实践，（1）.

是基本责任底线模糊为平台违法行为留出巨大灰色空间，乐清女孩滴滴打车遇害事件即是平台对入驻司机缺乏监管的具体体现。二是电商平台假冒伪劣产品事件频发，消费者利益受损应划归为店铺责任、平台责任，还是质量监管部门责任？谁应该提供赔偿？赔偿标准是多少？这些问题依然没有得到妥善解决。责权利界定的基础性问题包括由谁负责、对谁负责、负责什么和负责到什么程度。显然，现有责任内容边界基本上只回答了对谁负责和负责什么，对于更进一步的负责到什么程度甚少考虑，权责认定和划分的流程并不完整。

第二，多归属行为违约成本极低，使得平台竞争高度动态化，激化恶性竞争行为。曾经称霸一时的雅虎、诺基亚和黑莓，在短时间里被谷歌、脸书和苹果等超越或淘汰。当下的优势企业，也极可能被迅速成长的新企业超越。为了压制多归属行为带来的激烈竞争，平台之间的恶性对抗或利益共谋经常出现，典型的是腾讯强迫用户在 QQ 和奇虎 360 之间"二选一"，淘宝和京东勒令商户"二选一"等。因此，通过明确责权利边界以保持良好的竞争环境具有重要意义。现在具有优势的企业必须靠改善服务和创新来保持其市场地位。

当前，苹果的 iPhone、微软的 Xbox 或 SAP NetWeaver 等平台技术越来越普及，而补充供应商、消费者等作为基础设施的生产者，会选择一个或多的个平台进行交易（Hagiu & Wright，2015；Parker & Van Alstyne，2005；Rochet & Tirole，2006）[1][2][3]。虽然消费者大多倾向于选择一个平台，但越来越多的补充供应商为了触及尽可能多的潜在消费者，

---

[1] Hagiu A, Wright J. 2015. "Multi-sided platforms." *International Journal of Industrial Organization* 43.

[2] Parker G G, Van Alstyne M W. 2005. "Two-sided network effects: A theory of information product design." *Management Science* 51 (10).

[3] Rochet J C, Tirole J. 2006. "Two-sided markets: A progress report." *RAND Journal of Economics* 37 (3).

会选择多个平台，为多个平台开发产品（Corts & Lederman，2009）[1]。现有文献通常将多归属行为视为权衡市场规模与商业成本的因素，主要研究多归属行为对平台定价和加盟决策的影响（Armstrong & Wright，2007；Corts & Lederman，2009；Lee，2013；Rochet & Tirole，2003）[2][3][4]。其逻辑是，多归属行为以有限的成本为互补者提供了潜在的额外收入，隐含地假设不同平台上的互补者是相同的。然而，许多平台并不支持交易的简单（双边）市场，平台也是技术基础设施，其特征塑造了第三方互补产品的开发（Anderson，Potocnik，& Zhou，2014；Gawer，2014；Tiwana，Konsynski，& Bush，2010；Yoo，Henfridsson，& Lyytinen，2010）[5][6][7][8]。互补者通常必须根据平台的核心技术功能和接口规范进行定制，以充分利用其性能（Anderson，Potocnik，& Zhou，

---

[1] Corts K S, Lederman M. 2009."Software exclusivity and the scope of indirect network effects in the U.S.home video game market." *International Journal of Industrial Organization* 27（2）.

[2] Armstrong M, Wright J. 2007."Two-sided markets, competitive bottlenecks and exclusive contracts." *Economic Theory* 32（2）.

[3] Lee R S. 2013."Vertical integration and exclusivity in platform and two-sided markets." *American Economic Review* 103（7）.

[4] Rochet J C, Tirole J. 2003."Platform competition in two-sided markets." *Journal of the European Economic Association* 1（4）.

[5] Anderson N, Potocnik K, Zhou J. 2014."Innovation and creativity in organizations：A state-of-the-science review, prospective commentary, and guiding framework." *Journal of Management* 40（5）.

[6] Gawer A. 2014."Bridging differing perspectives on technological platforms：Toward an integrative framework." *Research Policy* 43（7）.

[7] Tiwana A, Konsynski B, Bush A A. 2010."Platform evolution：Coevolution of platform architecture, governance, and environmental dynamics." *Information Systems Research* 21（4）.

[8] Yoo Y J, Henfridsson O, Lyytinen K. 2010."The new organizing logic of digital innovation：An agenda for information systems research." *Information Systems Research* 21（4）.

2014；Claussen，Essling，& Kretschmer，2015；Tiwana，2015）[1][2]。在针对多个平台进行产品开发时，互补者必须确定自己的产品在不同平台之间的差异程度（Schilling，2000；Tiwana，2015；Yoo，Henfridsson，& Lyytinen，2010）[3]。那么，当为多个平台设计产品时，互补者面临的权衡如何影响跨平台多归属互补产品的质量、性能呢？

许多关于多归属行为的文献借鉴了大量关于双边市场或双边平台的文献（McIntyre & Srinivasan，2017；Parker & Van Alstyne，2005）[4][5]来解释平台及其互补者的动态。早期的理论研究（Armstrong，2006；Armstrong & Wright，2007；Caillaud & Jullien，2003；Rochet & Tirole，2003）[6][7][8][9]关注的是哪一方有多归属行为，以及谁占有了剩余价值的大部分。这些研究发现，通常会有一方有多归属行为（例如买家使用多个平台或卖家在多个平台上提供产品），并且价格最具竞争力的一方为单归属，而多归属一方的大部分剩余价值被平台占有。当消费者有多归属行为时，平台竞争更加激烈，为吸引更多互补者，平台价格结构倾向于

---

[1] Claussen J, Essling C, Kretschmer T. 2015. "When less can be more - Setting technology levels in complementary goods markets." *Research Policy* 44（2）.

[2] Tiwana A. 2015. "Evolutionary competition in platform ecosystems." *Information Systems Research* 26（2）.

[3] Schilling M A. 2000. "Toward a general modular systems theory and its application to interfirm product modularity." *Academy of Management Review* 25（2）.

[4] McIntyre D P, Srinivasan A. 2017. "Networks, platforms, and strategy: Emerging views and next steps." *Strategic Management Journal* 38（1）.

[5] Parker G G, Van Alstyne M W. 2005. "Two-sided network effects: A theory of information product design." *Management Science* 51（10）.

[6] Armstrong M. 2006. "Competition in two-sided markets." *RAND Journal of Economics* 37（3）.

[7] Armstrong M, Wright J. 2007. "Two-sided markets, competitive bottlenecks and exclusive contracts." *Economic Theory* 32（2）.

[8] Caillaud B, Jullien B. 2003. "Chicken & egg: Competition among intermediation service providers." *RAND Journal of Economics* 34（2）.

[9] Rochet J C, Tirole J. 2003. "Platform competition in two-sided markets." *Journal of the European Economic Association* 1（4）.

互补者（Rochet & Tirole，2003）。Armstrong（2006）的研究则表明，当消费者单归属和互补者多归属时，平台对互补产品的定价较高。

内生多归属决策的研究模型主要关注双边市场竞争。Athey，Calvano 和 Gans（2016）[①] 以及 Ambrus，Calvano 和 Reisinger（2016）[②] 研究了媒体市场中广告侧的内生归因（保持消费者一侧的外生固定），而 Jeitschko 和 Tremblay（2020）[③] 则通过对平台间的竞争吸引市场双方并允许双方内生地做出归因决策的研究，发现多归属决策取决于许多市场参数，包括市场双方的弹性、跨侧外部性和多归属成本（假定固定和外部性），多重均衡（双方单归属，仅买方或卖方多归属）可以出现。

考虑到多归属行为一方面会影响平台之间的竞争，另一方面也会影响平台所有者和互补者之间的互动，少数研究主要探讨多归属行为对平台竞争的影响。Corts 和 Lederman（2009）[④] 调查了电子游戏产业中间接网络效应的范围，发现由于游戏开发经济的变化和非排他性（如多归属）软件的普及，在竞争平台的用户之间产生了间接网络效应。其核心逻辑是，在特定的非平台的固定成本增加而多归属成本（移植成本）减少的环境中，多归属行为将会增加，这减少了某一平台成为市场主导的可能性。Landsman 和 Stremersch（2011）[⑤] 认为，多归属行为降低了竞争

[①] Athey S，Calvano E，Gans J S. 2016. "The impact of consumer multi-homing on advertising markets and media competition." *Management Science：Journal of the Institute of Management Sciences* 64（4）.

[②] Ambrus A，Calvano E，Reisinger M. 2016. "Either or both competition：A 'two-sided' theory of advertising with overlapping viewerships." *American Economic Journal - Microeconomics* 8（3）.

[③] Jeitschko T D，Tremblay M J. 2020. "Platform competition with endogenous homing." *International Economic Review* 61（3）.

[④] Corts K S，Lederman M. 2009. "Software exclusivity and the scope of indirect network effects in the U.S. home video game market." *International Journal of Industrial Organization* 27（2）.

[⑤] Landsman V，Stremersch S. 2011. "Multihoming in two-sided markets：An empirical inquiry in the video game console industry." *Journal of Marketing* 75（6）.

性平台的差异化，平台级多归属行为则降低了焦点平台的销量。而 Lee（2013）①的研究结果表明，多归属行为可以加强现有平台的领先地位。在智能手机领域，Bresnahan，Davis 和 Yin（2015）②的研究发现，大量颇具吸引力的应用程序的出现，使得用户在安卓和 iOS 之间更容易出现多归属行为。

共享品限用悖论

一个关于多归属行为的特例是共享品限用悖论。共享品是互联网经济下诞生的信息品，天生具有多归属性。互联网经济是数字经济的一种业态，数字经济中生产和交易的产品（服务）都属于区别于数据的信息品（information goods）。信息品多具有共享品特征，即一旦生产出来，在使用中或多或少接近零边际成本的情况。知识产权（专利权、商标、著作权等）是典型的信息品。

由数字共享品的属性所决定，即没有争用性（rival）却有限用性（exclusive），一种限用悖论产生了。没有争用性意味着一人对物品的使用不影响他人的使用，有限用性意味着一人对物品的使用需要付费。如何给这种多归属性的产品定价，如何保证信息生产者、信息使用者以及信息平台方的权利成为问题。换言之，边际成本为零表明没有争用性，比如网上的数字音乐和数字书刊，听众和读者多少与成本无关，流量费用也可以忽略不计，单从这个角度看不该限用。但是，如果总是被无偿使用，信息品的生产者（音乐作品创作者和书刊写作者）则不能收回成

---

① Lee R S. 2013. " Vertical integration and exclusivity in platform and two-sided markets." *American Economic Review* 103（7）

② Bresnahan T F, Davis J P, Yin P. 2015. " Economic value creation in mobile applications." In *The Changing Frontier：Rethinking Science and Innovation Policy*, edited by Jaffe A B, Jones B F, Chicago, IL: University of Chicago Press.

本，更不能获利，信息品也就成了无源之水。这种情形下，如果不能通过收费（专利费、版税等）加以限用，就会产生限用不足性质的第Ⅰ类公地悲剧或准公地悲剧；但如果收费过高，又容易产生限用过度的第Ⅱ类公地悲剧或反公地悲剧，因为本来边际成本为零，使用不足等于白白闲置。这种左右为难的限用悖论在互联网经济中表现得更为突出。

最典型的例子是电影《我不是药神》所展现出来的药品专利限用悖论。影片主人公通过网络从事跨国药品代购，经历了被检察院起诉又撤诉的过程。故事中的药品专利属于共享品，研发后边际成本为零，但通过高额专利费（专利药与进口仿制药价格相差 100 倍）可以限用。隐含其中的悖论是，如果主要由专利费构成的药价过高，相当于限用过度，造成眼前见死不救的悲剧；如果药价过低，相当于限用不足，导致药厂研发动力不够，出现以后无药可医的悲剧。

Sci-Hub 也是一个典型的例子。Sci-Hub 的口号是"To remove all barriers in the way of science"。截至 2021 年 9 月，Sci-Hubs 数据库中已有将近 8 800 万篇免费研究论文，其中大多数是 Sci-Hub 的创始人亚历山德拉·埃尔巴克彦（Alexandra Elbakyan）通过黑客手段从付费网站窃取的。她的侵权做法，不是侵犯论文著作人的权利，而是侵犯出版商的权利。就出版商 Elsevier 而言，其超过 97% 的论文能在 Sci-Hub 上免费获取。2017 年 5 月，Elsevier 向法院起诉 Sci-Hub，请求法院提供永久性的强制令，并索赔 1 500 万美元。6 月 21 日，美国纽约州联邦地方法院裁定 Elsevier 胜诉。2017 年 6 月，美国化学学会（ACS）对 Sci-Hub 提起诉讼。11 月 6 日，法院判决 Sci-Hub 赔偿 480 万美元并封杀服务器和域名。但支持 Sci-Hub 网站的服务器位于俄罗斯，不属于美国司法系统管辖，Sci-Hub 使用别的域名不断重新开张，并且获得了全球很多科学家（著作权人和学术检索者）的支持。Elsevier 是限用过度的例子，对科研论文进行收费，造成科研工作者对论文的获取需要付出高昂的成本，导致大量论文闲置甚至限制科研活动的进行；Sci-Hub 则是限用不足的例子，从出版商付费网站窃取科研论文，影响出版商对知识产权维护的积极性。

5.2 传统企业的责权利划分

　　企业组织本质上是一个协作系统，协作系统治理的关键在于对系统内的构成要素进行协调。企业协作的本质是实现目标一致，提高组织效率。但现代企业利益相关者众多，成分复杂，不可避免地产生利益冲突。因此，传统企业治理的核心在于构建利益相关者激励约束机制，既对合规行为激励支持，又对违规行为监督规制，以求最大限度化解股东和利益相关者的冲突，尤其是两类代理问题。

　　第一类代理问题是股东和经理人的利益冲突。现代企业不再由股东亲自经营管理，而是雇用具有专业管理知识的职业经理人代理股东行使经营权，形成所有权与控制权分离制度。股东的目标是企业利润最大化或股东财富最大化，经理人的目标是用更少的付出获得更高的个人收入，这就与股东目标产生了冲突，经理人可能以损害股东利益为代价而追求个人目标。如果经理人的能力和努力水平可以被很好地观察，那么经理人的机会主义行为就可以避免。而在现实中，经理人既可以隐藏真实能力，又可以隐藏努力水平，从而使股东与经理人之间的信息不对称情况进一步恶化。美国泰科国际有限公司（以下简称泰科）就曾因股东与经理人之间的信息不对称发生过一次高层大换血事件。始创于 1960 年的泰科前期只是一个为政府部门提供实验服务的实验室，1973 年在纽约证券交易所上市后，开启了全面扩张之路。现如今，泰科已成长为全球最大的消防安防专营公司之一，业务范围囊括消防安保、电子元件、医疗保健、工程产品与服务、塑料与胶粘剂等，业务机构遍布全球，拥有几十万雇员。然而2002年初，泰科被曝出首席执行官丹尼斯·科兹洛夫斯基（Dennis Kozlowski）未经董事会许可将数额达2 000万美元的奖金支付给前董事兼薪酬委员会主席弗兰克·沃尔什（Frank Walsh）。2002年6月，科兹洛夫斯基又因偷逃艺术品销售税180万美元接受纽约州联邦地方法院的调查，且并未通知公司董事会配合调查，导致公司陷入妨碍司法公正的丑闻中，严重损害了公司的企业形象。丑闻的连续曝出让公司不得不解雇了科兹洛夫斯基。然而随着调查的深入，泰科发现公司高层存在严重的贪污受贿舞弊行为。到2002年底，泰科撤换了60多名高管人员，其中包括首席财务官、法律顾问、财务总监等，之后甚至撤换了整个董事会。在泰科案件中，高层管理人员肆无忌惮地谋求个人私利，严重损害了股东的利益。由此可见，因为股东和经理人很难在事前签订一份完备的契约以有效约束经理人可能的机会主义行为，所以最后股东只能承担经理人机会主义行为的后果。

第二类代理问题是大股东与小股东的利益冲突。在中国等新兴市场国家，企业股权结构高度集中，大小股东之间的利益冲突更加突出。全国乳品行业龙头企业伊利就曾曝出大小股东利益冲突的丑闻。1996年，伊利在上海证券交易所挂牌上市。2003年，伊利发现公司内部有人存在违法行为，故意隐瞒第五大股东华世商贸有限公司的股权结构，华世商贸的注册资金仅50万元，但受让了442万伊利法人股。2000—2001年期间，公司内部有人在未经董事会允许的情况下先后挪用1 590万元给华世商贸有限公司用于经营。同时有意隐瞒巨额的国债投资，2002年11月至2004年3月累计投资额高达4.17亿美元。这种大股东为了个人私利全然不顾中小股东的利益的状况,根源正是大、中、小股东力量悬殊,中小股东没有话语权,集中的股权结构使得企业的决策权控制在大股东手里,大股东为了私利可能通过关联交易转移企业财富、无偿占有企业资本、为贷款等融资行为进行担保等,损害其他股东的利益。

传统企业治理通过安排企业各利益相关者的责权利,构建激励约束机制。一定的治理结构决定了企业中各利益主体的行为机制与行为方式,特别是决定了对企业的生存和发展负有责任的高层决策者的行为机制与行为方式。企业治理要问答的重点问题,是在利益冲突和信息不对称的情况下如何奖惩代理行为,从而约束和激励利益相关者选择对企业整体最有利的行动。需要注意的是,传统企业治理逻辑具有路径依赖性。每个企业治理逻辑的确立和演进,都受到其所在的制度历史、企业管理实践、企业文化传统的极大影响,如美国、日本和德国的企业治理制度就截然不同。

美国采用外部市场控制机制。其典型特征是强管理者、弱所有者并且依赖外部市场控制来约束经理人的行为[1]。这一制度的形成起源于安德鲁·杰克逊(Andrew Jackson)总统任期内的政策。19世纪,美国金融机构力量微弱,国家也不鼓励金融业的发展,但当时工业发展迅速,需要吸纳大量资金,金融机构无法满足当时的需求,因此美国便通过发展高质量的证券公司等形式来吸纳资金,使得美国的证券市场迅速发展,进而出现了经营者控制的情况。与此同时,美国建立了较为完备的法律与经济制度约束经理人的行为,通过提高董事会的地位制衡经理层,形成了外部市场控制的治理机制。

德国采用全能银行制度。银行在德国企业治理过程中扮演着重要

---

[1] 李明辉.2007.公司治理的路径依赖性及其对公司治理趋同的影响.国际经贸探索,(11).

角色。这一制度的出现可追溯到19世纪70年代。为了发展工业，当局采取强权政策，积极创建大银行。同时，德国要求对证券交易征收印花税。股票所有者为了避税，便将股票存放在银行里，由银行以个人的名义持有，并对客户的股票进行相机配对。由于是在银行内部进行股票交易，不属于法律规定的纳税范畴，故不用纳税。正是强权政治和印花税政策，催生了德国强大的银行业务和全能银行制度。

日本采用主银行制度和交叉持股制度。主银行制度的起源可追溯到第二次世界大战期间。当时，日本军事设备需求庞大，为了保证充足的供应，日本的军需企业便与银行配对，银行不仅保证军需企业的资金供应，而且参与企业的经营管理和财务监督。战后，这些配对银行演变成相关企业的主银行。交叉持股制度起源于战后美国对日本的军管政策。当时美国不仅对日本的银行持股进行限制，而且分离了商业银行和投资银行的业务。后来日本的金融业和工商业开始联系密切，短短十几年，日本的个人股迅速流向银行和企业，并通过交叉持股的方式将金融业和工商业紧密联结在一起，由此产生了交叉持股制度。

然而，即便不同国家和地区的公司治理存在路径依赖，有着迥然各异的企业治理制度，但旨在解决各利益主体间利益冲突的治理精髓是相通的，最终目标仍然是平衡公司各利益相关者的责权利，实现公司治理。

5.3 平台恶性竞争行为典型案例

阿里巴巴的强制性"二选一"是指平台经营者利用其平台优势对平台生态系统内的商家（提供商品和服务的卖家）在平台从事经营活动时，

单方面设定或改变合约规则，限制商家入驻其他平台的活动行为。在阿里巴巴"二选一"的规则下，商家入驻阿里巴巴后，被禁止同时入驻京东、拼多多等平台，也就是说，商家只能选一个平台入驻。

2020年12月，国家市场监督管理总局依据《中华人民共和国反垄断法》（以下简称《反垄断法》）对阿里巴巴集团控股有限公司在中国境内网络零售平台服务市场滥用市场支配地位行为立案调查。经查，自2015年以来，阿里巴巴集团滥用其中国境内网络零售平台服务市场支配地位，对平台内商家提出"二选一"要求，禁止平台内商家在其他竞争性平台开店或参加促销活动，并借助市场力量、平台规则和数据、算法等技术手段，采取多种奖惩措施保障"二选一"要求执行，维持、增强自身市场力量，获取不正当竞争优势。根据《反垄断法》第四十七条、第四十九条规定，综合考虑阿里巴巴集团违法行为的性质、程度和持续时间等因素，2021年4月10日，国家市场监督管理总局依法作出行政处罚决定，责令阿里巴巴集团停止违法行为，并处以其2019年中国境内4 557.12亿元销售额4%的罚款，计182.28亿元。同时，按照《中华人民共和国行政处罚法》坚持处罚与教育相结合的原则，向阿里巴巴集团发出《行政指导书》，要求其围绕全面规范自身竞争行为、严格落实平台企业主体责任、完善企业内部合规控制制度、保护平台内商家和消费者合法权益、积极维护公平竞争促进创新发展等方面进行全面整改，并连续三年向国家市场监督管理总局提交自查合规报告。

从价值创造来看，若入驻的商户选择阿里巴巴，为单归属商户（只入驻阿里巴巴，没有入驻其他平台），商户为使得自身的利益最大化，应该在阿里巴巴深耕，改善自身的产品及售后服务质量，积累优质客户，从而最大化其收益。而阿里巴巴为了吸引更多优质商户和更多消费者，会完善平台服务以及与商户之间的互利互惠合作，共创更高的价值。阿里巴巴利用庞大的平台生态系统为用户提供金融、支付、物流、广告服务，并从中获利；用户可以购买高级订阅服务以经营自己的线上网页。

从价值分配来看，若市场均衡，"二选一"会损害阿里巴巴平台的收益；但是在现实市场不均衡的条件下，通过强制性"二选一"，阿里巴巴平台可以排挤竞争对手获得更高的交易量以及商户入驻量，提高平台的收益，但是这侵害了商户的自主选择权与多平台经营权，降低了原本可以选择多个平台的商户的收益。平台及用户共同创造的价值主要分配给了平台而不是商户或消费者。

从激化恶性竞争来看，阿里巴巴的强制性"二选一"更造成了滥用市场支配地位、限定交易行为的现象。平台企业对互补者采取屏蔽店铺、搜索降权、流量限制、技术障碍、扣取保证金等惩罚性措施，破坏了市场竞争秩序，损害了消费者利益，使得商品内容、价格等信息不能公开透明地流动，限制了市场竞争者、平台商家和消费者的权利。同时，"二选一"压制多归属行为带来的激烈竞争，使得国内各大电商平台之间的恶性对抗或利益共谋经常出现，京东、美团、腾讯等或多或少都采用了"二选一"策略。从社交平台到电商平台再到支付方式的链条式恶性竞争，可能会使得企业不通过完善产品功能、提高消费者体验来加强自己的市场竞争力，反而通过设置不公平的市场规则以及技术障碍等屏蔽竞争者来抬高自己的地位，如此不仅大大损害消费者的选择权，而且不利于整体市场可持续、健康发展。

5.4　讨论与小结

本章探讨了多归属行为的定义及其两个主要影响。用户同时加入两个或两个以上同类型平台的行为称为多归属行为。多归属行为一方面会对明确平台各方参与者责权利归属造成困难,另一方面造成平台竞争高度动态化,激化恶性竞争行为。不论是平台互补者还是消费者,普遍存在多归属行为,平台互补者与消费者天然具有多归属性。

在责权利归属上,传统企业治理的核心在于构建激励约束机制,既包括对利益相关者合规行为的激励支持,又包括对违规行为的监督规制,以求最大限度化解股东和利益相关者的冲突,尤其是两类代理问题。互联网平台型企业基本责任底线的模糊为平台违法行为留出了巨大的灰色空间,现阶段责任内容边界基本上只回答了对谁负责和负责什么的问题,对于更进一步的负责到什么程度甚少考虑,权责认定和划分的流程并不完整。

从激化恶性竞争来看,为了压制多归属行为带来的激烈竞争,避免被迅速成长的新企业超越,平台之间的恶性对抗或利益共谋经常出现。平台企业为了提高自身市场竞争地位,对互补者采取惩罚性措施,破坏了市场竞争秩序,损害了消费者利益。企业需要明确责权利边界来保持可持续发展的健康市场环境。现在具有优势的企业必须依靠提高产品和服务质量,不断推动创新来保持其市场地位,而不是通过不公开、不透明的手段屏蔽竞争者,损害消费者权益,破坏平台生态来保证自己的发展与地位。

第6章

动态竞争：网络外部性挑战现有竞争规则

6.1 理论分析：网络外部性是一把双刃剑

第2章提出，平台运行的重要目标是扩大用户基础、撬动网络效应。而在这一章，我们将对网络效应的双刃剑性质展开讨论。初创平台可以运用搭便车、限制在位平台网络效应发挥、拆散在位平台与其互补者的联盟等策略进入市场。而在位平台不能盲目相信网络效应，要采取构筑进入壁垒的策略。此外，网络效应的行业属性、消费者的多归属现象，都意味着网络效应不是可靠的护城河，企业需要在纵向控制、兼容性、数据等多个方面构筑进入壁垒。因此，对初创平台来说，正向网络效应能让其迅速壮大，负向网络效应则会让其瞬间崩塌；对在位平台来说，网络效应既可以是其进一步发展壮大的基础，又可能是其滥用市场支配地位的武器。

网络效应的这种双刃剑性质，极大地挑战了现有竞争规则。

简单回顾一下第2章提到的平台网络效应的三个阶段。（1）第一阶段为引爆点出现之前。这一阶段，网络效应尚未形成，消费者的支付意愿非常低，平台获客成本相当高。（2）第二阶段为引爆点出现之后，但网络效应衰减之前。这一阶段的市场需求随着参与者数量的增多而扩大，消费者的边际支付意愿也随之上升，平台的边际获客成本很低。

（3）第三阶段为网络效应衰减之后。用户具有较高的黏性且存在拥挤效应导致网络效应变负，平台获客成本重新变高。第 2 章重点讨论了平台如何在第一阶段积累网络效应，实现赢者通吃。本章更关注第二阶段与第三阶段，即平台在已经获得了充足的网络效应的基础上，如何将网络效应从平台的红利变成平台的利刃。平台网络效应的双刃剑性质，不论是给平台内部治理，还是给平台外部监管，都带来了极大的挑战。关键点在于，既需要保护平台合理的商业竞争策略，又必须打击平台滥用网络效应妨害竞争的倾向。但是，鼓励竞争与妨害竞争的度是难以把握的。因此，为了把握好这个度，更进一步对症下药，需要厘清三个问题：（1）平台在第二阶段、第三阶段分别会采取什么样的商业战略来维系网络效应？（2）这些维系网络效应的战略会造成哪些潜在的问题？（3）这些潜在的问题会如何影响平台的内部治理与外部监管？

第二阶段：将网络效应变现为经济收益

平台在第二阶段最重要的目标是将网络效应变现，把流量转化为利润。为此，平台需要着重调整自身的价格结构和定价方式，因为平台在第一阶段往往会采取低价、补贴、烧钱等形式的收费策略，好处在于用极低的价格或优惠的补贴吸引大量用户体验平台的产品和服务，以最快的速度打下用户基础。但是这些策略是不可持续的，因为在第一阶段平台通常是亏损经营的，没有足够的财力长期维持低价，同时持续的亏损经营也会给风险投资机构释放出一个不良的信号，风险投资机构很可能拒绝为平台投资。因此，平台必须尽快扭转第一阶段亏损的局面，而关系到扭转生死的阀门，正是价格结构和定价方式。具体而言，在价格结构方面，目前外卖平台对商家端的抽成高达 20%~30%，但实际上美团、饿了么等平台并不靠外卖本身盈利，而是主要通过为商家提供金融等后台服务赚钱，因此将定价适当从商家端转嫁给价格不敏感的消费者可以回避一定的社会舆论。在定价方式方面，中小企业市场份额较小，可以按交易次数收费，但对大企业来说，一次性收费或者分期收费是更加合适的选择。简言之，平台会从低价、补贴和烧钱逐渐过渡到提价、减少补贴，以变现网络效应。

第三阶段：延缓网络效应的衰减

到了第三阶段，平台的重心不再是扩大网络效应，而是尽力维持网络效应，避免网络效应过快衰退。平台可以选择两种策略。其一，平台本身的经营范围不动，通过改变原先的战略维持网络效应。其二，平台另起炉灶，战略性地开启另一个新的业务，重新积累网络效应。此外，第三阶段的竞争策略也要考虑盈利和市场争夺的平衡。就在位平台而言，获客成本越来越高，提价会导致用户大量流失。

在第一种策略下，平台需要克服网络效应可能带来的负面影响，即跨边网络效应的衰减，也就是一方用户增长给另一方用户带来的负面效应[1]。例如，知识付费平台的关键挑战是知识供给方或知识需求方的持续进入会给另一方用户带来价值损失。平台如果强行增加多样冗余的知识产品或需求高度分散化的知识消费者，往往会引发另一方用户的质疑和抱怨，认为这并非他们所需。这一现象在理论层面可以凝练为跨边网络效应的衰减。一旦平台忽视对跨边网络效应的衰减的治理，用户增加带来的负面影响超过正面影响，平台便会走向衰亡周期。

那么，知识付费平台跨边网络效应的衰减机制是什么？其一，知识

---

[1] 王节祥，高金莎，盛亚，等．2020．知识付费平台跨边网络效应衰减机制与治理．中国工业经济，(6)．

付费平台具有极强的知识创新属性，其持续增长可以在平台内实现知识高效转化，构建起"隐性知识显性化—显性知识联合化—显性知识隐性化—隐性知识共同化"的供需相互促进、螺旋上升的闭环。然而，知识转化过程受到网络规模、网络结构、网络关系的影响，一方用户持续增长会给另一方用户带来价值损失，造成跨边网络效应的衰减。其二，经历由隐性到显性知识闭环的社区型平台的供给方的持续增加，会给需求方带来信息冗余、产品过度多样和认知过度分散等问题；经历由显性到隐性知识闭环的商超型平台的需求方的持续增加，则会给供给方带来需求过度宽泛、群体过度分裂和参与过度被动等问题。这些问题导致搜寻成本、决策成本或参与成本增加以及情感收益、功能收益或社交收益减少，进而触发跨边网络效应的衰减。

因此，知识付费平台应重视对跨边网络效应的衰减的治理，延缓网络效应衰减。首先，强创新属性平台要高度重视发展过程中的网络效应衰减问题。当下互联网发展正在从消费互联网进入产业全场景、全链路数字化的新阶段。这些平台具有知识创新属性强、多主体互动链路长的特征，较难沿用流量经营和第三方变现的商业逻辑，知识多边共创中网络效应的衰减现象十分突出，忽视其治理，衰减加速将导致平台经营失败。其次，知识付费平台对跨边网络效应的衰减的治理是知识管理和平台治理的二元协同，前者的主要作用是控制收益的减少，后者的主要作用是控制成本的增加。在"隐性知识显性化—显性知识联合化—显性知识隐性化—隐性知识共同化"的知识转化过程中，平台企业可分别采取多中有精、散中有优、乱中有序、群中有首的治理策略。例如隐性知识显性化阶段，供给方持续增长带来信息冗余问题，平台一方面需要激发用户自主分享的能力，以提高其内在的情感收益，另一方面需要通过平台过滤机制，例如算法、智能系统等剔除糟粕信息，保留精华信息，以降低用户搜寻成本。即确保知识管理中自主和平台治理中开放度的二元平衡，实现多中有精。此外，知识付费平台还需要在显性知识联合化—显性知识隐性化—隐性知识共同化过程中分别实现散中有优、乱中有序、群中有首的张力及相应的实现策略。在产品研发平台中也存在类似的网络效应的衰减现象。开发商规模增长反而容易引发资源竞争，而参与研发的发烧友用户又有其独特的偏好，对供给方过度增加会有反感。因此，对跨边网络效应的衰减的治理需要知识管理和平台治理的二元协同。最后，平台间的竞争与合作高度动荡，企业高管团队需利用数字化手段进行快速迭代实验，在网络效应的衰减过程中进行超前治理。平台可借助对网络效应的衰减的治理策略进行快速实验，乃至利用算法提炼出全新的治理策略。例如，设计某产品简单原型进行网络内测，根据产品原型推出后所采集的点击、浏览和收藏等数据衡量产品前景，为是否进行内容生产的决策提供依据，如此会极大避免冗余低质产品数量增加可能带来的网络效应的衰减。这一迭代实验需要平台打好在线化和互联化的基础。因此，产业互联网背景下平台对网络效应的衰减的治理，需要加速推进线上线下业务融合，实现全链路数字化。

在第二种策略下，平台以开拓新业务作为重新积累网络效应的战略，实现网络效应的再创造与再积累。此时，平台企业应将既有市场作为新市场的杠杆，将既有市场的力量向新市场传导。例如，阿里巴巴在2003年初创建淘宝，商家无须缴纳任何保证金就可以在淘宝进行产品销售。对阿里巴巴来说，淘宝类似一个流量池，足够的流量积累为日后天猫平台的创建与发展提供了充足的动力。事实确实如此，天猫90%的流量来自淘宝。如今，阿里巴巴的电商收入也主要来自天猫而非淘宝。阿里巴巴利用新的战略性业务，成功地重新积累网络效应。

当在位平台发展到网络效应的第三阶段时，初创平台要善于抓住矛盾并利用矛盾，利用在位平台的不足，巧妙占领市场。例如，Shopify作为一家为企业自建电商平台提供建站工具的软件服务公司，正是通过利用美国电商巨头亚马逊在流量瓜分、规则限制及自我优待等问题上的不足，打破了亚马逊对市场的控制，获得了客户青睐，扩大了市场份额。

6.2　网络外部性争夺的潜在问题

争夺网络外部性的方法可能会带来以下潜在问题。

潜在问题之一：剥削型价格歧视

价格歧视本身是一个中性的概念，既可能是正常的定价策略，又可能会发展为滥用和剥削。这里主要讨论的是剥削型价格歧视带来的潜在问题。

现有研究已经证实商家会借助消费者信息调整产品价格并施行价格歧视。例如，姜婷凤等（2020）[1]结合在线价格大数据测度发现，线上产品的调价频率较高且幅度相对较大，其上调幅度显著高于下调幅度。Mikians, Gyarmati, Erramilli 和 Laoutaris（2012）[2]，以及 Mikians, Gyarmati 和 Erramilli（2013）[3]发现，商家通过个人信息对不同消费者采

---

[1] 姜婷凤，汤珂，刘涛雄 . 2020. 基于在线大数据的中国商品价格粘性研究 . 经济研究，(6).

[2] Mikians J, Gyarmati L, Erramilli V, Laoutaris N. 2012. "Detecting price and search discrimination on the Internet." *HotNets-XI：Proceedings of the 11th ACM Workshop on Hot Topics in Networks*.

[3] Mikians J, Gyarmati L, Erramilli V. 2013. "Crowd-assisted search for price discrimination in e-commerce：First results." *International Conference on Emerging Networking Experiments and Technologies*.

取不同定价，同种商品的价格差异可达到10%~30%，而这一战略对商家利润的影响因情况而异。Shiller（2014）[①]发现利用网络上消费者数据进行个性化定价将使奈飞（Netflix）公司利润提高12.2%。

价格歧视的典型案例：滴滴的平台抽成

网约车业务上线至今，有不少乘客反映，平台的打车价格越来越贵了。针对此事，司机师傅们纷纷表示这个"锅"他们不背，他们和乘客一样都处于弱势。据悉，网约车平台对司机的抽成比例明显提高，以前是20%~25%，后来变成35%左右，最高甚至达到50%，也就是乘客的支付金额有一半被平台直接拿走了。另外，平台抽成不是固定数字，没有明确规定，因此司机在日常接单的过程中很难摸到规律，有司机称在高峰期或者订单金额较大的时候，抽成比例会高一些。

根据滴滴招股书，截至2021年第一季度，滴滴平台平均月活用户数为1.56亿。而交通运输部2020年11月披露的全国网约车平台订单量数据显示，滴滴与其新推出的平台花小猪的订单量合计占到了平台总订单量的90.58%，反映出滴滴在网约车平台行业强有力的主导地位。

2021年5月14日，滴滴等平台被政府部门约谈。约谈指出社会各界集中反映网约车平台存在公司抽成比例过高、分配机制不公开透明、随意调整计价规则等问题，涉嫌侵害从业人员合法权益，引发社会广泛关注。

在一片质疑声中，滴滴发布公告，表示虚心接受公众批评，并向社会公示了2020年滴滴网约车司机收入的占比构成。如图6-1所示，滴滴网约车司机收入占到了乘客应付总额的79.1%。剩下20.9%中有约一半为乘客补贴优惠。而滴滴网约车业务的净利润，仅占乘客所付金额的

[①] Shiller B R. 2014. "First-degree price discrimination using big data." *2014 North American Summer Meeting of the Econometric Society.*

3.1%。

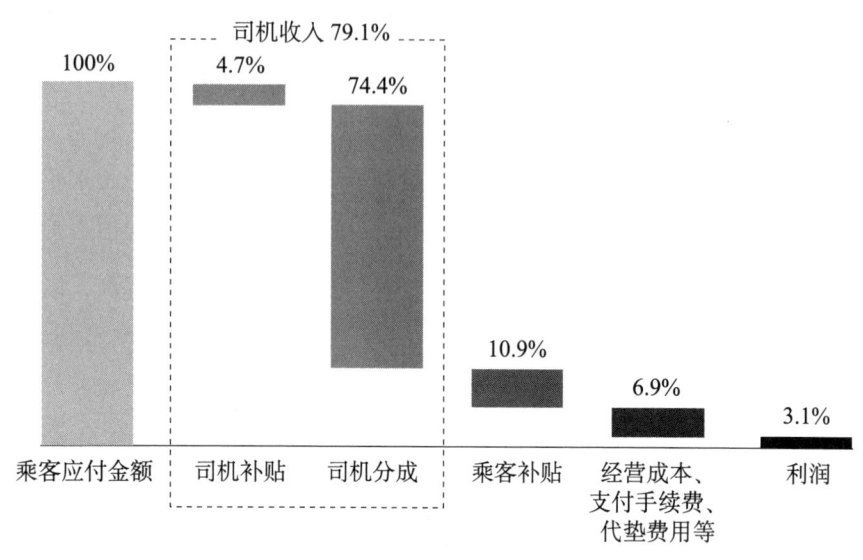

图 6-1 2020年滴滴网约车司机收入占比

滴滴的声明看似公正透明，但以下几个重点问题并没有给出合理的解释。首先，司机补贴不具有代表性。事实上，滴滴的平台补贴并没有补贴给每一位网约车司机，而是更多被用来稳定或扩大司机队伍，更应当视作平台的运营费用。此外，不同城市的补贴程度与规模也存在差异性。因此，图6-1中的补贴部分并不能代表每位司机均能获得的收入构成。其次，司机自身所负担的平均成本并未体现。图6-1中的司机收入显示的是毛利，司机自身承担的燃料费用、相关保险成本等并没有被计算进去，因此司机最终的实际收入在乘客所付价款中的占比被高估了。此外，由于不同类型网约车的成本结构不同，实际收入也不是固定比例，最终应当通过对比网约车司机净收入的平均水平和平台在网约车业务领域的净利润水平，来分析平台抽成比例是否合理。再次，部分款项披露不完全。滴滴并未声明在平台经营成本中的"等"字是否包含了为不合规司机、车辆缴纳的罚款。如果包含这些款项，相当于用合规司机的收入来帮助平台补偿不合规行为，这显然是不公平的。最后，平台对司机的处罚款项也没有体现。

滴滴平台抽成比例高、分配机制不透明、抽成比例不固定的行为反映了平台企业对入驻司机乃至消费者的剥削型价格歧视。然而，这些问题的背后是更加严重的信息不对称。平台往往有自身的内部规则和体系，但对于公众来说，很难评价平台给出的所谓分析结果的逻辑性和准确性，也就难以进一步去评价平台的定价规则是否合理。特别是对于滴滴这样的市场巨头，平台的垄断定价权也更加强势。

潜在问题之二：排他性协议——"二选一"

2019年11月5日，国家市场监督管理总局在浙江省杭州市召开规范网络经营活动行政指导座谈会，召集京东、快手、美团、拼多多、苏宁、阿里巴巴、云集、唯品会、1药网等20多家平台企业参会，指出近期网络经营活动中存在的突出问题，特别是网络集中促销活动中易发高发的问题。其中，特别强调了互联网领域"二选一""独家交易"行为是《中华人民共和国电子商务法》（以下简称《电子商务法》）明确规定禁止的行为，同时也违反《反垄断法》、《中华人民共和国反不正当竞争法》（以下简称《反不正当竞争法》）等法律法规规定，既破坏了公平竞争秩序，又损害了消费者权益。国家市场监督管理总局将继续密切关注相关行为，对各方反映强烈的"二选一"行为依法开展反垄断调查，营造公平有序的市场环境[①]。

"二选一"概念的广为人知，可以追溯到2010年腾讯与奇虎360之

---

① 市场监管总局：电商平台"二选一"违法.（2019-11-05）.https://tech.qq.com/a/20191105/005016.htm.

间因竞争纠纷引发的"3Q大战"。当时,腾讯为了保护自己的商业模式,对推出QQ保镖的奇虎360采取了不兼容措施,导致当时至少3亿多QQ月活跃用户不得不在QQ和奇虎360中"二选一"。

而与"3Q大战"中腾讯专门针对奇虎360采取的防御性措施不同,电商平台被广为诟病的"二选一"主要是指平台企业要求入驻平台的商家与平台开展排他的独家合作。通过与大量商家签订这类独家协议,平台企业可以利用人无我有的策略吸引更多消费者用户,抵抗同行业其他平台的竞争。

起初,这类平台与商户间的排他合作多发生在电商网购促销活动期间,具有商户自愿、持续时间短、涉及品牌少、影响相对小的特点。但是,伴随电商平台间竞争日益激烈,市场份额领先的平台要求商户在竞争性平台间择一签订排他性独家合作协议的情况越来越多,排挤中小平台、垂直电商平台的现象也越来越严重,实施"二选一"的大型平台企业也就更容易形成或巩固其市场支配地位。

一个负面影响:平台垄断

随着平台市场份额的不断扩大,平台垄断问题就成为新的治理难点。与传统意义上的企业垄断不同,平台垄断并不需要依靠行政力量对市场准入进行限制,或依靠关键资源进行垄断。平台垄断形成的重要原因正是在于网络效应。在平台的多边运营模式下,跨边网络效应给平台带来"鸡生蛋、蛋生鸡"型的回振效应:到平台进行消费的用户越多,平台就越能吸引商家入驻;同时,平台上足够数量的商家又吸引了新的消费者。淘宝初期就是依靠这样的网络效应快速扩张的。此外,网络效应下规模收益的递增又进一步加剧了平台垄断。比如,微软的Windows操作系统在超过特定的销售数量和规模之后,进行生产的边际成本几乎可以忽略不计,新销售一单位的边际回报却可以通过公司的战略来掌控，结果就是 Windows 操作系统的边际收益不断提高，微软在整个操作系统市场上的优势越来越明显。从用户端的角度来看，客户使用操作系统的高转换成本也提高了平台垄断的可能性。对于习惯使用 Windows 操作系统的消费者来说，短时间内习惯苹果公司的 MacOS 系统是一大难点。因此，用户转换平台的行为不仅面临更换电脑的价格成本，还会受到学习新系统和习惯系统转换方面成本的阻碍。

平台垄断的本质可以拆解为三个方面。首先，先发优势助力平台获得垄断地位。在网络效应的影响下，率先建立起竞争优势的平台总能比后来者具有更大的优势。因此，部分平台在意识到某种新型的商业模式前景广阔后，便会通过快速整合资源对这种模式进行效仿，通过补贴用户等行为迅速建立起先发优势，触发网络效应，进而实现规模报酬递增。其次，数据开发使平台获取多方价值。在建立起先发优势后，大量用户会被吸引到该平台上，无论是入驻平台的商家还是使用平台的消费者，都会在与其他用户的互动过程中留下数据痕迹。此时，平台将获取的信息进行商业化开发和利用，将数据变现为利润，获取多方面的价值。但需要注意的是，平台对有些数据的开发和利用能提升参与者的总体价值，而有些数据的开发和利用则导致某些参与者的利益蒙受损失。最后，战略势能推动平台巩固垄断地位。战略势能可以分解为平台掌握的核心技术与众多高需求黏性的用户两方面。当平台积累起战略势能后，通过向技术与用户重合度较高的新兴市场平台进行覆盖，可以减少行业内新进入者的威胁。在战略势能不断累积的过程中，原有平台就形成了更大范围、更高强度的垄断。

潜在问题之三：并购与合谋

与"一超多强"的综合电商平台不同，外卖平台市场经过多轮淘汰整合后，形成美团外卖和饿了么争霸的格局。美团2015年与大众点评达成战略合作成立新公司，2021年接受腾讯4亿美元的认购；饿了么2017年收购了百度外卖，2018年被阿里巴巴和蚂蚁金服联合全资收购并与口碑网整合。美团与饿了么在许多城市形成了双寡头垄断（duopoly）的市场格局。

在这样的市场结构下，各地餐饮商户不得不在两者之间"二选一"，而且往往必须接受平台的外卖配送服务，不得通过自己的员工或者第三方来配送外卖。这样一来，与平台签订独家合作协议的商户就被平台锁定。尤其在新冠疫情防控期间，堂食经营困难，很多餐饮企业对两大外卖平台销售渠道的依赖更加严重。而外卖平台通过"二选一"措施锁定餐饮商户，抽成比例逐年提高，对未签署独家合作协议的商户收取更高费用。如此一来，餐饮商户的利润被平台越抽越多。为了减轻利润减少、成本上升的压力，部分商家一方面尝试通过涨价把平台抽成的成本转嫁给消费者，另一方面也难免会出现偷工减料、放松卫生管理、拖欠员工工资的情况。这必然会增加食品安全隐患，导致食品监管工作更为复杂繁重。

一旦商户突破与平台间的独家合作协议，那么平台就可能采取搜索降权、流量限制、技术障碍、扣取保证金等惩罚性措施。这往往会给商户以沉重打击，甚至致命打击，造成客户流失、现金流紧张、裁员等问题。而且一旦平台企业与商户签订大量排他性合作协议，就会产生市场封锁效果。其他企业再想进入外卖市场，就会面临沉没成本巨大等问题，难以在短时间内形成规模效益，进而失去大规模拓展外卖业务、恢复外卖平台市场有效竞争的动力。

合谋的一个有趣的例子：《庆余年》点播

2019年12月，腾讯视频、爱奇艺两大视频平台针对热播剧集《庆余年》共同推出了超前点播观看模式。VIP会员用户在可提前观看6集的基础上，支付50元购买超前点播后可以再多观看6集，并且腾讯视频和爱奇艺两大平台针对超前点播的收费是相同的，均为50元。作为竞争对手，两家视频平台收取统一价格是否涉嫌合谋，共同构成价格垄断行为呢？根据我国《反垄断法》第十三条的规定，垄断协议是指排除、限制竞争的协议、决定或者其他协同行为。根据2019年9月生效的《禁止垄断协议暂行规定》第六条对协同行为的认定，通过对比同一收费与竞争性收费的后果，腾讯视频和爱奇艺统一进行同一价格的超前点播已经属于协同行为的范畴。因此，两家平台这一举动很大程度上构成了价格垄断协议。

其实，除涉嫌垄断外，超前点播的服务本身也侵犯了消费者的权益。根据《中华人民共和国消费者权益保护法》（以下简称《消费者权益保护法》）的规定，消费者享有自主选择商品或者服务的权利。以腾讯视频独家播放的《扫黑风暴》为例，消费者必须按照顺序一集一集购买观看，而这一强制用户消费的行为无疑是捆绑销售，也限制了消费者自主选择的自由。2021年9月，中国消费者协会发文，点名批评了长视频超前点播的行为，奉劝平台"少一些套路，多一些真诚"。同时也提出，视频平台问题屡发的本质是互联网平台客观上享受了比广电系统更宽松的监管环境。同年10月，爱奇艺正式取消超前点播服务，随后腾讯视频与优酷也依次发声明取消超前点播服务。超前点播时代的正式落幕，终于让消费者长舒了一口气。但消费者被平台割韭菜的时代却远未结束，加大网络视频平台的监管力度，推动网络平台生态系统治理的有效进行，仍是当下亟待解决的问题。

6.3　大型平台垄断市场典型案例

中美外卖市场都形成了少数外卖平台占据绝大多数市场份额的局面，但中国的市场集中度更高。美国消费市场分析公司 Second Measure 统计，2020 年 6 月，美国餐饮外卖市场份额第一名 DoorDash（2020 年 12 月上市）为 45%，第二名 Uber Eats（Uber 于 2019 年 5 月上市）为 24%，第三名 GrubHub（2014 年 4 月上市）为 22%，第四名 Postmates（未上市）为 8%，第五名 Waitr 为不到 1%。

我国人口基数大，餐饮业需求巨大。数字化外卖平台为客户订餐提供了极大的便利。根据平台收入市场份额，2018—2020 年，中国境内网络餐饮外卖平台服务市场的赫芬达尔-赫希曼指数（Herfindahl-Hirschman Index，HHI）分别为 5 543、5 753、5 854，市场集中度指数（CR2 指数）分别为 99.16、99.92、99.98，表明相关市场高度集中。据 Trustdata 统计数据，2020 年第二季度，美团外卖占中国外卖市场份额的 68.2%，饿了么及旗下饿了么星选共计 31.8%，中国外卖行业竞争马太效应凸显，形成"二分天下"的双寡头格局。美团通过对网约车、餐饮外卖、到店酒旅三大业务板块的布局，将用户牢牢绑定在美团体系上。饿了么则背靠阿里生态系统，通过与阿里系产品打通会员体系，形成强联动效应，实现流量、会员数据互通互联，从阿里生态中吸引高价值用户。

美团外卖和饿了么等大型外卖平台完备的生态系统为其积累了极高的市场份额，但争夺市场份额的竞争也导致了垄断行为。2021 年 10 月 8 日，美团反垄断调查结果出炉，引发社会热议。根据《反垄断法》第四十七条、第四十九条的规定，综合考虑违法行为的性质等因素，国家市场监督管理总局对美团作出行政处罚判定,责令美团停止违法行为,要求美团全额退还独家合作保证金 12.89 亿元,并处以其 2020 年中国境内 1 147.48 亿销售额 3% 的罚款,共计 34.42 亿元。

美团反垄断调查一案,正是其在外卖平台市场上实施"二选一"的后果。回顾前文的理论分析部分,为了压制低成本的多归属行为带来的激烈竞争,平台之间常会进行恶性对抗,美团逼迫入驻商家在美团和其竞争对手饿了么之间"二选一"就是恶性竞争的典型表现。尤其是当平台发展到网络效应第三阶段时,为了延缓网络效应的衰减,采取排他性行为无疑是留住消费者、巩固平台竞争优势的有效手段。

近年来,美团外卖的市场份额一直在外卖平台行业高居榜首。但事实上,美团外卖从 2020 年起就已经面临增速放缓的威胁。美团 2020 年三季报显示,其餐饮外卖的营业收入和交易金额增速都明显低于 2019 年同季度的数据。尽管美团外卖的市场份额仍在扩大,但活跃商家和交易用户数量增速的放缓仍然加剧了美团对于消费者流失的担忧。不难看出,美团外卖已经进入了网络效应的衰退阶段。在此之前,以即时配送为特点的外卖是一个新生的市场,美团通过建立自身优势,将网络效应变现,把流量转化为利润,实现消费者和平台商家共同增长的良性循环,在一众平台企业中脱颖而出。但随着整体外卖市场规模趋向稳定,平台的边际获客成本提高,实现用户数量的爆炸性增长已经不太可能。因此,美团认为外卖市场的绝对优势在于"二选一"战略的应用,并通过开发大数据系统、建立考评机制、强化代理商管理等多种方式系统推进"二选一"战略的实施。

美团的"二选一"战略,核心是实施以差别费率为核心的独家合作政策。美团与餐饮经营者签订独家合作协议,对非独家合作经营者设置普遍高于独家合作经营者 5%~7% 的佣金费率,并收取普遍高于独家合作经营者的保底佣金。与此同时，美团还视情况对独家合作经营者额外提供新店流量加权、平台补贴、优先配送、扩大配送范围、降低起送价格等方面的支持。证据表明，2018—2020年，与美团签订独家合作协议的餐饮经营者覆盖全国31个省（自治区、直辖市），占美团平台内全部经营者比重较高且逐年提升。

随着"二选一"战略的深入推进，美团的这一市场行为实际上已经造成了市场垄断，严重破坏了市场的竞争秩序。就餐饮经营者而言，多数经营者表示非自愿与美团进行合作，并有多家经营者声称被美团要求在饿了么平台下线，如果不下线，就会遭到美团制裁，或排名置底被雪藏，或提高佣金，或缩小配送范围。美团此举，限制了经营者的经营自由，更损害了经营者的正当利益。就消费者而言，"二选一"限制了消费者的选择空间，无法获得餐饮经营者竞争下更优的价格和服务，消费者福利也将减少。进一步看，美团的"二选一"限制了外卖平台市场的公平竞争。在跨边网络效应的影响下，美团锁定餐饮经营者，会进一步减少竞争对手平台上的经营者和消费者的数量，削弱其竞争能力。同时，在网络效应和规模经济的影响下，美团操控市场的行为也抬高了潜在竞争者的进入壁垒，降低了外卖市场的有效竞争水平，最终削弱了平台企业的创新动力，不利于外卖餐饮平台的创新和健康发展。

根据处罚书披露，2018—2020年，与美团签订独家合作协议并缴纳保证金的平台内经营者累计163万家，保证金金额累计12.89亿元，而截至2021年第二季度，美团活跃的外卖商家数量接近400万，如此看来，美团实施"二选一"波及经营者的比例接近40%。这一次的反垄断调查，不仅要求美团对个体行为进行充分反省和全面整改，依法合规经营，接受社会监督，而且为其他平台企业敲响了警钟，更反映出完善我国平台企业内部治理和外部监督管理机制的必要性。

6.4 讨论与小结

本章探讨了在动态竞争的条件下，网络外部性对市场竞争规则的挑战。首先是对网络外部性的分析。平台在经历网络效应第一阶段后，第二阶段的主要目标是变现网络效应，将流量转化为利润。此时，平台要着重调整自身的价格结构和定价方式，扭转第一阶段亏损的局面。到了第三阶段，平台的重心是尽力维持网络效应，避免其快速衰退。为此，平台可以选择两种策略。其一，在不改变经营范围的前提下通过改变原有战略维持网络效应，但平台需要考虑到跨边网络效应的衰减的影响。其二，平台战略性地开创新的业务，重新积累网络效应。对在位平台来说，需要将既有市场的力量向新市场传导；对初创平台来说，要利用在位平台的不足，寻求策略巧妙占领市场。

随后，本章讨论了维系网络效应的战略会带来的潜在问题及影响。潜在问题之一是剥削型价格歧视。以滴滴平台抽成为例，在信息高度不对称情况下，平台存在垄断定价权的问题，用户在受到价格歧视的同时也难以去评判平台定价规则的合理性。潜在问题之二是平台通过实施"二选一"的排他性协议，获得强有力的市场支配地位，进而在跨边网络效应的影响下形成平台垄断。潜在问题之三是平台之间的并购与合谋。以外卖行业为例，美团外卖与饿了么形成的双寡头垄断格局加剧了平台强迫商户"二选一"的行为，形成市场封锁效果，破坏了外卖平台市场公平、有效的竞争秩序。

此外，本章对外卖行业展开了案例分析。在外卖市场上，国内外都形成了市场高度集中的局面。大型外卖平台完备的生态系统为其积累了极高的市场份额，但争夺市场份额的竞争也引发了大型平台的垄断行为。本章以美团外卖为例，探讨了其在网络效应衰退阶段采取"二选一"战略维持自身优势的行为，进一步说明"二选一"行为的危害性。就消费者而言，"二选一"限制了消费者的选择空间，减少了消费者福利。就餐饮经营者而言，"二选一"限制了其经营自由，损害了经营者的正当利益。最终，"二选一"会导致市场高度垄断，不利于市场的创新和健康发展。

第 7 章

边界流动：跨行业、跨地区经营亟待协同

7.1 理论分析：平台跨界垄断的可行性

第 6 章提到，由于网络效应的行业属性、消费者的多归属行为，企业需要在纵向控制、兼容性、数据等多个方面构筑进入壁垒。对于企业尤其是平台企业来说，想要在这些方面构筑进入壁垒，摆在面前的一条有效路径便是跨界。

什么是平台跨界

传统意义的跨界是指企业基于现有的用户群组类型和用户规模，通过增加新产品或新服务进入一个新市场的行为[①]。当前平台经济蓬勃发展，平台跨界现象非常普遍，"送饭的美团做打车，打车的滴滴做送饭"等类似现象数不胜数。

平台跨界的方式

平台跨界通常是以包络或包抄（envelop strategy）的方式实现的。通俗来讲，就是在平台发展过程中不断将原本不属于平台的功能整合进

---

① 鲁彦，曲创. 2019. 互联网平台跨界竞争与监管对策研究. 山东社会科学，(6).

来,跨行业、跨地区经营,实现跨界。平台包络分为纵向和横向两种:纵向包络指的是平台向前整合,将互补品纳入平台,或者向后整合,将作为平台组成部分的服务供应商纳入平台;横向包络指的是平台基于共同的用户基础,进入其他市场。不同于传统企业考虑如何将自身的优质资源用于研发新产品以获取利润,平台更多考虑如何寻找行业的共性资源并以此为支撑,将不同行业提供不同服务和产品的用户都纳入平台中,从而实现向不同行业、产业、服务和产品包络的战略①。

平台为什么可以跨界垄断

一旦选择跨界,出于降低跨界成本的动机,平台会通过排他性协议、非中立、强制搭售等不正当竞争行为实现市场势力的跨市场传递,从而形成跨界垄断。现实生活中,跨界垄断具体表现为跨行业垄断和跨地区垄断。企业纵向包络涉及不同行业为跨行业垄断。平台发展到一定规模,业务范围足够大时,则容易垄断不同地区的相关产业。英国经济学家阿尔弗雷德·马歇尔(Alfred Marshall)曾提出,规模经济和垄断是难以分割的,社会要取得规模效益,就得牺牲竞争效益,要取得竞争效益,就得牺牲规模效益。平台经济下企业跨界垄断自然也不例外,垄断与平台结构下的规模经济、范围经济和网络外部性是密不可分的。

平台在参与跨界竞争时,不仅丰富了现有的用户群组类型,而且可以通过间接网络效应扩大消费者规模和平台互补者规模,进而吸引更多的消费者和平台互补者加入,形成超强的正反馈效应②,使平台在突破临界点以后取得爆炸式增长,迅速占据垄断地位,形成跨界垄断。当然,

---

① 蔡宁,王节祥,杨大鹏.2015.产业融合背景下平台包络战略选择与竞争优势构建:基于浙报传媒的案例研究.中国工业经济,(5).

② 王庆功.2009.网络经济条件下的垄断市场与《反垄断法》的完善.社会科学研究,(3).

跨界垄断给平台本身也带来了不少优势。

第一，跨界使平台获得基于用户规模的规模经济优势。平台的规模经济可以使平台提供产品或服务的成本降低，收益增加。平台通过跨界竞争，提升产品的多样性，并通过间接网络效应吸引更多用户。与传统规模经济不同，平台的规模经济是基于用户规模扩大而来的，也就是说，用户数量的增加降低了平台运营成本，增加了平台收益，使平台容易进一步形成垄断。

第二，跨界使平台获得基于用户群组的范围经济优势。跨界意味着平台拥有更多的产品或服务种类，涉足不同的领域，连接不同需求的用户。同时，平台通过产品或服务之间的互补在一定程度上减少某些交易成本，获得成本优势，并借助成本优势形成垄断。

第三，交叉网络外部性和用户群组外部性进一步提升平台竞争优势。交叉网络外部性是指平台一边用户数量的增加带来另一边用户效用的变化；用户群组外部性则特指通过增加用户种类形成范围经济进而改变用户效用。不管是交叉网络外部性还是用户群组外部性，都有利于增加用户黏性，增强平台的跨界竞争优势。当平台非法利用此类优势打击现有竞争者或阻止潜在竞争者进入市场并取得成功时，便会形成垄断。

在实施包络的过程中，平台逐渐丰富的功能不断吸引新的用户接入平台，用户之间、用户与平台之间的互动促使网络效应产生，同时用户之间的互动又会形成循环反馈，进而构建竞争优势（Eisenmann, Parker, & Van Alstyne, 2006）[1]。Eisenmann, Parker 和 Van Alstyne（2006）从市场进入和捆绑销售角度描述平台包络战略获取竞争优势的过程机理，并指

---

[1] Eisenmann T, Parker G, Van Alstyne M V. 2006. "Strategies for two-sided markets." *Harvard Business Review* 84（10）.

出通过利用相同的组成部分和用户关系,平台企业将自身功能与目标市场进行捆绑,从而能够进入另一个市场;Casey 和 Toyl(2012)[1]通过对移动通信行业的研究发现,由于处于相邻服务市场,应用程序平台提供商如苹果、谷歌等公司与移动通信行业存在大量重合用户,应用程序平台提供商可以通过补贴最终用户实现平台包络,并颠覆移动通信市场格局;Yadav 和 Pavlou(2014)[2]也证实,在电子商务情境下,平台面临的威胁可能来自邻近平台,表现为邻近平台可以从当前平台的一侧或两侧争夺用户从而对平台进行包络;Appleyard 和 Chesbrough(2017)[3]发现,谷歌通过不断推出各类应用程序丰富安卓系统功能,对邻近应用程序市场进行包络,并成功构建以安卓为核心的生态系统。目前,学者们关注到平台包络战略是平台企业向平台生态系统演化的重要范式之一,并指出平台包络战略有助于企业获取竞争优势。

强大的网络效应和高转换成本通常会阻碍新的平台企业的进入(Farrell & Saloner, 1985; Katz & Shapiro, 1985; Klemperer, 1987)[4][5][6]。为了打破进入壁垒,新的平台企业通常必须开发革命性的

---

[1] Casey T R, Toyli J. 2012. "Dynamics of two-sided platform success and failure: An analysis of public wireless local area access." *Technovation* 32(12).

[2] Yadav M S, Pavlou P A. 2014. "Marketing in computer-mediated environments: Research synthesis and new directions." *Journal of Marketing* 78(1).

[3] Appleyard M M, Chesbrough H W. 2017. "The dynamics of open strategy: From adoption to reversion." *Long Range Planning* 50(3).

[4] Farrell J, Saloner G. 1985. "Standardization, compatibility, and innovation." *RAND Journal of Economics* 16(1).

[5] Katz M L, Shapiro C. 1985. "Network externalities, competition, and compatibility." *American Economic Review* 75.

[6] Klemperer P. 1987. "The competitiveness of markets with switching costs." *RAND Journal of Economics* 18(1).

功能（Henderson & Clark，1990；Bresnahan，1999）[①②]。基于这些原因，Evans 和 Schmalensee（2001）[③] 观察到，平台市场的发展往往伴随着赢者通吃的现象，即更优秀的新平台取代旧平台，如索尼的 Playstation 从任天堂（Nintendo）的 SNES 手中夺取市场领导地位。Playstation 使用 32 位处理器和带有巨大数据存储容量的游戏 CD-ROM 来渲染 3D 图像，而 SNES 则由于其较慢的 16 位处理器和较低容量的游戏盒只能呈现 2D 图像。

平台组织系统

从组织层面来看，平台市场通常由分层组织的互补系统组成。一家公司可以同时在一个网络中充当平台供应商，在另一个网络中充当供应端用户或组成部分供应商。例如，eBay 是在线拍卖网络的平台供应商，同时也是万维网数以百万计的供应端用户之一。同样，PayPal 是基于电子邮件的支付网络的平台供应商，同时也是 eBay 拍卖平台的组成部分供应商。

在平台市场上，由于强大的规模经济，一个单一公司往往可能会主宰每一层。某一特定层面的主导企业，为了获得更大的行业利润份额和技术控制权，可能会寻求取代或削弱相邻层面领导者的手段（Fine，1998；Bresnahan，1999；Casadesus-Masanell & Yoffie，2007；Gawer &

[①] Henderson R M, Clark K B. 1990. "Architectural innovation：The reconfiguration of existing product technologies and the failure of established firms." *Administrative Science Quarterly* 35（1）.

[②] Bresnahan T F. 1999. "New modes of competition." In *Competition，Innovation and the Microsoft Monopoly：Antitrust in the Digital Marketplace*, edited by Eisenach J A, Lenard T M, Boston, MA: Kluwer Academic Publishers.

[③] Evans D S, Schmalensee R. 2001. "Some economic aspects of antitrust analysis in dynamically competitive industries." *Innovation Policy and the Economy* 2.

Henderson，2007）①②③④。在许多情况下，挑战者通过对一个互补平台的包络进入相邻层，就像微软分别攻击 Real 的流媒体软件、网景的浏览器和 Adobe 的 Flash 一样。通常，包络攻击会在以下情况成功：（1）目标用户和攻击者的用户显著重叠；（2）攻击者可以利用价格歧视；（3）范围经济优势较明显。由于用户对互补品的估值与平台商品价格正相关，因此互补平台的攻击者不应期望获得基于价格歧视的较大的捆绑折扣。当一些成熟市场的网络效应达到某一临界点时，市场巨头再争取更多新用户反而可能会导致其收入下降，最终的结果适得其反。比如，根据沃顿商学院迈克尔·辛金森（Michael Sinkinson）2013 年的论文估算，与苹果公司签订的第一份 iPhone 独家分销合同对美国国际电话电报公司（AT&T）的价值超过 200 亿美元，但对已拥有庞大网络的无线通信市场领导者威瑞森通信公司（Verizon）来说，额外用户价值就少很多，只有大约 30 亿美元（AT&T 与 Verizon 是美国最大的两家电信运营商）。当现有市场的机会开始枯竭，企业通常通过进入相关市场（adjacent market）来获得持续增长，比如进入新的地区，或者增加增值服务。在这种情况下，如果能把用户群之间的差异性纳入考虑范围，将有助于企业在相关市场做出正确决策。

进入相关市场

相关市场是与现有市场密切相关但又完全不同的市场。一家企业

---

① Fine B. 1998. "New theories in growth and development." *Journal of Development Studies* 34（6）.

② Bresnahan T F. 1999. "New modes of competition." In *Competition, Innovation and the Microsoft Monopoly: Antitrust in the Digital Marketplace*, edited by Eisenach J A, Lenard T M, Bosto, MA: Kluwer Academic Publishers.

③ Casadesus-Masanell R, Yoffie D B. 2007. "Wintel: Cooperation and conflict." *Management Science* 53（4）.

④ Gawer A, Henderson R. 2007. "Platform owner entry and innovation in complementary markets: Evidence from Intel." *Journal of Economics & Management Strategy* 16（1）.

在考虑进入相关市场时，通常会有几种方案选择。对企业来说，要选对相关市场，就必须评估目前用户群与相关市场用户群之间互相吸引的程度。

创办于 2000 年的全球最大旅行社区网站 TripAdvisor（中国官网为到到网，www.daodao.com）就得益于强大的网络效应，越多用户写评论，TripAdvisor 越具有价值。在推荐旅游景点与住宿方面，TripAdvisor 的市场份额远远高出市场排名第二位的网站。基于这种强大的优势，公司考虑将业务扩展到餐馆与航班服务。TripAdvisor 最大的吸引力在于那些爱读也爱写评论的用户。旅游景点与住宿的评论对选择餐馆的用户同样有价值，但对选择航班来说价值较低，因为某一航空公司中某条航线的乘客经验，无法用于预测未来的飞行体验。因此，虽然旅游景点与住宿、餐馆、航班这三个市场的用户大致是同一群人，但是评论之于 TripAdvisor 的价值可以从旅游景点与住宿移植到餐馆，却无法移植到航班。这就意味着，为选择餐馆的用户提供旅游景点与住宿评论的服务是 TripAdvisor 业务扩张的更好机会。

进入新地域

现有用户群与新用户群之间相互吸引的程度，也关乎企业进入新地域的战略选择。以维基百科（Wikipedia）为例，这个创办于 2001 年的线上百科全书式的网站收录的词条数以千万计，网络效应极为强大，因为词条的数量越多，使用的人数就越多。

当维基百科想拓展为多语言百科全书时，曾考虑诸多市场。选择之一是进入一个用户数量巨大，但懂英语的人很少、使用英语版维基百科的人也很少的市场，比如日本。但问题在于，懂英语的日本人很少，而英语版维基百科的用户又很少懂日语，维基百科英语版强大的网络效应无法在日本市场发挥作用。因此，重新建立一个日语版电子百科全书，维基百科并不具备竞争优势。

但并非所有地域的用户都和维基百科英语版的用户缺乏相互吸引力。通过进入将英语作为第二语言的国家、招募双语作者，维基百科充分利用了其现有的网络效应。维基百科的很多作者是荷兰人和德国人，这些作者帮助维基百科很好地建立了荷兰语和德语版本。他们既熟悉维基百科及其著作规则，又乐意提供众包服务。这样一来，双语读者从维基百科英语版的网络效应中获益，单语种读者则得以享受双语种作者提供的母语词条。这也是为什么维基百科最终拥有数百种语言版本的原因。

提供互补性

无论市场巨头选择进入相关市场还是进入新地域，其用户群之间互相吸引或单向吸引的力度都在增强，这为聚焦细分用户群的市场新进入者提供了机会。但是在这种情况下，战略首选绝非挖掘用户群之间的差异性，而是找到将他们连接起来的桥梁。

搭建桥梁的最佳方式之一，是提供具有互补价值的另一种产品或服务，比如为剃须刀再提供一盒刀片。例如，脸书是一家创办于美国、主要依赖美国用户网络效应的公司，但目前已在全球在线社交市场获得主导地位。这是怎么实现的呢？以挪威人为例，对大多数挪威人来说，如果没有美国朋友，他们并不在乎脸书是否为美国最大的社交网络。但脸书利用社交游戏如 Zynga 的 Farm-Ville（类似国内的《开心农场》）抓住了挪威人的心，取代了一些当地社交媒体。这些网络游戏以脸书为平台，允许玩家与陌生人开展网络互动，从而搭建起挪威人与美国人之间的桥梁。此外，这也使 Zynga 在开发下一代游戏时，用同样的成本就能覆盖百万级用户，既增加了游戏开发预算，又提高了游戏体验。对其他服务于更小的本地市场的游戏公司来说，Zynga 已很难被超越。由此可见，通过提供具有互补价值的另一种产品或服务搭建桥梁，既有利于平台进入新市场或开拓新领域，又有利于互补企业的发展，是一举两得的措施。

7.2 条块分割与属地监管的适用性与局限性

平台生态系统的经营活动往往是跨行业、跨地域的。跨界是平台企业普遍认同的观点与常见的选择，互联网的开放性也让平台生态系统天然融入国际竞争，面临来自国际层面的竞争对手发起的进攻。而现有平台生态系统治理体系大多是条块化、属地化的，无法应对关系交错、量大面宽的治理问题。这意味着平台生态系统亟待建立起跨行业、跨地域的治理体系。

第一，平台生态系统的跨行业特征冲击条块分割的行业治理体系。通过平台包络战略，平台会进入相近的甚至不相关的行业，产业融合的现象频频发生。如互联网金融兼具金融服务与信息服务属性，超出了传统分行业治理框架。平台竞争模式也具有跨行业属性，如高德地图跨界共享出行，利用导航服务的用户优势在网约车行业分一杯羹。在跨行业特征下，平台很难被界定为具体属于哪一特定行业，不易识别市场边界，这对传统行业垄断行为的认定提出挑战。

第二，平台生态系统的跨地域属性冲击属地监管的地域治理模式。平台提供的信息服务具有一点接入、全网服务的特性，服务提供者注册地、网站接入地、消费者所在地彼此分离，跨地域经营成为常态。而传统企业治理基于地理行政区划的属地监管模式往往政出多门，存在治理措施之间相互抵触、协调不畅的困境，对统一平台生态系统治理口径形成障碍。此外，平台生态系统广泛促进创新创业，所涉企业量大面广，迭代步伐很快，传统的实地巡查式治理无法应对快速变化的创新局面。

第三，平台生态系统天然的全球化基因要求加强国际合作与协同共治。随着国内用户和流量的增长逐步见顶以及数字丝绸之路的深化发展，开发国外新市场流量红利成为多数本土平台发展的必由之路。但是，平台的国际化进程往往受到局外人劣势的阻碍（Brouthers，Geisser，& Rothlauf，2016）[1]，用户选择使用某个APP容易受到身边朋友的影响，却不容易受到海外用户的影响（Suarez，2005）[2]，这意味着平台很难在国际市场上做到赢者通吃。而且平台由于不能完全预知用户的交互行为，很可能被用户交互引向一条不可预测的国际化道路（Chen et al.，2019）[3]。此外，国内平台企业在加速"走出去"的进程中，必然面临来自全球市场各细分领域的竞争，这就需要平台针对国际化竞争的特性制定区别于国内市场的治理方法，参与提升全球数字经济竞争力的进程。

以网约车平台滴滴为例，认定滴滴是否具有市场支配地位的关键是界定网约车平台所属相关地域市场。作为信息服务平台，网约车平台属于双边市场，一方面要满足乘客的需求，另一方面又要满足网约车司机对客运服务订单的需求。在最高人民法院知识产权法庭对黄某某诉滴滴案的二审庭审中，滴滴一方主张相关地域市场是郑州市场，亦即按运营车辆的属地管辖范围划定地域市场。但是，该案原告主张网约车平台所属相关地域市场是全国市场。那么，到底该如何界定这一相关地域市

---

[1] Brouthers K D, Geisser K D, Rothlauf F. 2016. "Explaining the internationalization of ibusiness firms." *Journal of International Business Studies* 47（5）.

[2] Suarez F F. 2005. "Network effects revisited: The role of strong ties in technology selection." *Academy of Management Journal* 48（4）.

[3] Chen L, Shaheer N, Yi J T, Li S L. 2019. "The international penetration of ibusiness firms: Network effects, liabilities of outsidership and country clout." *Journal of International Business Studies* 50（2）.

场呢？

在乘客端市场，滴滴需要满足乘客在全国范围内的用车需求，尤其是春运期间，大量乘客有返乡或者在国内旅游等异地场景的用车需求。而提供网约车服务的司机端则仍旧需要满足属地管辖机构对车辆和司机的准入要求。

由此可以进一步证明，滴滴等网约车平台和美团、饿了么等外卖平台一样，都属于非对称的双边市场。也就是说，对于消费者一侧，这些平台满足的是其在全国范围内获取本地服务信息的需求，从而撮合全国用户在到达这些平台已经开城的地区享受本地服务。而对于本地服务供给侧（例如网约车司机、代驾司机和外卖商户），其服务范围客观上受到属地管辖的局限，因此只能服务于其受管辖的地域。

总而言之，滴滴的网约车平台服务涉及两个地域市场，即乘客端属于全国市场，网约车司机端须按照城市来具体界定。因此，像黄某某诉滴滴滥用市场支配地位案，原、被告在相关地域市场的界定上都存在片面性，需要最高人民法院知识产权法庭在审理该案时予以纠正。

不难发现，在相关地域市场界定清楚后，高德地图等网约车信息聚合平台，更多是在乘客端市场，而非在管理网约车司机本地服务方面与滴滴开展竞争。这也是乘客在高德地图上使用巡游出租车时，只能出现使用嘀嗒和首汽约车平台的巡游出租车司机信息，而不会出现使用滴滴平台的巡游出租车信息的原因。滴滴已然把高德地图视为全国乘客端市场的主要竞争对手之一。而嘀嗒和首汽约车在全国乘客端市场处于劣势，因此更倾向于搭高德地图的便车，借助高德地图的流量来吸引更多巡游出租车使用自身的信息平台，并为自身管理的网约车司机提供的本地服务市场争取更多潜在用户。

综上，滴滴的业务发展为反垄断执法与司法提供了新鲜的证据，可以帮助厘清网约车平台相关地域市场的界定思路。基于双边市场在地域上的非对称性，我们可以更清晰地分析滴滴在特定时期（例如反垄断纠纷与未依法申报经营者集中发生时）的主要竞争对手和市场地位。

7.3 跨界垄断、数字税收与数字贸易问题典型案例

跨界垄断

猎豹移动，于 2014 年 5 月 8 日在美国纽约证券交易所正式上市，其核心产品为猎豹清理大师、猎豹安全大师、猎豹安全浏览器等，但在近几年的全球移动游戏市场上，提到轻游戏就不得不提及猎豹移动。这家"被广告事业耽误的游戏公司"，因为轻游戏的突出表现在全球市场大放异彩。猎豹移动是国内登陆全球 iOS 和 Google Play 月度手游下载榜 Top10 最频繁的厂商，此前进榜产品是《钢琴块 2》及《滚动的天空》，而后推出的《弓箭手大作战》和《跳舞的线》在全球各大市场缓慢攀爬的成绩也符合长线游戏的规律①。

轻游戏被一些国内厂商归入"竞争不过，出海不碰"的危险区，而猎豹移动在这样的背景下，是如何做到出击海外大获全胜的呢？除轻游戏本身极简的游戏模式与产品调优相结合外，猎豹移动作为一家移动应用开发商本身拥有的资源是不容忽视的。猎豹移动通过工具应用建立的流量网十分庞大，海量的用户基础可以实现优质种子用户的导入。同时，它在大数据分析能力的研发上也有显著的成效。猎豹移动可以利用大数据分析能力，更精准地分析用户游戏需求，更有效地推动游戏发

---

① 这是一家"被广告事业耽误的游戏公司"：猎豹移动.（2017-07-14）.https://zhuanlan.zhihu.com/p/27891629.

行。玩家喜欢玩什么类型的游戏？玩家一般在哪个时间段玩游戏？游戏里哪一个关卡获得玩家好评？哪一个关卡消磨了玩家的游戏热情？国内和海外的游戏玩家有什么不同的游戏习惯？这些都可以在猎豹移动的用户数据里找到答案。

猎豹移动拥有非常强的广告投放和购买能力，这使得猎豹移动的流量运营效果相当不错。此前，《钢琴块2》和《滚动的天空》的盈利模式主要是广告。比如在游戏界面的角落放置一些不影响游戏进行的静态广告，游戏失败时会弹出静态全屏广告，每个关卡的游戏次数耗尽之后玩家可以通过观看视频广告的方式得到更多游戏机会，等等。猎豹移动作为一家广告公司，具有优秀的广告变现能力。通过广告变现，公司获得了非常大的收益，并将收益的一部分又投入游戏来获取用户，实现持续健康发展。正是这些资源与战略让猎豹移动在轻游戏市场获得了用户规模优势，在纷繁复杂的海外轻游戏市场立足了脚跟，并构筑起自己的壁垒。

数字税收

亚马逊决定于2021年7月1日起正式对售往美国佛罗里达州和堪萨斯州的订单征税。2020年全年公司净销售额为3 860.64亿美元，同比增长38%，净利润为213.31亿美元，同比增长84%。亚马逊没有税务烦恼，反而通过税务筹划轻松坐享税收之福，一再向卖家征税。资料显示，亚马逊连续多年实现联邦税零交税，甚至获得了1.29亿美元的联邦退税。

按常理来说，像亚马逊这种超级大企业每年缴纳的税款金额应该非常多，毕竟每个国家对这种大型企业的税收稽查都很严格。但事实上，美国税务部门对亚马逊无计可施，因为亚马逊合理合法，没有任何偷逃税款的行为。美国国税局（Internal Revenue Service，IRS）被誉为"美国最令人闻风丧胆的政府部门"，从武装组织到监狱、法庭一应俱全，却在2017年亚马逊转让定价案，对亚马逊展开的反避税调查中惨遭滑铁卢。甚至连特朗普也曾不止一次指责亚马逊少交了很多企业税，拜登也亲自点名亚马逊利用各种漏洞避税、未交一分联邦税的行为。

不仅如此，从2021年7月1日起，亚马逊将根据佛罗里达州和堪萨斯州的税法变化，开始向售往这两个州的订单计算、收取和汇出销售税和使用税，亚马逊负责对现有的税务计算设置、订单详情和付款报告进行更新。至此，亚马逊缴税区域已增加至美国43个州，算下来接近九成的州都要亚马逊代缴销售税，而亚马逊代缴销售税会向商家收取税款的2.9%作为手续费，税收成本已经几乎全面覆盖在美国站卖家的运营中了。

已经有人对亚马逊通过税务筹划免征税的行为表达了不满。据外媒报道，美国民主党参议员伊丽莎白·沃伦（Elizabeth Warren）建议对企业征收利润税。根据她的计划，亚马逊在2018年应被征收6.98亿美元的税。但是亚马逊非但没有缴税，反而将税收压力转移到商家和消费者身上，自己则置身事外并从中获益。

数字贸易问题

部分平台更加愿意选择法律法规比较完善、经济比较发达的国家。一方面，这类国家数字基础设施比较完善，智能手机普及度较高，用户需求较为领先、心态更为开放，对非本土产品的接纳度也更高。另一方面，这类国家内容经济和广告业态较为成熟，内容变现能力也就更强。

研究发现，如果平台出海目的地是在知识产权保护意识较强、知识产权保护制度较完善的国家，那么平台需要更好地布局自有内容，打造完整 IP 生态链，全面探索和开发 IP 衍生价值，实现"一鱼多吃"。而且通过 IP 衍生作品的开发，还能进一步提升原始 IP 的影响力，形成正向反馈。平台也可以通过与品牌合作伙伴以及平台领先用户合作来联合开发商品，实现流量迁移和变现，使商业价值最大化。例如，爱奇艺对"新说唱"IP 的开发和利用可谓淋漓尽致，授权合作品牌超过 15 家，开发了逾 300 个库存单位（SKU）的联合定制款产品。为了节省内容成本，平台可以采用寻找当地版权合作方、与海外机构联合同步开发等方式来获取相关内容版权，或者也可以像优酷一样直接将国内优质 IP 进行海外翻拍。此外，平台出海到这些国家时，还需要特别关注内容管辖，把关用户生成内容的质量和版权，提升用户体验，进而激发网络效应，并利用其带来的流量更好地帮助平台实现自有内容的商业价值。平台也要严格遵照当地法律法规来制定用户条款细则，在合理合法的框架内与用户协商作品的商用权分配，形成与内容创作者之间的良性合作关系，获得价值共创收益。

社交平台是一个关系、内容、互动三者紧密有机结合的平台，这一属性注定了社交平台出海的征途难逃风吹浪打。大多数出海社交平台面临的一个长期挑战是如何合法合规、合情合理地运营。我们认为社交平台在出海过程中要建立多角度的思维方式来应对海外市场多元化的制度和文化，同时也要积极提升平台自身的治理能力。因为不同于国内相对宽松的用户环境和监管环境，一些国家的法律法规更为细致和严苛，宗教文化对社会生产生活的影响也更为深入。一些在国内文化的边缘地带游刃有余的平台，到了海外可能很容易翻船。

具体来看，一方面，社交平台出海，要多角度了解并熟悉当地的法律法规，尤其是在版权或著作权保护和用户隐私保护方面的法律法规，才能因地制宜进行提前布局、设计预警机制和应对方案。比如平台，尤其是依赖算法分发的平台要进入欧洲市场，就必须严格遵守《通用数据保护条例》（GDPR）。另一方面，社交平台出海，要深入了解当地的宗教、政治和文化，避开敏感地带。例如平台要进入印度市场，就要重点把控内容审查，切忌触碰宗教和政治问题的红线。除此之外，平台生态系统治理能力是社交平台出海必须具备的基本能力之一，也是社交平台良性内容生态形成的基础。因此，社交平台出海，还需建立起与东道国市场相匹配的平台生态系统治理能力，因地制宜设计平台内容的审查标准、版权治理标准等，明晰维权边界，严控监管尺度，严守合规底线。

7.4　讨论与小结

本章主要从三个方面展开论述，分别是对平台跨界垄断的分析，跨界经营对传统行业治理的冲击，以及猎豹移动和亚马逊的具体案例分析。平台出于构筑进入壁垒的目的，通常采用包络或包抄的方式，纵向或横向实现跨界经营。当平台发展到一定规模、业务范围足够大时，其规模经济、范围经济和网络外部性将使平台得以实现跨界垄断。但是，当一些成熟市场的网络效应达到某一临界点时，市场巨头再争取更多新用户进入反而可能会导致其收入降低，这就需要平台将用户群之间的差异性纳入考虑范围，做出进入相关市场的正确决策。而跨界经营由于跨行业、跨地域的特性，产生关系交错、量大面宽的治理问题，对条块分割与属地监管的传统行业治理体系产生了冲击。同时，平台生态系统天然的全球化基因要求加强国际合作与协同共治。本章以滴滴为例，为平台相关地域市场的界定提供了思路，即基于双边市场在地域上的非对称性，可以更清晰地分析出在特定时期的主要竞争对手和市场地位。此外，跨界垄断中跨行较为典型的例子是被广告事业耽误的游戏公司猎豹移动。作为一家移动应用开发商，猎豹移动通过工具应用建立起庞大的流量网，并发挥强大的数据分析能力和广告投放购买能力，获得了用户规模优势，在轻游戏市场构筑起自己的壁垒。而全球电商巨头亚马逊，通过税务筹划免征税，并将税收压力转移至商户和消费者的行为，给美国政府带来了令其头疼的数字税收问题。最后，出海平台因其跨地域，需更好地布局自身内容，并且要多角度熟悉当地的法律法规，深入了解当地的宗教、政治和文化，建立与东道国市场相匹配的平台生态系统治理能力，更好地实现数字贸易。

第8章

全新挑战：大数据技术催生新的治理问题

8.1　理论分析：大数据杀熟与算法合谋的逻辑基础

　　无论是拉拢平台互补者，还是增加消费者归属感，平台企业似乎总是处于被动地位。由于合作双方存在信息不对称，且关系专用性投资一旦做出就很难转移，因此接受投资的一方有机会对投资方敲竹杠，通过损害投资方的利益使自身利益最大化。为了克服这种机会主义行为，平台企业往往在向平台互补者或消费者示好的同时提高其多归属成本，比如用严谨的合同规范音乐创作人，用会员费用增加消费者的平台转移成本，等等。

　　换言之，提高的多归属成本可以认为是平台互补者或消费者为维护与平台之间的关系进行的被动投资，即在过去的时间点对未来的合作关系下赌注，用各自的沉没成本来平衡双方合作的风险。这里的被动投资还可以理解为胁迫平台互补者或消费者留下来的是与现有平台捆绑的利益，而非平台企业的规则要求。例如，当淘宝卖家兢兢业业历时两年将自己的店铺经营至两皇冠，积累了大批忠实粉丝和打动人心的优质评论时，该卖家几乎不可能放弃现有成绩，换到一个新的平台从零做起。与其说这是时间沉淀的力量，不如说是平台治理机制的奥妙，是平台企业通过关系专用性投资为平台互补者或消费者创造利益，在提升其平台归属感的同时将利益平台专有化,进而改变平台互补者或消费者转换平台的想法,变相提高了平台互补者或消费者的多归属成本。

然而,提高多归属成本虽然可以有效对冲关系专用性投资的风险,但有损平台互补者或消费者的利益,一旦变本加厉,只会适得其反。2020年末,一篇名为《我被美团会员割了韭菜》的自媒体文章将美团外卖送上热搜,作者发现开通美团外卖会员后,附近几乎所有外卖商户的配送费都要比同一时间非会员的配送费贵1~5元[1],还有网友在评论中表示美团外卖会员享受的满减力度也不如非会员。与此同时,一些商户也纷纷发声表示平台为销量排名靠前的商户制定更高的平台佣金率。平台对不同市场的不同消费者收取不同价格的行为在经济学中被称为三级价格歧视。老顾客为获取完全相同的产品或服务所付出的成本高于新顾客的现象,被通俗地称为大数据杀熟。这一现象的本质是平台利用消费者和商户之间价格信息的不对称,对处于劣势一方、忠诚度较高的老顾客提高价格,增大平台利润空间。而高度依赖与信任平台的消费者和商户由于已经缴纳会员费用或拥有大批忠实用户,成为砧板上的鱼肉,弃之可惜的消费态度和经商思维成为平台杀熟的前奏。

大数据杀熟

通常而言,大数据杀熟是指商家利用信息技术和被称为大数据的客户级信息的数据集,将定价、营销甚至产品特征紧紧定位于单个消费者。例如,个体卖家或数据服务商使用跟踪工具如cookies、web beacons或ETags记录消费者在互联网上的浏览历史,并利用消费者的购买历史、位置、登录的网站甚至使用的电脑操作系统等信息来定位

---

[1] 从"功臣"到被"割韭菜":餐饮商家也被美团外卖杀熟?.(2021-01-29).https://new.qq.com/rain/a/20210129A021L800.

产品。随着移动设备和移动应用的广泛使用，传统零售商，如超市，使用忠诚度计划来收集个人购物数据，并通过在线或移动应用为消费者提供个性化折扣服务。现有研究表明，获取消费者信息会加剧竞争，商家的盈利能力也会被损害。例如，Thisse 和 Vives（1988）[1]指出，商家可以获取消费者信息，反而可能会使自己陷入囚徒困境[2]（prisoner's dilemma），并因为激烈的竞争而最终获得较低的利润。但这一结果来自静态分析，在后续的研究中，动态博弈也被纳入考虑范围，即商家将第一期购买的消费者信息，用于未来的价格歧视，因此也被称为基于行为的价格歧视。这些研究的发现进一步证实了静态分析的观点，即与非歧视相比，基于消费者信息的价格歧视会加剧竞争。

大数据杀熟的架构和规制问题[3]

一些消费者反映某些网约车平台、旅游平台、视频网站等根据消费者的消费记录、搜索历史甚至手机型号，对同种商品差别定价，使新老客户在同一平台购买同种商品或服务时，实际支付的价格存在差异。商家借助大数据技术虽然可能近乎完美地推断出消费者偏好，并通过一级价格歧视榨取所有消费者剩余。但陈永伟（2018）[4]指出，市场竞争结构及产品差异化程度是商家通过价格歧视榨取消费者剩余的能力关键因素，想要通过一级价格歧视榨取所有消费者剩余的前提是该商家在市场

---

[1] Thisse J F，Vives X. 1988."On the strategic choice of spatial price policy."*American Economic Review* 78.

[2] 囚徒困境是指两个被捕的囚徒之间的一种特殊博弈。如果两个人都不揭发对方，则由于证据不确凿，每个人都坐牢一年；若一人揭发，而另一人沉默，则揭发者因为立功而立即获释，沉默者因不合作而入狱十年；若互相揭发，则因证据确凿，两个人都判刑八年。由于囚徒无法信任对方，因此倾向于互相揭发，而不是同守沉默。说明即使合作对双方都有利时，保持合作也是困难的。

[3] 高鸿业.2011.西方经济学（微观部分）.5 版.北京：中国人民大学出版社.

[4] 陈永伟.2018.平台反垄断问题再思考："企业－市场二重性"视角的分析.竞争政策研究，（5）.

上占据垄断地位。事实上，消费者的支付意愿和竞争对手的定价会限制商家利用大数据进行价格歧视榨取所有消费者剩余的行为（曲创，阴红星，2019）[1]。当市场上所有商家销售的商品完全相同时，为了吸引消费者，每个商家都会采取边际成本的定价方式，此时商家即使获取到消费者的个人信息也不会改变其定价策略，因为获取到的信息并不能产生商品差异化的效果，商家无力满足消费者对不同商品的需求。但当销售的同类商品存在差异时，商家在一定程度上拥有垄断势力，此时大数据杀熟的效果值得进一步讨论。

大数据杀熟现象的出现并非因为个人信息保护欠缺，而是拥有市场垄断地位的商家滥用其市场支配地位。数据的垄断是目前互联网企业出现天然垄断属性的源泉，也是消费者权益受损的主要原因。如果企业拥有其他竞争对手不具备的数据，那么这些数据会帮助企业构筑起市场壁垒，增强企业市场竞争优势，产生反竞争效果。在市场上存在竞争且对消费者的非敏感信息不加保护时，商家会利用消费者个人信息，激励性地进行价格歧视。这一措施尽管会降低企业的整体利润，但使消费者的整体福利增加。换言之，引入竞争机制是解决商家大数据杀熟的根本方法，通过披露所有商家拥有的消费者信息来提升消费者的议价能力。

大数据杀熟常被等同为价格歧视，但在严格意义上两者并不相同。歧视在《现代汉语词典》（第7版）中的解释是"不平等地看待"，受此影响，人们对价格歧视持反对或抵触的态度。但在经济学中，价格歧视是一个中性词，指商家通过提供无差别的商品或者服务，并采取区别定价的方式，进而取得消费者剩余最小化的效果[2]，是商家的正常营销策略。例如，当我们去博物馆参观买票时，博物馆会针对老人、学生、成

---

[1] 曲创，阴红星.2010.网络信息产品免费定价策略研究.山东社会科学，（12）.
[2] 高鸿业.2011.西方经济学（微观部分）.5版.北京：中国人民大学出版社.

人采取不同的收费政策。而大数据杀熟则是一个贬义词，指在消费者不知情的情况下，商家根据消费者的消费信息实施差别定价、千人千面，是一种不正当的定价行为，违反了《电子商务法》《中华人民共和国价格法》（以下简称《价格法》）、《消费者权益保护法》等法律法规。因此，大数据杀熟实际上是一种价格欺诈，而非价格歧视，其本质在于商家利用自身与消费者之间的信息不对称和信息不透明，通过对消费者基本资料、流量轨迹、消费习惯等数据的收集和分析，形成精准的用户画像，实施交易定价上的千人千面[①]。消费者与商家之间的信息不对称源于技术不对称，虽然被称为大数据杀熟，但大数据并不能杀熟，而是某些主体通过服务器利用大数据杀熟，大数据只是杀熟所需要的工具。

  与传统意义上的机器不同，服务器是一种隐形的机器，但具有超强的计算能力，一旦被人利用，可以在不被察觉的情况下算计目标。商家正是利用服务器的这一强大功能算计消费者。新技术的出现会让人们产生路径依赖，但技术提供者和使用者对技术的理解能力的差距，导致双方对技术背后机理的了解存在较大差异，产生了技术不对称，从而支撑商家利用服务器进行大数据杀熟，通过阻碍消费者和监管部门的监督达到杀熟的目的。消费者由于不了解技术运行机理，不具备监督能力；监管部门则是监督速度跟不上技术的飞速更新，如监管部门可能刚针对某一先前技术出台法律规定，商家早已研发出新技术进行隐匿式侵害。新技术不断产生，技术依赖伴随而来，并衍生出技术特权[②]。拥有技术特权的商家便利用技术特权侵害消费者权益，自然而然也就产生了大数据杀熟。

[①] 刘佳明. 2020. 大数据"杀熟"的定性及其法律规制. 湖南农业大学学报（社会科学版），（1）.

[②] 邹振东. 2019. "一刀切"治理大数据"杀熟"："机器算计时代"的服务器管理. 人民论坛，（36）.

算法合谋[①]

"同行的人很少聚会，但是他们一旦聚会，不是策划一个对付公众的阴谋，就是炮制出一个掩人耳目的提升物价的计划。"合谋在亚当·斯密的《国富论》中已显露端倪。合谋是两家或两家以上企业或个人联合起来共同确定价格和产量，产生类似垄断的效果，即更高的价格、更低的产量。但合谋对企业产生的影响与垄断存在区别，垄断企业容易面临反垄断指控，而合谋相对隐秘，不容易被指控。此外，合谋成功也需要具备一定的环境条件，包括产业结构特征、需求特征和供给特征等。

产业结构特征包括市场中的企业数量、市场进入障碍程度、市场互动程度和市场透明度。市场中的企业数量越多，越容易陷入集体行动的困境，难以发现某一背叛合谋的企业，即使发现了背叛的企业，惩罚的激励作用也很小，因为很难保证所有的企业都采取惩罚措施，如果只有个别企业采取惩罚措施，惩罚的力度也不足以达到制裁的效果，于事无补。市场进入障碍程度越低，越容易进入，企业进行合谋的效果就越微弱，不易维持合谋。从博弈论的角度来看，当企业认为未来互动的频率会很低时，则企业会更加重视眼前的利益，倾向选择不合谋。市场透明度越高，企业的背叛越容易被发现，企业背叛的成本就越高，维持合谋则较容易。

需求特征包括企业需求的成长性和波动性。当企业的需求成长缓慢时，企业很难看到维持合谋带来的长期收益，因此更重视短期收益，背叛的动机更强烈。此外，需求的波动性也会影响合谋。企业当期面临需求下降的压力时，更可能通过背弃合谋选择短期高收益。

---

① 陈永伟.算法合谋：一个老问题的新形式.（2018-01-24）.https://mp.weixin.qq.com/s/o-vhujU69jdoXTT4U5DAYA.

供给特征包括创新和成本差异性，会通过供给渠道影响企业合谋的选择。如果企业所在行业的创新程度高，选择合谋会导致企业丧失当前创新带来的高收益，企业背叛的动机更强。成本的差异性则指参与合谋的企业成本结构的差异性，因为一旦选择合谋，表明企业要采取统一的价格、一定的产量，此时成本差异悬殊的企业容易在利益分配等方面发生分歧，尤其对低成本企业来说，参与合谋带来的利益不足以支持其长期维持合谋。

算法合谋是一种新型合谋。一方面，算法会对合谋的环境条件产生影响[①]，表 8-1 推测了算法对不同合谋环境及其分类的影响。另一方面，算法也作为工具应用到合谋中。

表 8-1 算法对合谋环境的影响推测

环境	分类	影响
产业结构特征	市场中的企业数量	±
	市场进入障碍程度	±
	市场互动程度	＋
	市场透明度	＋
需求特征	需求的成长性	0
	需求的波动性	0
供给特征	创新	－
	成本差异性	－

注："＋"为正向促进，"－"为反向削弱，"0"为没有影响，"±"为不确定。

对产业结构特征的影响

算法对市场中的企业数量的影响是不确定的。算法虽然可以强化在

---

① 需求取决于消费者偏好，因此算法合谋无法对需求特征产生影响，故本书对需求特征不再赘述。

位企业的力量，但也降低了企业进入市场的成本，吸引更多企业进入市场。因此，算法对市场中的企业数量的影响最终取决于在位企业能力强化与吸引新企业进入两种力量的对比。算法对市场进入障碍的影响也是不确定的，如在搜索引擎、在线市场以及社交网络等市场中，算法主要用来定价、划分消费者及改进产品质量等，这些行业由于天然存在网络效应、规模经济等市场进入障碍，现有企业发展较好，并且在此基础上研发出更先进的算法，此时算法与市场进入障碍呈现互为因果的关系，很难判断算法是引发市场进入障碍的原因还是市场进入障碍产生的影响。但算法对市场透明度和市场互动程度的影响是确定的，因为算法加快了信息传播速度，增强了信息时效性，提升了市场透明度，同时也会促使企业之间的互动更加频繁，提高企业对未来损失的重视程度，而企业由于背弃合谋会加重未来的损失，也会倾向选择合谋。

对供给特征的影响

一方面，算法可以促进创新，加快企业更新迭代速度，提升企业生产效率，为市场提供更为新颖领先的产品，增加企业利润，但可能会因此降低企业合谋的激励。另一方面，算法也可以促使企业进行个性化生产。企业可以通过算法利用收集的用户基本资料、流量轨迹、消费习惯等构建用户画像，为用户提供更符合其需求的产品，但企业的成本差异可能会因此进一步加大，提高企业合谋的难度。

作为合谋的工具

算法作为合谋的工具，展现出多样化功能。监督算法可以监督对手的行为，一旦发现违约行为即可自动开启价格战；平行算法可以帮助企业设定最优价格需要满足的条件，让所有企业自动设定相同的最优价格；信号算法帮助合谋企业设置聚点，即各方心照不宣达成共识的条件；自我学习算法一般针对单一企业设定，但当市场中的企业都采取这一算法时，便会产生类似合谋的效果，目前对此算法的学习机理尚未研究透彻，仍需进一步研究。

针对算法合谋对消费者福利产生的影响，目前经济学界态度相对乐观。Luca、Cowgill、Kim 和 Koning（2019）[1]的研究表明，基于算法的定价相比人类的决策少了偏见。Jeanine 和 Catherine（2019）[2]以定价算法为例，研究算法如何通过改变需求预测对消费者福利产生影响。第一，算法提高了垄断组织对各时期联合计划最大价格预测的能力，提升了其勾结成功能达到的最大计划水平。第二，算法提高了预测的精度，影响了商家偏离合谋策略的动机，从而带来更低的价格和更高的消费者福利。当然也有人担忧算法用于定价时，可能在某种程度上提高了定价，会对消费者福利造成损失。虽然算法合谋对消费者福利的影响众说纷纭，但是目前比较一致的观点是算法合谋确实提高了企业共谋和串通的动机。

8.2　为什么现行反垄断法不能解决大数据垄断问题

如前所述，大数据杀熟的技术性、数据性、隐蔽性极强，用户不仅难以发觉，而且知晓后也难以通过个体化方式进行有效的反制。例如，部分用户通过卸载、重装、利用不同信息重新注册的方式试图规避，但却发现徒劳无功。因此，面对甚嚣尘上的大数据杀熟现象，应当从数据生命周期管理的视角，实现消费者、行业团体、监管机构和平台企业的

---

[1] Luca M, Cowgill B, Kim H, Koning R M. 2019. "Moving from data to managerial decisions." *Academy of Management Annual Meeting Proceedings*.

[2] Miklós-Thal J, Tucker C. 2019. "Collusion by algorithm: Does better demand prediction facilitate coordination between sellers?" *Management Science* 65（4）.

多方联动、协同共治。

首先，切实保障消费者对自动化决策的拒绝权和免除权。

我国《电子商务法》第十七条规定了消费者的知情权和选择权，第十八条规定了电子商务经营者应当向消费者提供不针对其个人特征的选项的商品或者服务的搜索结果。虽然这两条规定旨在保护消费者免受大数据杀熟，但既未明确大数据杀熟行为的构成要件，也未明确赋予消费者在电子商务场景下拒绝受到基于其个人特征的自动化决策的权利。《中华人民共和国个人信息保护法》（以下简称《个人信息保护法》）第二十四条明确赋予了个人有权拒绝个人信息处理者仅通过自动化决策的方式作出决定的权利。上述立法内容可以作为治理大数据垄断问题的良好制度基础：一方面扩展了适用的自动化决策类型，将完全自动化决策和非完全自动化决策悉数纳入；另一方面在立法中切实明确了消费者在电子商务场景下对自动化决策的拒绝权和免除权，重拾主体性地位。

其次，促进消费者协会有效行使公益诉讼权。

大数据杀熟现象的另一治理难点在于难以根据杀熟行为认定构成价格欺诈并适用惩罚性赔偿，并且被大数据杀熟的用户具有个体分散性，难以达成有效的集体行动。我国《消费者权益保护法》第三十七条规定了公益诉讼权，即在发生大规模消费者侵权行为时，可以由消费者协会代表向法院提起诉讼。但在实践中，不仅权利行使主体受限，能够提出诉讼请求的内容规定也过于模糊，制约了该权利的有效性。消费者协会的公益诉讼权有利于扭转消费者的弱势地位，增加大数据杀熟的违法违规成本。因此，在数字时代，应积极推进完善消费者公益诉讼制度，对权利适用的内涵与外延予以明确，并适时扩展权利行使主体范围，切实保障公益诉讼权的行使。

再次，分级分类实施算法影响评估制度。

从数据生命全周期管理的视角，美国、英国、加拿大等已经通过专门立法规定个人权利、社会经济、生态环境等具有高风险的算法应用在事前、事中、事后均需实施算法影响评估制度。由政府专门机构、技术专家、行业代表、公民代表等组成的专业评估工作组，对高风险场景下的算法模型进行系统评估，以确保该领域的算法符合法律法规和伦理规范。我国《个人信息保护法》第五十四条规定了算法审计制度，第五十五条规定了自动化决策风险事前评估制度。此外，还应当细化明确算法风险事前评估和算法审计制度的启动条件、适用场景，分级分类有序推进电子商务场景下智能定价算法的影响评估制度。

最后，有序倡导平台企业实施自我规制，践行科技伦理。

在大数据杀熟场景下，各类数据挖掘技术只是分析和执行的工具，对消费者杀熟的主体仍然是处于网络生态基础单位、核心枢纽和关键纽结的平台企业。党的二十大提出"加快发展数字经济，促进数字经济和实体经济深度融合"，对我国数字经济的发展提出了更高的要求。平台企业一方面要深度创新，实现高质量的发展和突破；另一方面也要清晰认知平台责任和义务边界。虽然平台间的经营模式各不相同，但在科技向善，打造负责、安全、友好、公平的数字技术方面，应当始终遵循重叠共识和数据有度的底线伦理原则。

数据是数字时代的战略资源和关键资产。除通过对社会各方的要求进行外部保护外，还应该从源头即数据本身找寻解决大数据杀熟、算法合谋等数字垄断问题的方法。由于数据需要变现，因此数据采集范围和使用方式都直接关系到数字市场竞争规则的透明性、公平性，但目前数据资源的开发、使用、保存缺乏明确规范，凸显现有治理政策的缺陷。

第一，规范数据开发、使用和确权要求建立新的治理规则。领先的平台生态系统大多拥有用户数据或交易数据方面的绝对优势，如剥夺竞争对手公平获取数据的排他性行为，无正当理由拒绝访问或限制交易，等等。近些年，国际上越来越多的竞争执法机构已经开始关注数据占有和使用可能引发的竞争问题。如 2019 年 2 月，德国联邦卡特尔局对脸书过度收集和使用用户数据做出明确的反垄断裁定。目前，平台汇集的海量数据兼有商业属性和个人属性，如何确认、分解与平衡相关权利，既缺乏依据，又缺乏操作办法。

第二，打开算法黑箱、打击新型数据滥用成为全新治理议题。随着互联网和计算机技术的发展，越来越多的平台企业由计算机算法掌控定价，平台企业持续监控市场的价格变化并不断根据竞争对手的价格变化与市场数据调整更新自己的定价，这会带来一种新型合谋，即算法合谋。企业之间无秘密签署的合谋协议，每家企业单方面使用自己的定价算法。显然，这给竞争执法机构的有效执法带来了挑战，竞争执法机构需要进一步更新执法措施。

8.3 信息泄露与信息滥用、大数据垄断典型案例

移动支付：隐私泄露与用户维权

移动支付平台改变了传统支付形态。随着应用场景不断丰富，移动支付逐渐成为推动金融发展的重要力量。中国已经成为全球移动支付第一大市场，在用户规模、交易规模、渗透率上都处于大幅领先地位。2018 年 1 月至 9 月，中国移动支付业务 428.2 亿笔，金额 199.2 万亿元[①]，其中支付宝、微信支付占移动支付市场份额的 92.53%[②]。与此同

---

① 数据来自国家信息中心《2019 中国移动支付发展报告》。
② 数据来自易观《中国第三方支付移动支付市场季度监测报告 2018 年第 3 季度》。

时，用户隐私泄露和维权困难现象越发突出。治理不当可能引发系统性风险，亟待完善治理机制，突破移动支付平台发展瓶颈。

收集用户信息是移动支付平台构建信用体系的基础。支付宝作为全球最大的移动支付商，自2004年12月正式成立以来，始终将信任作为产品和服务的核心。就支付宝而言，信任意味着用户能够放心为平台提供信息。但是信息收集方式不当，将会侵犯用户知情权，威胁用户隐私，引发信用危机。2018年伊始，支付宝推出账单活动，朋友圈随之掀起晒账单狂潮。这本是一场成功的营销活动，却在不久后引起了支付宝信任危机，原因在于支付宝账单下滑页面底端的默认小字"我同意《芝麻服务协议》"。该协议条款包含支付宝可以向第三方提供用户的个人信息，对用户的全部信息进行分析并将分析结果推送给合作机构等内容。根据《网络交易管理办法》规定，网络交易经营者应当以显著方式提请消费者注意与消费者有重大利害关系的内容。同时，针对信息收集，该规定要求网络交易经营者应当明示收集、使用信息的目的、方式和范围，并经消费者同意。而支付宝却只是用小字标明这一段话，也没有附带更多说明，这无疑侵犯了用户的知情权和选择权，对用户的信息和隐私造成损害。

保证用户财产安全是移动支付平台的义务。微信支付是基于社交的移动支付平台，在我国基本做到了国民全覆盖。微信转账流程简单，操作容易，应用场景广泛，甚至无须知道交易双方的信息，为人们的支付带来极大的便利。但是纠错机制不健全、救济措施不完备，给用户维权设置了障碍。微信用户转错账、因虚假消息被骗钱、通过微信交易付款后却遭对方拉黑等情形时有发生。转账人遇到上述情况，往往求助无门。腾讯客服往往以保护消费者隐私为由，拒绝提供对方信息，建议转账人自行与对方协商，未尽到帮助消费者维权的义务。转账人不知道收款人的具体信息，公安和法院无法立案。2018年8月，浙江省消费者权益保护委员会就消费者对微信支付的投诉专门约谈腾讯。腾讯官方表示，将不断优化产品功能，努力健全微信支付防转错账机制，尤其是当用户转账资金超过一定额度时，将通过多种方式加强验证，如让用户补全被遮掩的姓名等，以保护用户的资金安全。表8-2以支付宝和微信支付为例描述了移动支付平台治理问题。

表8-2 移动支付平台治理问题

治理问题	案例企业	具体描述
隐私泄露	支付宝	支付宝年度账单默认用户同意《芝麻服务协议》，侵犯了用户的知情权和选择权，对用户的信息和隐私造成威胁
维权受阻	微信支付	当转账人转错账时，腾讯客服往往以保护消费者隐私为由，拒绝提供立案信息，转账人求助无门

我国移动支付在过去十年异军突起，与此同时，平台内部风险控制体系、隐私保护体系、外部监管体系的发展存在一定的滞后性，平台对未知风险的掌握能力欠缺，对用户权益保护的意识较弱，因此需要内部治理机制和外部治理机制共同约束移动支付平台有序运行，拧紧移动支付平台的安全阀。

移动出行：赴美上市与数据打包

2021年7月2日，在滴滴赴美上市仅三天后，中国网络安全审查办公室发布公告，对滴滴出行实施网络安全审查，审查期间，滴滴出行停止新用户注册。紧接着，国家互联网信息办公室通知应用商店下架滴滴出行应用程序，要求滴滴整改存在的严重违法违规收集、使用个人信息的问题。从接受中国网络安全审查办公室的网络安全审查到直接下架滴滴出行应用程序，滴滴的数据收集、使用问题引发热议。在诸多猜测中，最引人注目的是"滴滴出行公司将数据打包交给美国，破坏了国家数据安全"。尽管滴滴出行方面出面澄清"滴滴国内用户的数据都存放在国内服务器，绝无可能把数据交给美国"，但是由于相关部门没有明确答复，并且伴随滴滴股东结构透明化、国家整顿垄断的决心的加强以及中美贸易争端加剧，越来越多的人倾向于认可数据打包论。北京烛原律师事务所律师韩晓峰回答相关记者的采访时提及，无论滴滴是否向美国转移了数据，至少悄然赴美上市的行为，产生了数据流向美国的风险可能，并且这种风险显然威胁到了国家安全。当然，在消息未得到证实之前，不可轻易下结论，但是滴滴违规收集用户数据的行为确已被证实。

2021年7月7日，滴滴出行的数据安全问题获得了中纪委的关注。当日，中纪委网站发布的文章《数据安全关乎国家安全》认为，近期，滴滴出行、运满满、货车帮、BOSS直聘等接受了网络安全审查，其原因是这几家企业都掌握了大量用户隐私数据，并且业务与关键信息基础设施有关。

2021年8月20日，十三届全国人大常委会第三十次会议表决通过《中华人民共和国个人信息保护法》，自2021年11月1日起施行。这也是我国首部专门针对个人信息保护的综合性法律。

2021年10月10日，新华社发布长文《共筑网络安全防线——我国网络安全工作取得积极进展》，再次强调相关部门已经对包括滴滴、运满满、货车帮等在内的企业启动网络安全审查，并再次强调了"没有网络安全就没有国家安全"。无论最终对滴滴的调查结果如何，用户数据安全最终关系到国家安全是毋庸置疑的。大数据时代，如何规范平台企业合理有序地使用用户数据，既需要立法机构与执法机构的有力配合，更需要平台企业规范自身数据使用范围，明确国家红线，尊重用户隐私,不能为蝇头小利而将家国情怀束之高阁。无论公司的市值和用户数量多少,凡是触犯国家红线,必将受到审判。

上述案例说明,在互联网发展背景下,当平台垄断出现信息泄露与信息滥用的市场现象时,用户维权往往举步维艰。为了改变用户维权的弱势地位,反垄断法的修正需要与时俱进且势在必行,消费者协会与平台企业也需要明确自身的责任边界,切实保护消费者的合法权益。

8.4 讨论与小结

本章主要围绕大数据杀熟和算法合谋的理论分析和解决方法展开,并以移动支付和移动出行为例具体说明。首先基于价格歧视理论分析了大数据杀熟,即获得垄断优势的平台企业既通过提高多归属成本来捆绑平台互补者,又利用信息不对称对处于劣势一方、忠诚度较高的老顾客提高价格。打破大数据杀熟困境的根本方法是引入竞争机制,打破垄断。其次分析了算法合谋存在的环境条件,包括产业结构特征、需求特征和供给特征,并指出算法合谋对产业结构特征与供给特征的影响。算法使信息传播更加快速及时,促进市场透明度与市场互动程度的提高,因此企业最终会倾向选择合谋。经济学界对算法合谋对消费者福利的影响持相对乐观的态度,且认为算法合谋确实提高了企业共谋和串通的动机。针对日益严峻的大数据杀熟现象,消费者、行业团体、监管机构和平台企业应多方联动,协同共治:切实保障消费者对自动化决策的拒绝权和免除权;促进消费者协会有效行使公益诉讼权;分级分类实施算法影响评估制度;有序倡导平台企业实施自我规制,践行科技伦理。此外,在对数据资产的规范方面,现有治理政策仍有缺陷,未来需要在规范数据开发、使用和确权，以及打击新型数据滥用等议题上更加重视。最后，本章以支付宝和微信支付为移动支付平台的例子、以滴滴出行为移动出行平台的例子，分析了在互联网高速发展背景下，对用户信息的泄露或滥用的问题，凸显当前相关治理还有较大的进步与完善空间，进一步印证了当前对反垄断的要求以及多方联动对用户信息安全保障的必要性。

第三部分
视野：探索平台生态系统的治理路径

第9章

他山之石：平台生态系统治理的国际经验

作为数字技术应用的先行者，美国、欧盟、英国、日本等发达国家和地区基于自己的诉求纷纷提出平台生态系统治理体系构建方案，形成了具有参考价值的实践经验。制定和完善平台生态系统外部治理法规体系，将成为世界各国谋求竞争优势、推动国民经济健康发展的重要着力点。表9-1列举了近30年来美国、欧盟、英国、日本等发达国家和地区颁布的关于平台生态系统外部治理的相关政策。

表9-1 平台生态系统外部治理国际经验

国家或地区	时间	政策名称
美国	1993年	信息高速公路计划
	1993年	国家信息基础设施计划
	1997年	《全球电子商务框架》
	1998年	《浮现中的数字经济》
	1999年	《浮现中的数字经济Ⅱ》
	2000年	《全球及全国商务电子签名法案》
	2000年	《数字经济2000》
	2000年	《在网络中落伍：定义数字鸿沟》
	2002年	《数字经济2002》
	2003年	《数字经济2003》
	2009年	《透明与开放政府备忘录》

续表

国家或地区	时间	政策名称
美国	2009 年	《开放政府数据行政令》
	2010 年	《数字国家：21 世纪美国通用互联网宽带接入进展》
	2010 年	《数字国家：美国家庭宽带互联网应用》
	2011 年	《探索数字国家：计算机和互联网家庭应用》
	2012 年	《大数据研究和发展计划》
	2012 年	数字政府战略
	2013 年	《探索数字国家：美国新兴的在线体验》
	2013 年	《美国和全球经济中的数字贸易》
	2013 年	《数字贸易法案》
	2014 年	《2014 年国会两党贸易优先法案》
	2014 年	《美国开放数据行动计划》
	2014 年	《探索数字国家：拥抱移动互联网》
	2014 年	《市场公平法案》
	2014 年	《数字经济与跨境贸易：数字化交付服务的价值》
	2015 年	《数字经济议程》
	2018 年	《国家贸易评估报告》
	2018 年	《国际网络安全优先事项：促进全球网络安全创新》
	2018 年	《美国国家网络战略》
	2019 年	《2019 年数字产品和服务税收公平法案》
欧盟	1993 年	《增长、竞争、就业：迈向 21 世纪的挑战和道路》
	1997 年	《波恩部长级会议宣言》
	1998 年	《关于保护增值税收入和促进电子商务发展》
	1999 年	电子欧洲 2002：面向所有人的信息社会
	2000 年	《安全港协议》
	2000 年	里斯本战略

续表

国家或地区	时间	政策名称
欧盟	2002 年	电子欧洲 2005：面向所有人的信息社会
	2002 年	《针对现行增值税法的修正案》
	2010 年	2010 倡议：为了促进增长和就业的欧洲信息社会
	2010 年	欧洲 2020 战略
	2013 年	《快速反应机制指令》
	2015 年	数字单一市场战略
	2016 年	《欧盟－美国隐私保护框架》
	2018 年	《通用数据保护条例》
	2018 年	《非个人数据在欧盟境内自由流动框架条例》
英国	1997 年	《网络的利益：英国电子商务议程》
	2009 年	《数字英国报告》
	2015 年	《数字经济战略 2015—2018》
	2017 年	《英国数字化战略》
	2017 年	《数字经济法案》
	2018 年	《数字宪章》
日本	2001 年	e-Japan 战略
	2003 年	e-Japan 战略Ⅱ
	2004 年	u-Japan 战略
	2009 年	i-Japan 战略
	2013 年	《日本复兴战略》
	2013 年	《创建最尖端 IT 国家宣言》
	2015 年	《个人信息保护法》
	2015 年	《个人号码法》修正案
	2016 年	超智能社会 5.0 战略
	2019 年	《数字经济大阪宣言》

9.1 美国：从宽松向审慎过渡

美国对数字经济的治理呈现三个方面的特征：一是治理范围由国内治理转向国际治理；二是治理环境由宽松转为审慎；三是治理主体由单一到多元化。这些治理趋势反映出美国数字经济发展的具体特征，也为当前我国的监管政策提供了一些具体的经验。

数字经济发展框架

长期以来，美国重视数字经济整体发展框架对数字产业的引领和对其他经济部门的影响。1993年初，互联网初兴时期美国政府便推出信息高速公路计划，以期在国内迅速实现信息化，并于9月公布国家信息基础设施计划，将信息高速公路战略逐步落地，开宗明义地指出："国家信息基础设施的发展能够帮助引发一场信息革命，这场革命将永远改变人们的生活、工作和交流方式。"美国开放包容的市场环境促使信息技术迅速发展成熟，国内商品与服务逐步转向数字化，数字经济时代来临。从1998年开始，美国商务部相继发布《浮现中的数字经济》《浮现中的数字经济Ⅱ》等报告，公开采用"数字经济"一词描述信息技术所引领的美国及世界经济的巨大变革，电子商务和信息通信产业跃升为明星产业。《数字经济2000》报告认为，美国经济到21世纪将跨进一个全新的、高度的、持续增长的经济和生产力发展时期，此变革是所有美国产业技术创新的加快、信息技术价格的下降以及对信息技术产品和服务投资的增加三者强有力结合的结果。但同时，该报告也预警数字鸿沟问题将会凸显，这与同年6月美国国家电信和信息管理局发表的《在网络中落伍：定义数字鸿沟》相呼应，表明政府已经注意到数字经济的财富创造和分配效应。为应对人们在美国经济"寒冬"来临和"9·11"事件影响下悲观情绪的蔓延，美国商务部接连发布两份数字经济年度报告《数字经济2002》《数字经济2003》，在经济疲软的情形下充分肯定了数字经济对宏观经济和社会发展的正面影响。

平台商业模式

在构建数字经济整体框架的同时，美国对平台商业模式同样非常重视。1997年，美国颁布《全球电子商务框架》，确立了电子商务的五项基本原则：私营部门必须发挥主导作用；政府应避免对电子商务的不当限制；政府必须参与，并致力于支持和创造一种可预测的、受影响最小的、持续简单的法律环境；政府必须认清互联网的特性；应在全球范围内促进互联网上的电子商务。随后，美国国会于1998年10月通过《互联网免税法案》，确立税收中性和透明原则，在三年内避免对电子商务多重课征或税收歧视，禁止对电子商务征收联邦税，并在此后多次延长法案的有效期，以避免不必要的税收管制给电子商务的成长造成阻碍。2000年，美国国会通过《全球及全国商务电子签名法案》，肯定了以电子签名为代表的数字数据的法律地位，法案承认在线合同或在线交易的电子签名与手写签名具有同样的法律效力，进一步方便了企业和消费者的电子商务活动。在数字经济发展早期，美国政府及时普及数字理念，放宽市场准入，为数字经济营造出宽松的发展环境。

政务信息及监管

美国不断完善数字国家和数字政府的规定，高度重视政务信息透明。随着数字经济的不断发展，美国政府意识到数字鸿沟问题的严重性，提出数字国家的概念，在2010—2014年间接连发布数字国家报告引导美国国内宽带普及。随着数字经济基础设施的不断完善，数字化的政府推动了平台生态系统的建设。2009年1月，美国总统奥巴马签发《透明与开放政府备忘录》，明确政府公开工作的三大原则，即透明、共享与协作。同年12月签发《开放政府数据行政令》，要求所有政府部门在45天内必须向社会开放三个有价值的数据源。2012年3月，美国政府发布《大数据研究和发展计划》，并在同年5月推出数字政府战略，要求政府机构"建立一个21世纪的平台，更好地服务美国公民"。2014年5月，美国政府发布《美国开放数据行动计划》，概述了政府作为开放数据的主导者在推动开放数据的工作中应承担的义务，提出"应主动承诺开放，并逐步开放数据资源"的原则，要求发布的数据应方便公众查找和使用，并根据公众反馈不断完善开放的数据，使数据更容易被理解和使用。同时，对未发布的数据应开放数据列表，供公众申请开放，由专家机构及相关领域代表确定发布的优先级别。美国政府所主导的数据开放的方案，进一步营造出宽松的发展环境。

随着数字经济的进一步发展，数据安全纳入监管日程。2015年11月，美国商务部发布《数字经济议程》，主要聚焦于自由开放的互联网、互联网信任和安全、互联网接入和机能、创新和新兴技术四个方面。2016年底，美国加强国家网络安全委员会发布《关于保护和发展数字经济的报告》，对美国网络安全形势进行分析和研判，对奥巴马政府八年来的网络安全政策进行总结，并向新一届政府提出施政建议。美国政府对数字经济的态度由宽松转入审慎，尤其重视数据安全。

税收制度

平台经济得到快速发展的同时，美国联邦政府和州政府开始关注跨境电商平台带来的税基侵蚀和税收管辖权不清等问题，并成立新主体指导经济参与者纳税。经历两次提案后，2014 年美国政府对电子商务税收政策的态度由免征向开征倾斜，颁布《市场公平法案》，在对商品或服务在线交易给予一定税收优惠的基础上征收消费税。法案强令年总收入超过 100 万美元的电子商务经营者不论其在征收所在地是否有实体存在，均需对其所有销售行为代收销售税，以此促进电商和传统商家能够进行相对公平的竞争。随着平台生态系统发展逐渐成熟，美国开始实行网上交易与实体零售同等税收待遇，让消费税体系正式全线覆盖平台经济参与主体。2016 年，美国成立分享经济税收中心，向分享平台经济参与者提供纳税指导，对参与分享经济活动的个人征收所得税。但相较于实体零售，美国仍旧对数字产品和服务的税收问题保有宽容态度，例如在《2019 年数字产品和服务税收公平法案》中禁止州或地方司法管辖区对所涵盖区域的数字产品和服务的销售征收多重税或歧视性税。美国早期使用免税制来鼓励平台经济发展，这对美国数字经济的扩张起到促进作用，而随着平台生态的成熟以及线上线下竞争的加剧，美国逐渐取消对线上销售的税收豁免，执行线上线下同等税收待遇的政策。

数字贸易国际规则

伴随着国内数字经济的蓬勃发展，美国有意成为数字贸易国际规则的制定者和贸易主导者，治理视角由国内转向国际，美国国际贸易委员会、国会、各州政府等相继参与到法律性文件的制定中来。美国国际贸易委员会在《美国和全球经济中的数字贸易》第一次报告中首次提出数字贸易的概念，并在 2014 年的第二次报告中对此进行完善和扩充。同时，美国国会通过《数字贸易法案》，提出美国作为数字贸易的政策制定者和实务谈判者，要将实现全球数字贸易开放自由作为关键的优先事项，推动数字贸易新规则以电子商务规则的形式体现在目前正在进行的各类双边或多边谈判中。之后美国国会颁布的《2014年国会两党贸易优先法案》就更加开放、公平和互惠的市场准入，减少或消除与贸易和投资直接相关的贸易壁垒与扭曲等问题做出说明。美国商务部发布《数字经济与跨境贸易：数字化交付服务的价值》报告，致力于维护全球跨境贸易和互联网信息的自由流动。2017年，《全球数字贸易：市场机遇及主要外国贸易限制》描述了当时企业进行数字贸易的状况和最新发展以及消费者利用数字技术的情况，评估数字技术在美国和其他国家市场的采用率，以及海外重要市场中可能阻碍数字贸易的政策和规制。2018年，美国贸易代表办公室和数字贸易工作组发布的《国家贸易评估报告》中将数字贸易壁垒作为重要内容，并制定了相应的政策，试图推广数字贸易规则。此外，美国对网络安全问题一直高度重视，2018年美国商务部在《国际网络安全优先事项：促进全球网络安全创新》中阐明了美国国务院对网络安全的政策方针，确定了各项优先事项，明确其目标是确保技术产品和全球网络具备可操作的、有弹性的和安全的特征。同年，美国政府发布了《美国国家网络战略》。作为美国第一个全面阐述其网络战略的文件，《美国国家网络战略》不仅继续传递着美国对网络安全产业创新、数据跨境自由流动的支持态度，也标志着网络漏洞修复与网络能力构建工作受到美国政府的关注。

美国数字经济多年来一直在全球独占鳌头，在各个领域均占据领先和优势地位，其数字经济发展战略框架基本体现出自由和开放的态度。近年来，通过外部治理，美国积极鼓励私人部门发挥主要作用，为平台的快速有序发展营造出良好的社会生态。

9.2 欧盟：治理态度一贯严苛

欧盟对数字经济的治理则始终保持严苛的态度，注重保护中小企业和市场竞争者的利益，并且逐渐呈现出提升区域经济竞争力、提高国际经济合作水平的意愿，反映出欧洲一体化的思想内涵。

数字经济整体政策

欧盟数字经济整体政策规划同样起步得很早，且国际协同治理的经验更为丰富。1993年12月，欧盟发布《增长、竞争、就业：迈向21世纪的挑战和道路》白皮书，明确指出发展数字经济的重要性，指明发展重点是加快欧盟国家之间的信息基础设施建设，提出"创建欧洲信息社会，迎接21世纪挑战"的战略。1999年，欧盟推出第一个信息社会战略"电子欧洲2002：面向所有人的信息社会"，即 e-Europe 战略，着力加快建立高速信息传输网，增加各种在线服务，使互联网得到广泛应用，并确立了三大目标：让每一位公民、每一所学校、每一家企业都尽快连接到互联网上；建立一个兼具创新观念和投资欲望的数字知识欧洲；促进社会协调发展，提升消费者信任和社会凝聚力。2000年，欧盟通过里斯本战略，鼓励创新，大力推动信息通信技术的应用与发展，探索创新2.0的发展路径，即面向知识经济的下一代创新，对欧盟数字经济的发展影响深远。2002年，欧盟进一步推出"电子欧洲2005：面向所有人的信息社会"，通过政策措施、范例推广、绩效评估、协调机制和资金保障等措施，计划到2005年底，实现建设现代化的在线公共服务、有活力的电子商务环境、广泛可用的宽带和安全的基础设施等目标。2010年，欧盟提出"2010倡议：为了促进增长和就业的欧洲信息社会"，战略涉及三大重点领域：整合欧盟所有可支配的法律，建立一个现代的、市场导向的数字经济的法律框架；整合欧盟在研究和创新方面的工具，推动数字化的融合以及建立与私营部门的合作，从而提升欧盟在创新和技术方面的领导力；通过提供高效、方便实用的在线服务，促进包容的欧洲信息社会的建立。同年，欧盟推出欧洲2020战略，这一战略中的欧洲数字化议程成为当年5月第一个付诸实践的倡议：建立一体化的充满活力的数字市场；改进信息通信技术标准，提高可操作性；增强网络安全；实现高速和超高速互联网连接；促进信息通信技术前沿领域的研究和创新；提高数字素养、数字技能和数字包容；利用信息通信技术产生社会效应。

税收制度

欧盟在税收制度上同美国相反，多采用直接财政补贴对以电子商务为代表的新经济进行扶持，力求使平台征税同传统经济持平。欧盟认为税收系统应具备法律确定性，应使纳税义务公开、明确，保持可预见性和中立性，即电子商务新兴贸易方式同传统贸易方式相比不应承担额外税收，但同传统贸易方式一样属于增值税征收范畴，否则将导致不公平竞争。1997年，欧洲电信部长级会议通过《波恩部长级会议宣言》，初步阐明了欧盟为电子商务发展创建的"清晰与中性的税收环境"的基本原则。随后颁布了《关于保护增值税收入和促进电子商务发展》，认为不应把征收增值税和发展电子商务对立起来，并且为了控制此项税基流失，决定对成员国居民通过网络购进商品或服务时不论其供应者是欧盟网站还是世界其他地区网站，一律征收20%的增值税，由购买者负责扣缴。2002年，欧盟通过了《针对现行增值税法的修正案》，对原增值税法中要求非欧盟居民销售数字产品要缴增值税的规定进行修正，非欧盟居民在向欧盟居民销售数字产品时可以享受免征增值税的待遇。2013年，为了适应平台经济的发展，欧盟发布《快速反应机制指令》，逐步完善现行税制尤其是增值税，并逐渐扩大增值税征税制度的覆盖范围，从之前仅限于欧盟成员国之间的电子商务扩大到包括非欧盟成员国通过网络销往欧盟成员国在内的交易。此外，欧盟还提出一站式纳税申报（One-Stop Shop）、平台代扣代缴等税收制度，以确保销售商在最终消费者所在的国家缴纳增值税，促进欧盟成员国之间的税收分配更加公平。欧盟的税收政策立足于欧盟自身经济利益，促进了新经济形式在本地区的发展，并在一定程度上对美国的经济扩张起到了遏制作用。

数字贸易国际规则

欧盟专注于打破境内数字市场壁垒，释放欧盟市场的活力和潜力，但在数字贸易方面，特别是在跨境数据流通领域的态度十分严格。2000年，在跨境数据流通领域，以欧盟为代表的统一立法体制对以美国为代表的松散立法体制做出让步，签署了《安全港协议》，在一定程度上解决了欧盟充分保护标准对美国企业在欧盟开展业务设置的限制性门槛问题，在确保美国企业达到欧盟对个人数据的较高保护标准要求的同时，能够维持美国长久以来一直采用的自律机制。然而，棱镜事件爆发后，欧盟各国对该协议的执行力度产生严重怀疑，认为美国以国家安全、公共利益和执法需求为借口漠视隐私保护，协议不能约束美国政府机构的数据审查行为，难以满足欧盟充分保护的原则。因此，2015年10月，欧洲最高法院对该协议予以撤销。2016年，《欧盟－美国隐私保护框架》取代《安全港协议》以解决欧美双方数据跨境自由流动问题，形成了新的向美国转让欧盟个人数据的资源框架。美国组织只要根据该保护框架通过自我认证，就能收到来自欧盟组织的个人数据，无须欧盟数据出口商的特别同意或与其签订特别协议。该框架旨在为美欧企业提供符合数据保护要求的法律机制，支持跨大西洋贸易。欧盟对数字贸易的治理态度尤其体现在2015年启动的数字单一市场战略中，该战略提到为实现成员国数字贸易跨境消费的规则公平，欧盟委员会将修改立法提案，以确保国内市场交易方不因强制性国家法律规制或产品具体规则的差异而中止跨境交易。通过制定统一的法律框架和规则，破除法律与行政壁垒，使人才、技术、资金、物资和数据实现自由释放流动。2018年5月，欧盟《通用数据保护条例》生效。该条例被认为是世界历史上最严格的个人数据保护条例之一，其适用范围极为广泛，规定任何收集、传输、保留或处理过程涉及欧盟成员国内个人信息的机构组织，包括从欧盟之外向欧盟居民提供服务的企业在内，均受该条例约束，由此确立了长臂管辖原则，使公民从企业组织手中收回了对个人资料的控制权。同年，欧盟推出《非个人数据在欧盟境内自由流动框架条例》，旨在确保非个人数据在欧盟范围内的自由流通，消除欧盟各成员国的数据本地化要求，从而在欧盟境内消除数据保护主义，为大数据、云计算和人工智能等技术发展铺平道路，增强欧盟在全球市场的竞争力。这一条例和《通用数据保护条例》共同使全类型数据自由成为人员、货物、服务和资本之外的欧盟第五大自由，标志着欧盟针对数字经济宏大的法律框架工作到达了一个重要的里程碑，对世界其他国家个人信息和数据保护制度的示范带领作用明显。

欧盟数字经济相关政策法规持续体现出严苛的监管态度和欧洲一体化的思想。然而，颇为严格的法律限制在某种程度上对欧盟的信息化发展造成了阻碍。

9.3 英国：积极研究平台发展难题

英国数字经济治理整体上由侧重数据开放向关注数据安全转变，由保障数字经济发展速度向保障数字经济发展质量转变。在保证数据安全的前提下，引入多元化的数字业务，提供数据端口，适当开放市场准入，保障数字经济的商业运行环境。

数字经济总体发展情况

英国数字经济整体发展战略的规划逐步清晰、细化，充分发挥政府的引领作用。1997年，英国提出《网络的利益：英国电子商务议程》，公布了英国电子商务的发展前景和规划，强调作为平台经济典型代表的电子商务在英国向新经济形态转型过程中能发挥的关键作用，并提出发展电子商务的原则框架。为应对2008年国际金融危机，英国政府启动了数字英国战略项目。2009年6月，商业创新和技能部与文化媒体和体育部联合发布了《数字英国报告》，指出要让民众享受到数字经济的好处，也要注意到因计算机网络发展而带来的一系列盗版侵权问题。同年8月，商业创新和技能部与文化媒体和体育部联合发布了《数字英国实施计划》。2015年2月，英国政府发布了《数字经济战略2015—2018》，旨在通过数字化创新驱动经济发展，为把英国建设成为数字化强国确定具体的战略方向。该战略提出五个目标：鼓励数字化创新者，聚焦用户，武装数字化创新者，促进基础设施、平台和生态系统发展，保障可持续性。该战略实施后，英国数字经济总量在2016年达到1.43万亿美元，约占GDP的54.5%。2017年3月，英国政府发布了《英国数字化战略》，对打造世界领先的数字经济和全面推进数字化转型做出全面部署，提出把数字部门的经济贡献值从 2015 年的 1 180 亿英镑提高到 2025 年的 2 000 亿英镑。同时该战略提出了七大任务：一是连接数字化，为英国建立世界一流的数字化基础设施；二是技能与包容性数字化，为每个人提供掌握其所需数字化技能的途径；三是部门数字化，让英国成为建立并发展数字化业务的最佳平台；四是宏观经济数字化，帮助每一家英国企业顺利转化为数字化企业；五是网络空间安全化，让英国提供全球最为安全的在线生活与工作环境；六是政府数字化，确保英国政府在全球为民众提供在线服务方面处于领先地位；七是数据核心化，释放数据在英国经济中的重要力量，并提高公众对使用数据的信心。

数字经济治理

在数字经济迅速发展的同时，数据的使用安全和消费者权益成为治理的重要内容。2017 年 5 月，英国的《数字经济法案》正式生效，法案规定：引入宽带普遍服务义务，确保英国每个家庭和企业都有权获得最低速率为 10Mbps 的宽带服务；赋予终端用户便捷切换运营商的权利，并确保出现问题时能够获得适当的补偿；通过设定访问特定网站或应用程序的年龄验证、对垃圾邮件发件人和骚扰电话呼叫者进行处罚、增加对在线版权侵犯的量刑选项等措施保护在线消费者。2018 年，英国政府发布了《数字宪章》，旨在使英国成为拥有全球最安全的网络的国家和成立数字企业的最佳之地，在促进创新、鼓励高科技产业发展规章制度建设上领先世界，提振公众对新技术的信心，为数字经济的发展壮大创造最佳条件。《数字宪章》中指出，英国数字经济发展现阶段的重点包括：为高科技企业成长创造良好生态；对网上伤害采取应对措施，与企业共同开发技术方案，保护人们免受有害内容和行为的伤害；考虑网上平台应对其共享内容承担何种法律责任，包括如何利用现有法律框架采取更有效的行动；在数据和人工智能伦理和创新方面确保数据使用安全且符合伦理，基于数据的决策过程公平透明；在数字市场方面支持数据可携带和促进数字共享，确保数字市场有序运行；限制虚假消息的传播和影响，避免为谋取政治、金钱等个人私利而散播谣言的行为发生；在网络安全上支持企业和其他机构采取必要措施防止受到恶意网络活动的攻击。

英国在面临经济下行压力时，充分发挥了政府的引领作用，促进了数字经济的发展，形成了新的增长极。英国政府希望通过改善基础设施、推广全民数字应用以及提供更好的数据保护，促进经济的长期稳定发展。在面临脱欧困扰之际，英国政府仍然坚定推动数字经济发展战略再升级，体现了对数字经济的巨大期待和决心。

9.4 日本：重视产业创新与国际合作

日本历来高度重视信息技术产业，并着重强调数字安全。总体来看，日本重视政府部门和研究机构的贡献，重点关注信息基础设施建设和数字技术的战略部署，由早期宽松的市场准入转向审慎的反垄断监管，由最初国内单边监管转向寻求国际多边协作。

数字经济总体发展情况

日本的数字经济总体发展战略不仅重视信息技术产业发展，而且关注国家数字安全。日本设置了专门政府部门研究产业发展标准和数字安全问题。

在信息产业发展方面，2001 年，日本政府制定了 e-Japan 战略，集中力量开展宽带网络基础设施建设。两年后又制定了 e-Japan 战略 II，目标是将信息技术应用到食品、医疗、金融、行政和就业等领域。2004 年，日本政府推出了 u-Japan 战略，提出建设泛在网络社会，从网络、终端、平台和应用四个层面构建信息技术与经济社会的联系。2009 年，日本政府推出 i-Japan 战略，提出面向数字经济新时代的战略政策，以实现信息产业在经济社会的普惠性。2013 年，《日本复兴战略》明确将通过发展数字经济来振兴日本经济。2013 年 6 月，日本政府发布了《创建最尖端 IT 国家宣言》，计划在 2013—2020 年间以公共数据资源开放和大数据应用为核心，把日本建设成为世界信息技术最高水准、信息技术广泛应用的社会。宣言提出以下要点：向民间开放公共数据，于 2013 年度内启动居民可浏览国家和地方公开数据的网站（试用版）；促进大数据的广泛活用，促进个人数据的流通与运用；活用信息技术，实现农业及其周边相关产业的高水平化；构筑医疗信息联结网络，2018 财政年度前在日本普遍建立医疗信息联网体制，使医疗和护理以及居民生活支援服务等机构共有医疗信息；利用信息技术对社会基础设施进行维护管理，2020 年前通过使用传感器的远程监控对日本 20% 的重要基础设施实施检修；改革国家及地方的行政信息系统，原则上 2021 年前将所有政府信息系统云计算化。2016 年 1 月，日本政府提出超智能社会 5.0 战略，指出超智能社会 5.0 是在当前物质和信息趋于饱和且高度一体化的情况下，以虚拟空间与现实空间的高度技术融合为基础，实现人与机器人、人工智能的共存，超越地域、年龄、性别和语言等限制，针对诸多细节及时提供与多样化的潜在需求相对应的物品和服务，能实现经济发展与社会问题解决相协调的社会形态，能够满足人们愉悦及高质量生活品质的需求。

在数字安全战略方面，日本总务省和经济产业省推动设立了非盈利性的日本信息处理会社，以支持信息技术产业的发展。该机构长期致力于研究与数字经济相关的安全与隐私问题，并推动了一系列关于个人隐私的产业标准的制定。2011年，日本信息处理会社更名为日本促进数字经济和社区发展研究院（JIPDEC）。在该院坚实的研究基础支撑下，日本于2014年制定并实施了《数字安全基本法》。该法案把安全防范措施的责任与义务落实到各级政府，并规定电力、金融等民间重要基建企业与机构应就政府制定的措施等予以配合，明确政府应对中小企业的网络安全措施提供必要的协助。2015年，日本政府还专门成立了隶属于内阁的数字安全战略小组，以制定国家数字安全战略。同年3月，日本《个人信息保护法》和《个人号码法》修正案获得通过，规定删除名字等使特定个人无法被锁定的信息，即使没有本人同意也可提供给第三方，这在一定程度上有利于企业的商业化应用。

数字经济国际协作

日本政府通过国际组织寻求建立数字经济的全球性治理框架，由侧重国内监管转向寻求国际协作。2019年6月，在日本大阪召开的二十国集团领导人第十四次峰会期间，24个国家和地区领导人联合发布了《数字经济大阪宣言》，就各种问题交换意见，包括信任数据自由流动的概念、世界贸易组织关于电子商务的讨论以及能力建设的需求等，强调确保所有国家和地区都能够抓住机遇的重要性。特别在数据流动方面，宣言提出数据、信息、思想和知识的跨境流动会推动生产率的提升、创新的优质化和发展的可持续。为建立信任和促进数据自由流动，宣言认为有必要尊重国内和国际的法律框架，基于信任的数据自由流动才能极大地推动数字经济的发展。

日本非常重视发挥政府部门和研究机构对信息产业发展和数字安全保护的引领作用，如针对数字经济发展中的特定问题成立专门工作小组，制定专门解决方案。日本对国际协作的重视也反映出数字经济治理已成为全球趋势，国家间不同导向的规则博弈正在加剧，协同治理的价值也进一步显现。日本正试图抓住全球治理规则重构的重大机遇，推动本国信息产业的发展。

9.5 数字经济整体发展战略规划

美国：政府引领多元主体推动全面布局

美国十分注重对数字经济的整体布局。早期，美国政府高度重视协同构建信息技术发展和数字理念，大力推动社会主体协同全面布局数字经济发展体系。早在 1993 年初，美国就推出了目标是实现信息实时无缝流动的信息高速公路计划，同年 9 月公布国家信息基础设施计划。自此，美国的信息技术开始日趋成熟，并带来了以"高生产率、高收益率、高投资率、低失业率、低通货膨胀率和更加公平的收入分配"为特点的新经济。美国逐渐步入数字经济时代。在推动信息基础设施建设的基础上，美国商务部在 1998—2003 年相继发布《浮现中的数字经济》《浮现中的数字经济 II》《数字经济 2000》《数字经济 2002》《数字经济 2003》五份年度数字经济报告，公开采用数字经济一词描述信息技术给美国经济以及世界经济带来的社会变革，全面阐释了数字经济的信息内涵和影响效力，为在 21 世纪初经济疲软和"9·11"事件打击下的美国社会注入信心。

与此同时，美国政府关注到了数字经济发展过程中存在的数字鸿沟等问题，对早期数字经济理念的普及起到非常大的推动作用。在普及数字经济理念、完善基础设施建设的基础上，美国商务部提出数字国家的概念，并于2010—2014年由美国国家电信和信息管理局联合经济和统计管理局接连发布五份数字国家报告，强调政府政策目标对实现宽带互联普及的重要性，探究不同人群和地区之间宽带网络、移动互联网使用率差别的原因及解决方式，为美国国内互联网的快速普及提供了最大限度的支持。

此外，美国政府在大数据时代到来之际顺应数字经济发展趋势，通过建设数字政府努力提升透明度和自身治理能力，更好地为社会服务。2009年，美国总统奥巴马接连签发了《透明与开放政府备忘录》《开放政府数据行政令》等，明确政府公开工作透明、共享与协作的三大原则，并要求所有政府部门必须在45天内向社会开放三个有价值的数据源。同年，美国政府上线了政府开放数据的门户Data.gov。2012—2014年，美国先后推出《大数据研究和发展计划》、数字政府战略、《美国开放数据行动计划》等，要求政府机构着力"建立一个21世纪的平台，更好地服务美国公民"，并提出了"应主动承诺开放，并逐步开放数据资源"的原则。

随着数字经济在经济社会中占据越来越重要的地位，美国政府发布相关议程并成立专门机构予以应对。2015年11月，美国商务部发布的《数字经济议程》，把发展数字经济作为实现繁荣和保持竞争力的关键，主要聚焦于自由开放的互联网、互联网信任和安全、互联网接入和机能、创新和新兴技术四个方面。同时，在《数字经济议程》发布会上，宣布成立数字经济咨询委员会，将"为数字时代的经济增长和机遇提出建议"作为行动目标，并在成立后组织多场专题研讨活动，就数字经济规模测算、就业、数字平台等问题提出了诸多有针对性的政策建议。

欧盟：兼顾整体增速和区域内协同发展

随着美国数字经济腾飞发展，欧盟的数字经济也开始起步，并在早期就明确了以发展数字经济建设信息社会的路径。《增长、竞争、就业：迈向21世纪的挑战和道路》白皮书于1993年12月欧盟成立之际发布，明确指出加快欧盟国家之间的信息基础设施建设是发展数字经济的重点。在此基础上，欧盟执委会于1994年3月成立了欧盟工业和信息技术委员会，将研究世界信息高速公路建设和发展趋势作为自身主要任务，制定了欧洲信息社会发展所需的一系列具体措施和相关政策法规。同年，三次欧盟首脑会议分别发布了《欧盟和全球信息社会》报告，制定了欧洲通向信息社会之路行动计划，同时提出欧洲通向信息社会之路行动方案。1995年，戛纳欧盟首脑会议继续强调信息通信技术的重要性。在1997年11月举行的卢森堡欧盟首脑会议上，建设知识型信息社会首次被提出，建设信息社会的路径逐渐明晰。

在全面分析信息通信技术建设与经济发展现状的基础上，欧盟开始推出纲领性的信息社会战略，数字经济走向发展阶段。第一个信息社会战略"电子欧洲2002：面向所有人的信息社会"于1999年12月推出，确立了"让每一位公民、每一所学校、每一家企业都尽快连接到互联网上；建立一个兼具创新观念和投资欲望的数字知识欧洲；促进社会协调发展，提升消费者信任和社会凝聚力"的三大目标，并提出相关举措和时间表。在这一战略成功的基础上，2002年的"电子欧洲2005：面向所有人的信息社会"提出了更高的发展目标，即到2005年底，实现建设现代化的在线公共服务（电子政务、电子教育、电子医疗服务等）、有活力的电子商务环境、广泛可用的宽带和安全的基础设施等目标。由于起步战略卓有成效，欧盟提出了第三个信息社会发展战略，即"2010倡议：为了促进增长和就业的欧洲信息社会"，明确了战略核心的三大重点领域。2009年3月，欧盟通过了信息通信技术研究和创新战略，并在2010年3月推出欧洲2020战略，其中欧洲数字化议程提出了欧盟数字经济发展的七个阻碍和解决发展阻碍的七个重点领域，并系统阐述了具体的行动方案。

欧盟成员国之间的信息技术发展差异明显，数字经济发展不均衡，在一定程度上制约了欧盟整体数字经济的发展。为此，欧盟试图打破国家之间的数字市场壁垒，解决数字版权、IT安全及数字保护等领域的法律纠纷问题。2015年5月6日，欧盟委员会公布了数字单一市场战略，旨在为个人和企业提供更好的数字产品和服务，创造有利于数字网络和服务繁荣发展的环境，以及最大化地实现数字经济的增长潜力。在此基础上，欧盟于2016年发布了欧洲产业数字化规划，加强欧盟成员国之间的战略层面合作，特别是传统产业的数字化转型。2018年4月，欧盟还发布《欧盟人工智能战略》，旨在秉持以人为本的人工智能发展理念，推动欧盟人工智能领域的技术研发、道德规范制定以及投资规划。

中国：如何布局未来数字经济发展战略

数字经济总体发展水平较高的美国与欧盟的战略布局，对我国具有一定参考借鉴意义。

第一，数字经济基础设施建设依旧是首要任务。我国数字经济虽然已经迈入成熟期，但互联网普及程度与基础设施建设状况仍落后于欧美，仍需深入推进信息化建设，加快建设高速泛在、天地一体、云网融合、智能敏捷、绿色低碳、安全可控的智能化、综合性数字信息基础设施，重点提升关键软件技术创新和供给能力，为数字经济的蓬勃发展奠定更为坚实的基础。

第二，发展数字经济理论、培养全民数字意识至关重要。向数字经济转型与发展，势必会改变传统经济模式下的制度、模式和理论，促使社会经济形态呈现新的面貌，因此，需要持续加强对数字经济的理论探索，提升全民的数字素养水平。

第三，进一步完善数字产业结构布局具有关键作用。目前，我国数字经济的生力军主要集中在互联网行业，而智能制造业仍处于起步阶段。进一步完善数字产业结构布局需要推动实体经济与虚拟经济深度融合、制造业与互联网深度融合，发挥数字经济对经济发展的放大、叠加和倍增作用，增强产业链关键环节的竞争力，建设完整的产业链体系，把握自主创新生命线，加速产品和服务迭代，并通过具有前瞻性的产业政策，催生更多新业态、新模式参与市场竞争。

第四，数字经济发展不平衡是当前亟待解决的核心问题。我国数字经济发展并不平衡，总体上呈现东高西低的格局。同时，政策推动下的数字经济试点城市可能会形成区域壁垒或地方保护主义。另外，城乡差距也较为明显，影响数字经济整体发展。因此，我国在布局数字经济发展战略时，应统筹考虑，适当挖掘内陆城市的发展潜力，努力解决区域间与城乡间存在的数字鸿沟问题，使数字经济更加平稳有序地发展。

第五，健全的法律法规和政策体制是数字经济良性发展的重要支撑。要推动数字经济发展，必须完善数字经济治理体系，提升数字经济治理能力现代化水平，推动主管部门和监管部门分工协作，促进法律监管、社会监督、行业自律形成合力，共同维护国家数字经济安全制度体系的有序运行。

9.6 数字平台滥用市场支配地位

在数字经济背景下,平台滥用市场支配地位已成为全球性问题,对市场规则和竞争秩序提出挑战。美国、欧盟应对平台滥用市场支配地位问题的方式不尽相同,美国是先开放后审慎,欧盟是先规范后发展。我国尽管出台了相关法律规制激烈竞争下的大平台垄断,但仍然存在较多争论,尤其是对国内电商平台"二选一"问题的处理争议不断。

美国:审慎监管,鼓励数字平台竞争和创新

美国是全球重要的数字经济体,拥有微软、亚马逊、谷歌、脸书、优步等世界领先的数字平台和大量富有活力的中小数字企业。为了鼓励平台在技术研发、商业模式、用户服务等方面不断创新,美国针对平台垄断行为的监管体现出自由开放的态度。

立法方面,美国传统经济部门反垄断法律法规建立在1890年《谢尔曼法案》、1914年《克莱顿法案》和《联邦贸易委员会法案》的基础之上。其中,《谢尔曼法案》设置了价格歧视、排他性交易和附条件交易的相关禁止性规定,同时规定了对滥用市场支配地位行为的经济赔偿和刑事处罚。《克莱顿法案》主要针对一些特殊的限制贸易行为进行预防,如排他性交易安排、捆绑销售、价格歧视、合并与兼并等,并在后期通过《罗宾逊-帕特曼法案》和《塞勒-凯佛维尔反兼并法案》进行修正。《联邦贸易委员会法案》由美国联邦贸易委员会负责执行,被视为所有其他反托拉斯法乃至经济立法的补充。尽管上述法规诞生于数字经济发展之前,但在数字经济背景下,美国政府对平台滥用市场支配地位行为的规制仍然基本沿用上述法律,并针对特定情形进行了拓展。例

如，2010年美国司法部和联邦贸易委员会发布《横向合并指南》，加大了对可能导致创新减少的兼并行为的审查力度。

执法方面，无论是美国联邦贸易委员会还是司法部，都拓展了传统的以保护消费者权益和维护市场竞争为主的规制目标，更加鼓励创新。美国曾在2001年针对微软捆绑案展开调查，但为了维护个人电脑和操作系统在促进产业创新方面的作用，最终撤销了拆分微软的裁决。然而，自2019年起，美国一改对市场竞争的包容态度，对数字平台的反垄断监管手段趋向严格。2019年6月，美国联邦贸易委员会、司法部、众议院和州级检察部门对脸书、谷歌、亚马逊、苹果四大数字平台开展反垄断调查，调查内容涉及平台兼并、算法滥用和垄断地位传导等问题，意在抑制互联网巨头阻碍产业创新、阻止初创数字企业参与竞争的势头。

欧盟：严格约束，保护消费者和竞争者利益

与美国先开放后审慎的态度不同，欧盟采取先规范后发展的路径，建立了严苛的数字经济反垄断体系。相比美国，欧盟对滥用市场支配地位的界定更为严格。以对剥削性滥用的定义为例，欧盟标准下的滥用市场支配地位，不仅包含拒绝交易等排他性行为，还包含不公平或过度定价等谋取暴利行为。某些案例在美国法律下也许不会涉及滥用市场支配地位，但却可能会遭到欧盟委员会调查。

立法方面，欧盟发布了《通用数据保护条例》等通行全球的数字经济规范监管标准，其执行竞争政策的宏大目标是建立单一欧洲市场，预防并消除内部贸易壁垒，强调保护消费者利益和中小企业竞争力。《欧盟运行条约》《欧盟小企业法案》等诸多法律也都明确了小企业对欧盟经济发展的重要作用。

执法方面，欧盟对大型数字平台的竞争行为采取了严苛的监管手段，积极运用反垄断法律法规处置滥用市场支配地位的行为，尤其针对互联网巨头跨界传导垄断地位的行为频频开出巨额罚单。2017 年 6 月到 2019 年 3 月，欧盟委员会接连对美国谷歌公司开出了高达 24.2 亿欧元、43.4 亿欧元、14.9 亿欧元的巨额反垄断罚单。绝大多数反垄断裁决均是为了更好地保护中小竞争者和消费者权益，特别是出于与数据保护、隐私安全相关的目的。

中国：侧重对激烈竞争下大平台垄断的规制

我国数字经济发展呈现出日新月异的态势。从发展基础看，截至 2023 年 12 月，我国网民规模达 10.92 亿人，互联网普及率为 77.5%，互联网宽带接入端口数量达 11.36 亿个，居全球首位，拥有巨大的市场基础优势。从发展规模看，2022 年我国数字经济规模达 50.2 万亿元，数字经济占 GDP 比重达 41.5%，数字经济已经成为我国经济增长的新引擎。从发展质量看，在福布斯 2023 年全球数字贸易行业企业 100 强榜单中，我国有 62 家数字企业上榜，数量稳居第一。

数字经济的飞速发展带来了激烈的市场竞争。我国本土数字平台成长速度、行业规模和创新能力惊人。B2B 平台格局基本定型，行业集中度明显，电商行业形成赢者通吃格局，领先企业在继续借助流量和用户规模优势提升平台黏性的同时，也在向垂直领域加大布局力度。B2C 平台逐渐成为网购主流模式，并且随着消费者对品牌及质量需求的觉醒，交易规模持续扩大。移动网购市场长尾企业数量众多，随着跨境、生鲜、母婴等垂直领域兴起，初创企业竞争异常激烈。

与欧美相比，我国数字经济市场整体处于上升期，中小数字平台众多，部分超大型数字平台实力强劲，逐渐形成了一定的市场势力，这种数字平台竞争格局对市场规制提出了具体要求。我国对数字平台企业的监管，采取包容审慎的态度，兼顾扩大中小企业发展空间和约束超大企业垄断行为。一方面，我国与欧美反垄断机制的相似点在于同样反对占据市场支配地位的企业排挤其他竞争企业，注重保障消费者权利，侧重基于数字经济整体发展目标进行市场规制。另一方面，我国需要发挥大数据、物联网等数字经济基础设施的优势，提升市场规制效率，发挥龙头企业引领作用，提升平台自我约束力。

我国应对平台滥用市场支配地位的法律以《反垄断法》《反不正当竞争法》《电子商务法》为基础，兼有一系列法规对垄断行为和市场秩序做出规定。

《反垄断法》聚焦于对垄断或不正当竞争行为的规制。其中第三条界定了垄断协议、滥用市场支配地位与经营者集中三项垄断行为，从体系上构建了对数字平台垄断规制的法律框架。《反不正当竞争法》针对利用互联网技术实施不正当竞争的行为做出限制。新修改内容进一步明确了混淆行为的概念、商业贿赂的对象，对互联网刷单、炒信等虚假宣传问题做出针对性规定，补充了侵犯商业秘密的法律规定。同时规定经营者不得利用技术手段，通过影响用户选择或者其他方式，实施下列妨碍、破坏其他经营者合法提供的网络产品或者服务正常运行的行为：未经其他经营者同意，在其合法提供的网络产品或者服务中，插入链接、强制进行目标跳转；误导、欺骗、强迫用户修改、关闭、卸载其他经营者合法提供的网络产品或者服务；恶意对其他经营者合法提供的网络产品或者服务实施不兼容；其他妨碍、破坏其他经营者合法提供的网络产品或者服务正常运行的行为。目前，平台经济的垄断形式已基本纳入现有反垄断法律体系。

《电子商务法》对电子商务平台滥用市场支配地位的行为的规制，

主要体现在第二十二条、第三十二条中。其中，第二十二条是对电子商务平台经营者的规定，要求电子商务平台经营者不得滥用市场支配地位来排除、限制竞争；第三十二条是对消费者权益保护的规定，要求电子商务平台经营者应当遵循公开、公平、公正的原则，制定平台服务协议和交易规则，明确进入和退出平台、商品和服务质量保障、消费者权益保护、个人信息保护等方面的权利和义务。第三十九条还规定电子商务平台经营者应当建立健全信用评价制度，公示信用评价规则，为消费者提供对平台内销售的商品或者提供的服务进行评价的途径，不得删除消费者对上述商品或者服务的评价。

此外，《网络交易监督管理办法》《国务院办公厅关于促进平台经济规范健康发展的指导意见》等也做出了网络交易监督管理的有关规定，督促监管机构依法查处互联网领域滥用市场支配地位的行为，维护市场价格秩序，引导企业合法合规经营。

数字平台垄断的重要问题："二选一"

"二选一"是数字平台滥用市场支配地位的表现形式之一，其本质是通过锁定供应商达到封锁市场、限定交易的效果，进而排挤竞争对手。奇虎360和腾讯QQ之争、京东和天猫之争，都是线上"二选一"案例的典型代表。

"二选一"产生的原因需要辩证分析，关键在于判断红线是否损害了消费者与竞争者利益。一方面，排他性协议作为一种合理的商业安排，可以帮助平台控制经销网络质量、最小化搭便车行为，提高产品与服务质量，因此各国法律一般不会干预正常的排他性商业策略。另一方面，排他性协议很可能损害竞争者和消费者利益。相较单边市场的排他性协议，多边市场的排他性协议更需要引起执法部门关注，不应受到宽松对待。

数字平台"二选一"策略的本质是对流量的争夺。数字平台经过早期的激烈洗牌，目前已经基本形成稳定的格局，但即使是处于头部的电商平台，现在也面临流量见顶的困局。消费者是平台流量的重要来源，天猫、京东"二选一"竞争的背后，是消费者多归属特点的驱使：消费者往往同时使用多个电商平台。除消费者个人习惯会影响消费行为之外，规模大小、优惠力度、产品布局等平台层面的因素同样会对消费行为产生影响，然而这些因素越来越趋于同质化，唯一能够做出区别的就是平台是否拥有优质的供应商。因此，平台选择另辟蹊径，从争夺供应商入手抢夺消费者流量。

目前，我国为应对平台"二选一"制定了一系列法律法规，裁量标准不断明确，惩处力度逐渐加大。2015年，国家工商行政管理总局针对"双十一""双十二"等电商大促发布《网络商品和服务集中促销活动管理暂行规定》，明确规定平台不得限制卖家参与另一平台的促销互动。2019年8月，《国务院办公厅关于促进平台经济规范健康发展的指导意见》指出，要依法查处互联网领域滥用市场支配地位进行限制交易、不正当竞争等违法行为，严禁平台单边签订排他性服务提供合同，保障平台经济相关市场主体公平参与市场竞争。2019年9月正式实施的《禁止滥用市场支配地位行为暂行规定》，直接对"二选一"问题做出一系列明确规定。其中第十一条规定，从相关行业竞争特点、经营模式、用户数量、网络效应、锁定效应、技术特性、市场创新、掌握和处理相关数据的能力及经营者在关联市场的市场力量等因素出发，判断互联网等新经济业态经营者是否具有市场支配地位，这一规定是对互联网平台的性质是否为单一市场及其市场支配地位认定难度较高的立法回应。另外，第十七条进一步明确了禁止具有市场支配地位的经营者没有正当理由，从事限定交易行为的形式：一是限定交易相对人只能与其进行交易；二是限定交易相对人只能与其指定的经营者进行交易；三是限定交易相对人不得与特定经营者进行交易。这一规定将排他性的"二选一"明确增列为限制交易行为。此外，该规定还明确了经营者滥用市场支配地位的法律后果，即由反垄断执法机构责令停止违法行为，没收违法所得，并处上一年度销售额1%以上10%以下的罚款。

当前，公众对"二选一"的合法性认识还未形成统一意见，对"二选一"的规制方法仍然存在争议，主要原因在于合法与否是一种严格的法律判断，必须建立在法律规则之上。尽管我国《反垄断法》《电子商务法》《反不正当竞争法》中的相关法律都可以作为"二选一"的规范依据，但不同法律的违法标准并不相同，分析框架也有所区别。另外，明确"二选一"问题的反竞争效果也面临一系列难题，例如，如何准确判别平台的市场地位、相关排他性协议的覆盖范围和持续时间，如何判断市场进入障碍存在与否，以及最终是否导致损害竞争效果和消费者权益等，这些问题在现实中往往难以找到具体法律裁量。

在法律规范之外，也需要找到从根本上遏制恶性"二选一"垄断行为的方法。数字平台之所以敢于提出"二选一"，在于拥有足够大的话语权。平台话语权来源于供求不平衡：平台中存在海量用户和供应商，用户想要找到真正合适的商品非常困难，供应商想卖出商品也非常困难。当供给过剩，找不到合适的销售出口时，大型平台便拥有了话语权。从表面上看，平台是让商家"二选一"，但实质上，"二选一"暗示了供给侧的过剩以及商品有待进一步提升质量和优化结构的问题。如果供求不平衡的根本问题没有得到有效解决，平台又无法守住已经形成的流量优势，这种看似稳定的格局同样有被瓜分的危险，突出的证明是天猫与京东"二选一"并没有遏制住拼多多的崛起。因此，相关部门在未来应重视解决供求不平衡的问题,如果只关注对"二选一"行为的规制,则可能导致行业供求不平衡的现象继续恶化。

9.7 数字税收

随着数字经济规模不断扩大,对税源和税基的控制难度不断提升,税收征管方式的转变成为首先需要解决的问题。在对数字经济征税的过程中,政府面临居民身份、销售所得来源地、利润归属地难以认定的三大挑战,社会各界应重新审视现行税制缺陷和税收规则的重构问题。数字经济作为一种新经济模式,必然会对基于传统经济形态构建的税收征管方式提出新的挑战,因此应及时推进税收征管方式的转变。

美国:免税制鼓励平台经济发展

美国的绝对霸主地位和数字经济的国际化性质,使得美国最初能够通过免税制来鼓励平台经济发展。但在不断博弈的过程中,美国对电子商务的税收政策逐渐由免税向征税过渡。1995年12月,美国成立电子商务发展组,研究制定相关税收政策。1996年11月,美国财政部发布《全球电子商务选择性税收政策》,确定了税收中性[①]是电子商务征税的基本原则。1997年,美国颁布了《全球电子商务政策框架》,认为对网络销售的商品和服务征收关税是无意义的,电子商务适用现有的税务制度,将不开征新税种,避免双重征税。随后,美国国会于1998年10月通过了《互联网免税法案》,禁止各州和地方政府对互联网接入服务征税。该法案自2001年10月1日到期后多次延长。此后,美国开始对数

---

① 税收中性指政府课税不扭曲市场机制的正常运行。

字平台实施税收缩紧政策。2013 年，经历两次提案后，美国参议院通过了《市场公平法案》，强令年总收入超过 100 万美元的电子商务经营者对其所有销售行为代收销售税，不论其在征收州是否有实体存在，以便电商和传统商家能够相对公平地进行竞争。2016 年，美国成立向分享平台经济参与者提供纳税指导、对参与分享经济活动的个人征收所得税的分享经济税收中心，但仍旧对数字产品和服务的税收问题保有宽容态度。2019 年，美国国会通过《数字产品和服务税收公平法案》，禁止州或地方司法管辖区对所涵盖数字产品或服务的销售征收多重税或歧视性税。

欧盟：积极立法保护数字税收公平

欧盟认为税收系统应具备法律确定性，应使纳税义务公开、明确、保持可预见性和中立性，即新兴贸易方式同传统贸易方式相比不应承担额外税收，但电子商务同传统贸易方式一样应属于增值税征收范畴，否则将导致不公平竞争。1997 年，欧洲电信部长级会议通过《波恩部长级会议宣言》，初步阐明了欧盟为电子商务发展创建的"清晰与中性的税收环境"的基本原则。1998 年，欧盟颁布了《关于保护增值税收入和促进电子商务发展》，认为发展电子商务和征收增值税不应对立，并决定对成员国居民通过网络购进的商品或服务一律征收 20% 的增值税，无论其供应者是欧盟网站还是世界其他地区网站，由购买者负责扣缴。2013 年的《快速反应机制指令》和 2017 年的《增值税改革提案》等一系列政策文件逐渐扩大了增值税征税制度的覆盖范围，从欧盟成员国之间的电子商务扩大到非欧盟成员国通过网络销往欧盟成员国的交易，并提出一站式纳税申报、平台代扣代缴等税收制度，目的是让销售商所缴纳增值税归属于最终消费者所在国家，促进欧盟成员国之间的税收分配更加公平。

大多数欧洲国家都支持征收数字税,一方面是应对脸书、谷歌、亚马逊和苹果等互联网巨头通过把利润转移到欧洲低税率国家(如爱尔兰、卢森堡等)的避税行为,另一方面是为了缓解本国财政压力。欧盟认为,在数字经济时代,针对互联网企业的征税制度存在漏洞,应该推动税收改革。欧盟委员会的统计数据显示,欧盟传统行业的实际税率达23%,而大型科技企业的实际税率平均只有9.5%。尽管目前全球范围内还没有达成共识的数字税收政策,但部分欧盟国家和英国已经开始尝试征收数字税。法国于2019年10月起,对全球数字业务年营业收入超过7.5亿欧元及法国境内年营业收入超过2 500万欧元的企业征收3%的数字服务税。继法国之后,意大利于2020年1月1日起,对全球收入超过8.31亿美元且在意大利收入在600万美元以上的科技公司征收3%的数字服务税。英国政府也于2020年4月1日开始对脸书、谷歌和亚马逊等在线年收入超过5亿英镑(约6.5亿美元)且其中来自英国的收入不低于2 500万英镑(约3 500万美元)的公司征收2%的税收。

中国:数字税收未来如何调整

我国是世界第二大经济体和全球最大的数字产品消费国之一,数字经济既给我国的税收管理带来了严峻的挑战,也为我国争取新一轮国际税收规则制定的主动权提供了机遇。

恰当构建数字税收征管方式,在征税和激励之间实现平衡,有利于促进数字经济发展。政府鼓励数字经济业务创新且允许试错创新,对数字经济中涌现的新业态、新技术、新模式采取税收激励制度,实施低税率、税收减免等优惠政策,不仅符合"宽税基、低税率"的税制改革要求，也符合鼓励数字经济发展的战略要求。同时，对数字经济实行征税制度，也有利于倒逼传统产业升级换代，淘汰落后产能，聚焦数字经济产业的培育与发展。

然而，我国的经济背景与欧美国家存在一定差异，在借鉴国际经验时需要审慎考量。不同于欧美国家，我国互联网企业的主要营业地与用户所在地基本相同，因此，我国政府具备通过增值税、企业所得税、个人所得税等方式向互联网企业征收税款的能力。但当前我国众多互联网企业赴海外投资，若我国支持并征收数字税，将导致我国互联网企业在国外面临更大的税收负担。作为互联网大国，我国应密切关注和积极分析各国数字税收规则的发展趋势，积极研究探索数字税制度，尤其是解决消费者、企业和政府之间关于数据利益的分配问题。

面对上述数字经济的税收难题，我国的当务之急是做好税制优化。一方面，要建立科学的数字经济税制体系：增强税制对经济变革的适应性；增强税制设计的前瞻性；增强数字经济的税制激励性。另一方面，也要着力推行第三方平台税款扣缴制度：让第三方平台对经营者的应税所得代扣代缴，以形成税务机关对数字经济实施监控的有效管理链条，发挥提高征管效率、加强税收监管、降低征税成本的作用。此外，我国还应建立税源管理协同共治制度：建立信息平台对数字经济实施税源监督；成立由政府牵头、各职能部门配合的统一工作小组，实现对数字经济的税源管理协同共治。

《电子商务法》明确规定，电子商务平台经营者应当依照税收征收管理法律、行政法规的规定，向税务部门报送平台内经营者的身份信息和与纳税有关的信息并办理税务登记。电子商务经营者应当依法履行纳税义务，并依法享受税收优惠。尽管我国当前法律本质上不存在任何针对电子商务企业的优惠，要求从事电子商务交易的企业与传统企业缴纳相同的税收，但由于税务部门管制松散，目前我国很多从事电子商务的中小型企业在实际纳税时可以不交或少交税。然而，放松管制不等于税收优惠，应针对中小型网络零售经营者等制定切实可行的税收政策，给予税收优惠，保障税收公平。

9.8 数字平台的消费者和劳动者权益保护

消费者权益保护：美国宽松审慎，欧盟规制严苛

美国在消费者权益保护上整体偏向宽松审慎，注重在保护消费者权益的同时不损害数字经济发展。1997 年，美国颁布《全球电子商务框架》，在强调隐私的重要性的同时兼顾数字经济的发展，规定不得采取过于严厉的监管方式扼杀新兴的数字经济。随后，美国涌现了一系列关于消费者隐私的法案提案，但都没有取得实质性的成果，直到剑桥分析事件[①]后，隐私问题才再次得到重视。尽管目前美国没有关于隐私保护的全国性立法，但一些州已做出了表率。2018 年 6 月，加利福尼亚州通过了《加州消费者隐私保护法案》。作为脸书、亚马逊、谷歌和苹果等互联网巨头的总部所在地，加利福尼亚州的地方法案引起了全球互联网行业的广泛关注。该法案明确了消费者在个人信息收集过程中享有知情权，企业必须披露收集的信息、商业目的以及共享这些信息的第三方；明确了消费者在个人信息使用过程中具有选择是否公开其个人信息的决定权；明确了未成年人保护规则。2018 年 5 月，佛蒙特州通过第 171 号

---

① 从 2015 年起，脸书将 5 000 万用户的个人信息分享给英国政治分析公司——剑桥分析，后者在数据分析的基础上了解用户偏好，并通过定向推送信息影响用户在政治领域的投票倾向。2018 年该事件曝光后，剑桥分析宣布破产，美国政府立即开展针对脸书的调查。

法案，为数据经纪人制定了特殊规则，要求数据经纪人购买和销售用户数据时，应在该州注册并创建全面的数据安全计划。此外，内华达州和明尼苏达州也通过了隐私立法，对互联网服务提供商留存和共享消费者信息的行为进行控制。伊利诺伊州、华盛顿州和得克萨斯州同样制定了相关的隐私法案。

而欧盟对数字经济消费者权益规制严苛，注重保护消费者基本权益。1993年，欧盟通过《关于消费者合同中不公平条款的指令》，规定了公平原则作为在线交易消费者权益保护的宪法性原则，所有成员国都应该将该原则纳入国内立法中。除此之外，条例对网购消费者签订的合同用语解释做了倾向于消费者的规定。1995年，《关于个人资料的运行和自由流动的保护指令》等法律都为个人信息保护提供了很好的示范作用。2000年，《关于内部市场中与信息社会的服务，特别是与电子商务有关的若干法律问题的指令》重点规范了经营者的信息披露义务，较好地保障了消费者的知情权。2018年5月25日，欧盟《通用数据保护条例》正式生效，肯定了个人信息保护是一项基本权利，对数据隐私的获取和使用做出严苛的限制。但是这项法规的代价很高：高昂的合规成本被转嫁给了消费者；公司利用数据改进服务变得更加困难，创新受到更为严苛的限制；许多公司可能转向选择不再提供服务，数字经济机遇面临缩减。

劳动者权利保护：美欧的实践经验

美国尝试通过社会组织或企业，如Peer.org、自由工作者联盟（Freelancers Union）等，协助自由工作者打造定制化的福利方案。在退休计划方面，靠零工经济维生的自由工作者无法享有公司提供的养老金制度，因此需要自行提早规划退休后的生活。对这部分工作者来说，简易雇员养老金计划（Simplified Employee Pension Individual Retirement Account，SEPIRA）成为其重要的退休保障。个人退休福利计划及简易雇员养老金可以将提交上限大幅提高到每年 53 000 美元，让自由工作者有机会进行弹性操作，在收入高的时期增加储蓄，收入减少时降低储蓄。

欧盟也十分注重数字经济下平台劳动者的权益保护。英国外卖平台 Deliveroo 与打车软件优步屡屡受挫，关键问题在于其对外卖骑手和司机等灵活用工权益保障的缺失。但欧盟十分注重对灵活用工劳动者的保护。2010 年，德国颁布《兼职和固定期就业法案》，赋予了雇员自由选择成为全职用工还是兼职用工的权利。同样，荷兰也通过《平等待遇一般法案》《工时平等待遇法案》《有关临时合同和永久合同的平等待遇法案》等一系列法案，赋予了劳动者平等的休息休假权、工资保障权以及养老和医疗保险等权利。丹麦也实施由灵活的劳动力市场、积极的劳动力市场以及慷慨的福利计划构成的黄金三角模式，从法律上认可了灵活用工的社会地位。

劳动者权益保护当前面临多重挑战

数字经济时代的来临给制造业就业环境带来了全新变化。一方面，数字经济促进制造业转型升级。网络平台推动了零工经济（gig economy）的兴起，数字技术与传统制造业融合，通过大数据、人工智能、物联网升级生产、供应链、营销与金融服务等，催生出新的就业机会。另一方面，在数字经济的冲击下，"招工难、就业难"并存的矛盾日益突出。当前，大部分制造业锁定于产业链低端，成本走高导致增速放缓，就业承载能力持续弱化，薪酬待遇竞争力明显下滑，就业规模走低。相比之下，数字经济行业工作环境自由、收入较高、前景良好，吸纳制造业挤出的低技术劳动力，吸引大量高校毕业生就业。但部分年轻人盲目偏好高工资而缺乏数字经济产业所需技能，长此以往经济社会将陷入数字经济行业与制造业同时生存困难、年轻人大面积失业的多重困境。简言之，制造业去产能分流大量劳动者，低技术劳动力缺乏产业技能，而大量具备技能的高校毕业生涌向数字经济行业，形成制造业与数字经济行业就业市场供需错位。此外，平台的劳动提供者由于没有全职工作，无法享有雇主所提供的医疗保险、退休储蓄、失业保障、带薪休假、残疾保险、人寿保险和劳工灾害赔偿等各项福利。

中国：保护消费者与劳动者权益的基本思路

在消费者权益保护方面，我国注重隐私保护和数字经济创新的平衡。作为数字经济大国，我国针对消费者数据保护的法律制度建设不断加快。《中华人民共和国网络安全法》(以下简称《网络安全法》)于2016年11月通过并于2017年6月施行，《中华人民共和国个人信息保护法》于2021年8月通过并于11月施行。2019年，国家互联网信息办公室出台了《儿童个人信息网络保护规定》。但更严格的规则会提高合规成本，造成提供在线服务的公司收入下滑，使公司难以利用数据进行创新，改进服务质量，最终给消费者造成损害。因此，政策制定者不应片面重视隐私保护，而应在隐私保护和创新之间实现平衡。隐私保护的关键不应是将消费者隐私权最大化，而是在不同的目标，如消费者隐私、生产力、经济竞争力、创新等之间实现平衡。

在劳动者权益保护方面，我国正在努力探索构建多层次的社会保障体系。我国劳动关系与劳务关系的认定在法律上产生一系列不同的后果。而互联网平台从业者大多没有与平台签订劳动合同，因此难以维护合法的劳动权益。如果将劳动者与平台企业之间的关系过于轻易地定义为劳动关系，会给平台企业带来一些不合理的负担；如果将劳动者与平台企业之间的关系都视为非劳动关系，那么劳动者的部分权益将无法保障。在平台经济的劳动法规制中，我国应当努力在促进平台经济持续发展与保护劳动者权益之间维持平衡，鼓励构建多层次的社会保险体系，积极推进全民参保计划，引导更多新业态从业人员参加社会保险。非全日制用工和不符合签订劳动合同情形的平台从业人员可以按规定以灵活就业人员身份参加社会保险，也可以按规定先行参加工伤保险。而针对建立多重劳动关系的平台从业人员，各用人单位应当分别为其缴纳工伤保险费。此外，我国也应积极引导新业态企业和从业人员参加商业保险，为从业人员提供人身意外保障。在失业保障方面，现行制度下无固定雇主的劳动者无法参加失业保险，因此未来可以由政府建立基本收入制度，并由政府支付劳动者失业期间的基本收入，但政府应有条件支付，以防止依赖产生和资源滥用。

为缓解"招工难、就业难"并存矛盾，我国应实施就业政策的动态调整，企业、高校、政府应共商解决方案，努力发挥三者在就业引领方面的协同作用。首先，制造业需创新管理模式，提升工人福利与社会地位，例如探索实施弹性化、柔性化管理，加大蓝领公寓建设，解决企业基层员工住宿难题。其次，高校需加强毕业阶段就业创业支持，重视教学阶段职业能力培养。例如，在培养环节增设就业指导课程，关注创业意识培养、潜能开发和孵化模拟。最后，政府要坚持提质增效的就业战略，解决好高校毕业生等重点人群的就业问题，减免个人所得税，鼓励毕业生前往一线工厂；完善适应新就业形态的用工制度，签订劳动合同的新业态从业者可参加职工社会保险，其他从业者按灵活就业人员身份参加养老保险、医疗保险和缴纳住房公积金，引导劳动力有序流动；创新就业服务，依托互联网构建新型就业信息平台，精准研究低技术劳动力培训项目，利用大数据预判就业导向。数字经济促进制造业升级，而实体经济是数字经济的前提与基础，因此，政府应发展制造业和数字经济并重。同时，新旧动能转换必然伴随劳动力需求结构变化，各方需顺应经济转型调整就业政策，力求人力供需平衡协调。

9.9 数字贸易和全球治理

推动数字贸易：美国开放与欧盟保守

美国倾向于营造开放与自由的国际市场环境，减轻跨境电子商务的税收负担。早期，数字贸易的概念尚未被明确提出，国际市场的数字贸易一般用跨境电子商务来表示。1997年，美国颁布《全球电子商务框架》，确立的电子商务五项基本原则对美国和全球电子商务的发展都有重要影响。1997年12月，美国和欧洲发表有关电子商务的联合宣言，承诺建立无关税电子空间。1998年10月，美国国会通过《互联网免税法案》，避免不必要的税收管制给电子商务的成长造成阻碍，为美国企业抢占国际市场铺平道路。2000年，美国国会又通过了《全球及全国商务电子签名法案》，承认电子签名与手写签名具有同样的法律效力，进一步方便企业和消费者的电子商务活动。

欧盟政策则更显保守，注重在区域内部而非国际舞台上制定统一的政策法规；在税收方面，力求与传统经济持平，保障市场公平。1997年4月，欧盟委员会提出《欧盟电子商务行动方案》，认为关于电子商务的规章制度必须与世界贸易组织框架下的相关承诺或义务相协调。2000年5月，欧洲议会通过《电子商务指令》，保证在欧盟内电子商务在线服务能够被自由提供，防止因各国制度不同导致电子商务发展受到限制。税收方面，2001年12月13日，欧盟各国财政部长会议达成协议，决定对欧盟以外地区供应商通过互联网向欧盟消费者销售数字产品征收增值税，这一决定作为国与国之间第一次大范围征缴电子商务税收的行动，引起国际广泛关注。

美国率先提出数字贸易的概念，设立数字贸易相关机构，宣扬数字自由主义的立场，试图占领全球数字贸易规则的高地。美国国际贸易委员会在《美国和全球经济中的数字贸易》报告中，首次提出数字贸易的概念并不断完善和扩充。与此同时，美国国会通过《数字贸易法案》，提出美国作为数字贸易的政策制定者和贸易谈判者，要推动开放自由的数字贸易新规则以电子商务规则形式体现在双边或多边谈判中。《2014年国会两党贸易优先法案》要求贸易谈判方确保政府允许跨境数据流动，禁止对数字贸易设置有关障碍。2017年，《全球数字贸易：市场机遇及主要外国贸易限制》进一步更新数字贸易的定义，评估海外重要市场中可能阻碍数字贸易的政策规制。同时，美国针对数字贸易建立专门组织架构。2016年3月，由美国商务部国际贸易局牵头成立数字专员项目；7月，由贸易代表办公室成立数字贸易工作组；12月，由商务部成立数字经济顾问委员会。这些措施的目的是降低数字贸易壁垒与消除监管问题的不利影响，为政府、企业和消费者提供发展数字经济的相关建议。

与美国相比，欧盟仍致力于建立境内数字贸易的统一市场。2015年，欧盟委员会启动数字单一市场战略，重点聚焦于数字贸易。为实现成员国数字贸易跨境消费的规则公平，欧盟委员会修改立法提案，确保国内市场交易方不因强制性国家消费者合同法律的差异，或产品在标签之类具体规则上的差异而阻止跨境交易。2017年，欧洲议会通过《数字贸易战略》，以政策保障跨境数据自由流动来促进欧盟数字贸易发展。

多边贸易协定中的数字贸易规则

由于世界贸易组织没有关于数字贸易的综合性协定，因此世界各国转向通过多边贸易协定谈判初步制定数字贸易协定。其中，以美国为首的跨大西洋贸易与投资伙伴关系协定（TTIP）、国际服务贸易协定（TISA）和跨太平洋伙伴关系协定（TPP）等多边贸易协定制定的数字贸易国际规则最具有代表性。

就数字贸易和电子商务领域而言，TTIP 谈判的主要目标是创设一个有约束力的框架来促进跨大西洋的数字贸易。美欧围绕贸易规则、关税、知识产权和政府采购方面进行多次磋商，在开放数字市场的重要性、个人信息保护的必要性和促进数据跨境自由流动标准上取得了一定的共识，并且多次开展以此为主要议题的合作对话。TTIP 谈判双方已经对数字贸易部分条款达成共识，尤其是确保对线上消费者的保护、反垃圾邮件、承认互联网的开放性、承认电子认证服务（如电子签名、电子时间戳）等。但由于欧盟没有提出提案，因此谈判不涉及跨境数据流动和数据本地化。

TISA 中关于数字贸易的主要目标是消除跨境数据流动壁垒，同时加强线上消费者保护、个人信息安全保护以及其他领域的相互协调等，进一步开放全球数字贸易市场。TISA 采取不对外公开的方式进行谈判，但 2016 年维基解密泄露的电子商务专章文本显示，TISA 参加方试图规定除重要的国内监管目标外的数据跨境自由流动的条款。美国极力主张将跨境数据流动的条款纳入核心规范，使其适用于所有经济部门，而不仅限于电子商务领域。欧盟则持相反态度，反对不加限制的跨境数据自由流动。协定还包括禁止缔约方给予国内供应商优惠待遇，禁止对跨境数据流动征收关税，禁止要求数据本地化或服务器本地化，就跨境数据监管问题开展国际合作等问题的规范。

TPP中的数字贸易规则旨在通过约束缔约方限制信息和数据跨境流动的能力，寻求自由和开放的数字贸易，是集中体现美式模板的主要范本。尽管美国已明确退出TPP，但TPP所强调的调整贸易规则、降低数据流动壁垒、倡导推进数字贸易自由化等主张仍是美国一贯秉承的原则，并可能在未来数字贸易国际规则中产生持续影响。TPP中电子商务专章是数字贸易规则的集中体现，核心是自由、开放的数字产品和服务贸易，其中一些内容值得关注。第一，鼓励数字贸易，规定缔约方应当允许涵盖人员为开展其业务而通过电子方式跨境传输信息，包括个人信息等。这是贸易协定首次对服务提供者和投资者为其业务活动而进行的跨境数据自由流动进行保障。第二，保护消费者隐私，要求缔约方采取或维持消费者保护法，采取或维持保护电子商务用户个人信息的法律框架，并公布其对电子商务用户提供个人信息保护的相关信息，且努力采取非歧视做法。第三，限制数据保护主义，规定缔约方既不能要求企业在当地建立数据储存中心，也不能要求其使用本地计算设施，从而为企业投资决策最优化提供了确定性和可预见性。

总体而言，数字贸易仍面临诸多制度障碍，国际规则远远滞后于实践。尽管TTIP、TISA、TTP等多边协定的谈判给制定数字贸易新规则提供了思考和机遇，但由于数字贸易的特殊性，涉及大量复杂的技术问题、隐私问题、安全问题等而非仅仅是商业利益，数字贸易国际规则的谈判和制定仍处于探索发展阶段且必然是一个异常复杂的过程。

中国：数字贸易规则道路仍需探索

目前我国国内数字贸易规则滞后于数字经济发展实践，企业在构建国际贸易规则中国模板中发挥较大作用。在探索走向国际的过程中，一些具有国际影响力的中国平台企业开始自行建立企业间的合作模式，以行业自律来稳定数字市场秩序，建立国内企业参与数字贸易的规范模板。但这很难突破已有的国际规则框架，企业发展仍受已有规则的限制。

在数字贸易国际规则制定方面，我国的话语权还有进一步拓展的空间。我国通过"一带一路"建设带来的合作机遇，积极与其他国家磋商，努力寻求建立互利共赢的数字贸易国际规则体系，这一目标仍在探索之中。我国仍需借鉴美国和欧洲在数字贸易规则制定过程中的经验，在满足数字贸易合规性的同时充分考虑中国国情。

9.10 讨论与小结

本章着重探讨了平台生态系统治理的国际经验。第一部分系统解构了美国、欧盟、英国、日本等发达国家和地区的平台治理法规体系与治理方案特征。总体而言，美国的数字经济治理呈现出治理范围由国内转向国际、治理环境由宽松转为审慎、治理主体由单一到多元化的演变特征。而欧盟对数字经济治理始终保持严苛的限制态度，在治理内核上体现出欧洲一体化的思想。英国充分发挥了政府的调节引领作用，在注重保障数据使用安全和数字经济发展质量的基础上，积极探究平台发展方向。日本则突出政府部门和研究机构对数字经济的作用，由国内单边监管转向国际多边协作。

第二部分主要从平台治理现存的多个关键问题出发，借鉴欧美等发达国家的治理经验，探寻我国解决平台生态系统问题的途径和出路。平台生态系统治理的首要任务是制定完善的数字经济整体发展战略规划，通过对比数字经济总体发展水平较高的美国和欧盟的战略布局，提高对数字经济基础设施建设的重视程度，加强对数字经济的理论探索，完善产业结构布局并统筹数字经济发展不平衡问题。针对数字平台滥用市场支配地位这一全球性问题，美国趋于自由开放，欧盟倾向于严格约束，而我国应辩证看待"二选一"现象，解决供求不平衡问题，从根本上遏制平台垄断行为的发生。同时，数字经济的发展也提升了税收征管的难度，我国应审慎借鉴国际经验，做好税制优化，完善数字税收激励机制并兼顾税收公平。此外，数字经济时代来临给消费者和劳动者权益保护带来了巨大挑战，我国应平衡隐私保护和数字经济创新，探索构建多层次社会保障体系，发挥企业、高校与政府的协同作用，实现就业政策动态调整。最后，我国应积极参与数字贸易规则制定，增强在全球治理中的话语权。

第 10 章

创新范式：构建平台生态系统协同治理体系

面对平台生态系统情境下传统治理体系的错位与缺位，我们需要跳出传统治理逻辑的思维定式，以平台生态系统独特的运行机制和治理需求为起点，建立协同治理框架。这是一个预先规定平台生态系统内部各类参与者的规则、通过跨模块协同和外部干预来灵活适配动态竞争环境的治理框架，反映了平台生态系统权责分明又不乏聚合力的协同机理。

10.1 内部治理：细分主体，明确规则

平台生态系统内部治理体系是协同治理架构的重要基础。事先规定各主体的责权利范围和协同规则，可以妥善解决利益冲突。表 10-1 列举了在平台生态系统内部治理体系中，不同治理主体采用不同治理方式时的具体作用机制。

解构：治理主体与治理责权利的分解

对平台参与者来说，平台的要素区分得越细，即颗粒度越小，就越有可能进行多种多样的资源或服务组合。但同时，平台参与者交互时需要跨越的界面接口就越多，复杂性变大。这意味着平台参与者扩大组合

空间与降低组合复杂性不可兼得。因此，为了降低治理的复杂性，需要首先解构内部治理主体，明确各主体的治理职责。

表 10-1 平台生态系统内部治理体系

治理主体	治理方式	作用机制	理论来源
平台所有者	制定技术标准	平台选择封闭或开放的技术架构，定义平台互补者准入门槛和内部竞争秩序。平台技术架构需要不断调整，持续改善平台绩效	Cusumano & Gawer, 2002；Gawer, 2014；Tiwana, 2014；Alstyne et al., 2016；Kazan et al., 2018；Tong et al., 2019
	定价	平台采用倾斜式定价策略，对价格敏感的一方免费或补贴，对价格不太敏感的一方收取高价，通过直接和间接网络效应实现平台增长	Armstrong, 2006；Evans et al., 2006
	学习	一是在实践中学习，不断改进平台技术设计、治理规则和平台边界。二是在不同的市场中展开随机对照试验，筛选出提高平台绩效的最佳策略	Schilling, 2002；Helfat & Campo-Rembado, 2016；Eisenhardt & Bingham, 2017
平台互补者	分析平台技术架构和战略地位	平台互补者根据自己在生态系统中的地位调整战略行为，确定自己在平台生态系统中的定价战略和创新速率	McIntyre & Subramaniam, 2009；Gawer, 2014；Boudreau & Jeppesen, 2015
消费者	价值共创	消费者之间循环往复的反馈过程主导着价值创新过程。消费者关注平台产品和服务的价值，期望获得更多的剩余价值，通过贡献专有经验、知识和多归属行为倒逼平台创新	Baldwin, Hienerth, & von Hippel, 2006；Chandra & Coviello, 2010；Vargo & Lusch, 2004；Parker et al., 2017；Chen et al., 2019

标准化界面对平台生态系统内部资源配置至关重要，内部治理应注重标准化界面和准入规则的设计，明晰治理底线。在平台生态系统中，流动的不仅仅是数据，还包括各种非数字化资源。因此，平台所有

者需要事先设定平台互补者接入的界面，规划系统的开放程度，为界面设计一系列标准化原则并使之成为平台开放的标准（Baldwin & Clark, 2000）[①]，便于意图加入平台生态系统的互补者能够与平台核心资源相匹配。

平台准入规则与标准化界面并行，直接关系到平台互补者是否有资格参与平台运作，是平台所有者事前治理的底线规则。平台准入规则对任何平台都具有重要作用，尤其对封闭平台的意义更为突出。封闭平台通过建立一套涵盖从售前到售后的完整质量保证体系以严格控制平台互补者的质量，包括互补企业资质审核、服务和产品审查、付款、退换货、用户评价、知识产权保护等，对于高风险的产品和服务还引入保险或保证金制度。例如，苹果 App Store 拥有严格的审核环节，存在刷榜行为、违反条款、技术漏洞等问题的应用程序很难过审或者直接下架。而谷歌安卓系统的开源性使任何互补者都可以修改其源代码，有利于在短期内积累大量互补者，保证了终端应用程序的丰富性，但也意味着安卓需要为众多标准不一的互补者开发不同的应用程序，从而增加开发难度和后期治理成本。

在建立标准化界面和准入规则的基础上，平台合理分配各主体的治理责权利，是明确治理内容的重要方式。

平台所有者是最关键的内部治理责任主体，可以通过技术架构、定价策略、投入产出控制等方式协调平台互补者和消费者的交互行为。在实现协调的方式上，传统企业和平台生态系统存在不同，传统企业强调中央计划的必然性以及突出单个核心企业的统一指挥，平台生态系统中的协调方式更可能是分布式的、偶发的甚至与最初设想相悖的

[①] Baldwin C Y, Clark K B. 2000. *Design Rules*: *The Power of Modularity*. Cambridge, MA: The MIT Press.

(Jacobides, Gennamo, & Gawer, 2018)[①], 这引发了对互补要素间关系联结所蕴含的协同效应源泉的进一步探寻以及对群体或系统层面协调方式深究的需要, 以协调平台决策权在所有者和互补者之间的分配, 为各类参与者的自我治理赋能(Boudreau & Hagiu, 2009; Rietveld, Schilling, & Bellavitis, 2019)[②③]。此外, 平台所有者在把治理决策权让渡给互补者和消费者后, 需要激励互补者和消费者履行责任。在倒逼机制的作用下, 平台所有者要通过学习不断寻找支持主体自治的资源, 如可以在备选市场中展开随机对照试验, 探索拟调整的治理措施可能导致的结果, 筛选最佳竞争战略(Eisenhardt & Bingham, 2017)[④]。

平台互补者是价值创造的主力军, 其自我治理的重点是确定自身在平台生态系统中的创新战略和创新速率。为此, 平台互补者需要通过分析平台的技术架构, 判断自己在生态系统中的地位, 进而调整自身的战略行为(McIntyre & Subramaniam, 2009; Gawer, 2014; Boudreau & Jeppesen, 2015)[⑤⑥⑦], 与平台所有者和其他互补者进行互动, 同时追求自身利益最大化(Parker & Van Alstyne, 2005; Adner & Kapoor, 2010;

[①] Jacobides M G, Cennamo C, Gawer A. 2018. "Towards a theory of ecosystems." *Strategic Management Journal* 39 (8).

[②] Boudreau K J, Hagiu A. 2009. "Platform rules: Multi-sided platforms as regulators." In *Platforms, Markets and Innovation*, edited by Gawer A, Cheltenham, UK, and Northampton, MA: Edward Elgar.

[③] Rietveld J, Schilling M A, Bellavitis C. 2019. "Platform strategy: Managing ecosystem value through selective promotion of complements." *Organization Science* 30 (6).

[④] Eisenhardt K M, Bingham C B. 2017. "Superior strategy in entrepreneurial settings: Thinking, doing, and the logic of opportunity." *Strategy Science* 2 (4).

[⑤] McIntyre D P, Subramaniam M. 2009. "Strategy in network industries: A review and research agenda." *Journal of Management* 35 (6).

[⑥] Gawer A. 2014. "Bridging differing perspectives on technological platforms: Toward an integrative framework." *Research Policy* 43 (7).

[⑦] Boudreau K J, Jeppesen L B. 2015. "Unpaid crowd complementors: The platform network effect mirage." *Strategic Management Journal* 36 (12).

Cennamo & Santalo，2013）[1][2][3]。

消费者在平台生态系统治理中的作用同样不可或缺。一方面，消费者通过评价监督平台互补者；另一方面，消费者贡献专有经验与知识，参与到产品和服务的改进乃至设计中来，帮助平台开发真正符合消费者需求的产品和服务。比如，网络游戏平台邀请玩家贡献独有的深度体验，积极参与游戏产品与平台的完善，使其更符合社会进步的方向。

整合：治理主体与治理责权利的协同

平台经过模块化解构后，还需要按照一定的规则协同，让各参与者之间的关系不再是松散的标准化线性关系，而是呈现相互交织的交互形态，才能形成协同运行的整体（Baldwin & Clark，1997）[4]。其中，清晰的协同目标和明确的竞争规则作为指导各参与者联结、交互的准线，在平台参与者协同运行中承担关键任务（Baldwin & Clark，2000）[5]。

整合治理主体和治理责权利的首要任务是明晰共同的协同治理目标。清晰的协同治理目标源于设定共同的价值追求。平台各类参与者的目标和平台生态系统整体的目标应统一到创造消费者价值和消费者驱动创新上，在共同目标的指导下展开活动，在创造消费者价值的前提下共赢共享、共担风险。

---

[1] Parker G G, Van Alstyne M W. 2005. "Two-sided network effects: A theory of information product design." *Management Science* 51（10）.

[2] Adner R, Kapoor R. 2010. "Value creation in innovation ecosystems: How the structure of technological interdependence affects firm performance in new technology generations." *Strategic Management Journal* 31（3）.

[3] Cennamo C, Santalo J. 2013. "Platform competition: Strategic trade-offs in platform markets." *Strategic Management Journal* 34（11）.

[4] Baldwin C Y, Clark K B. 1997. "Managing in an age of modularity." *Harvard Business Review* 75（5）.

[5] Baldwin C Y, Clark K B. 2000. *Design Rules: The Power of Modularity*. Cambridge, MA: The MIT Press.

从实现消费者驱动创新出发,消费者驱动平台互补企业围绕消费者驱动创新贡献自身独特的资源,从而以差异化的路径及模式形成对消费者价值、消费者资源引领目标的支撑。清晰的共同目标会显著增强单一参与者的责任感(Kiggundu,1983)[①],从而进一步激发平台生态系统整体的绩效。同一目标是界面协同的基本原则,共创共赢是使利益相关方联结的共同信念,它们推动相关参与者大规模跨越边界进行资源协调和整合,形成对大规模价值创造活动的有力支撑,从而构建起促进平台不同参与者之间协同的规则。

在明确协同治理目标的基础上,需要进一步明确竞争规则。明确的竞争规则有助于平台互补者平衡价值获取和价值共创,尤其是共同克服生态系统瓶颈,增强生态系统竞争优势。

平台的第一种瓶颈策略是激励更多互补者进入高度互补的瓶颈,并运用市场力量来协调生态系统参与者(Gawer & Henderson, 2007)[②]。瓶颈决定了平台创新资源应该集中在哪里(Ethiraj, 2007)[③]。平台企业可以为占据生态系统瓶颈位置的互补企业提供资源支持,也可以鼓励潜在的互补者进入瓶颈(Katz & Shapiro, 1986)[④]。如果更多互补者进入瓶颈,那么单个互补者就无法占据瓶颈位置获取价值,从而有效减少生态系统停滞和失调的可能性。当瓶颈互补者与广泛的生态系统互补者之间存在高度互补性时,扩展边界的作用则更明显(Jacobides, Knudsen, &

[①] Kiggundu M N. 1993. "Task interdependence and job design: Test of a theory." *Organizational Behavior & Human Performance* 31(2).

[②] Gawer A, Henderson R. 2007. "Platform owner entry and innovation in complementary markets: Evidence from Intel." *Journal of Economics & Management Strategy* 16(1).

[③] Ethiraj S K. 2007. "Allocation of inventive effort in complex product systems." *Strategic Management Journal* 28(6).

[④] Katz M, Shapiro C. 1986. "Technology adoption in the presence of network externalities." *Journal of Political Economy* 94(4).

Augier，2006）①。例如，东南亚共享打车平台 Go-Jek 通过招募兼职摩托车司机解决高峰出行时段的拥堵问题；在非高峰出行时段，平台上的司机也会为其快递业务 Go-Box 递送包裹，合理分配生态系统中的运力。亚马逊也通过招募更多的图书出版商提供更互补的电子书，为 Kindle 电子书生态系统的成功打下基础。

平台的第二种瓶颈策略是限制互补者的数量和多样性，以便协调互补者更聚焦于价值链活动（Kano，2018）②，专注于解决最关键瓶颈问题。这是为了规避同类互补者增加产生的生态系统内部激烈竞争以及由此引发的目标冲突、虚假信号、不确定性增加、平台质量降低等问题，防止平台在与竞争对手的对抗中流失现有用户，导致失败。例如，针对电子商务平台企业常常面临的物流约束的瓶颈，京东通过自建物流的方式占领物流瓶颈，不仅帮助自身产品标准化运作，提升物流效率，还为第三方商户和消费者提供物流服务。限制互补者数量和多样性的瓶颈策略能够有效控制建立生态系统竞争优势的成本。

明确的协同运作规则有利于营造活而不乱的局面，不仅可以将平台的核心业务细分为各种不同功能的子平台，还可以将平台竞争有序地引入企业内部资源的配置中，确保攸关各方处于平等地位。

10.2　外部治理：政府监管，社会引导

制度缺失与执行缺位、失序与不良的过度行业竞争、社会约束无力

---

① Jacobides M G，Knudsen T，Augier M. 2006."Benefiting from innovation：Value creation，value appropriation and the role of industry architectures（Article）." *Research Policy* 35.

② Kano L. 2018."Global value chain governance：A relational perspective." *Journal of International Business Studies* 49（6）.

等问题容易导致平台生态系统脱缰，进而引发生态系统利益相关者的责任缺失或异化行为。因此，平台生态系统的外部治理需要政府正式规制和社会组织非正式引导双管齐下，共同为平台生态系统的健康发展营造有力的社会大系统，构建生态化协同治理的完整解决方案。表 10-2 列举了在平台生态系统外部治理体系中，不同治理主体采用不同治理方式的作用机制。

表 10-2 平台生态系统外部治理体系

治理主体	治理方式	作用机制	理论来源
政府部门	保障各主体自治	对平台垄断案件中的相关市场的界定、滥用市场支配地位等法律问题进行研究，优化反垄断措施；出台保障数据流动安全的法律法规；找到鼓励创新与规范市场行为的平衡点	肖红军，李平，2019；刘奕，夏杰长，2016
	统筹各主体权责	开放数据平台，提供数据实时服务，为平台企业履行证照核验、登记和建立档案等法律义务提供便利	
	监督各主体履责	推进生态环境及治理信息公开；保证信息传输渠道畅通，监督参与共治的各主体；完善司法与社会监督机制，严格落实生态惩戒举措	
社会组织	加强公平竞争的道德约束	从社会运行的角度影响治理规则，对可能存在的道德风险进行规避，形成能够激发各主体遵守责权利边界的秩序	李伟阳，肖红军，2008
	建立社会信任机制	将治理问题上升至道德和信任高度，以公众权力加以监督	王勇，冯骅，2017
	营造协同共治的文化氛围	构建鼓励竞争、相互信任的文化氛围；将治理责任上升到道德与信誉高度并加以监督	Aoki & Ando，2003

续表

治理主体	治理方式	作用机制	理论来源
国际市场	增强参与国际规则制定的话语权	在双边与多边贸易领域制定相应的符合国情的国际规则，争取平台企业国际化过程中合理合法的利益	Porter，1980；Barney，1986；Rugman，1980；Dunning，2003
	推动国内法律法规与国际接轨	在与国际外部环境共同演进的过程中动态调整、优化、创新协同治理体系	Autio，2017；Kapoo & Agarwal，2017；Amit & Han，2017

政府部门：进行正式规制

政府的治理重点是针对平台生态系统内部治理各环节增加有效的制度供给，形成合意的制度安排并监督执行。

政府部门的工作重点首先在于保障各主体自治，充分发挥各主体自我管理、自我约束、自我创新的自主权，必要时为主体自治开放政府资源。平台企业在维护市场秩序和保护消费者利益方面发挥关键作用。当平台企业履行证照核验、登记和建立档案等法律义务时，需要政府部门开放数据平台或提供数据实时服务，如在线点餐业务需要了解入驻商家的资质情况、网约车业务需要了解入驻司机的背景信息等。在充分保障各主体自治的基础上，政府还应统筹各主体权责，从宏观层面规定市场竞争规则，防止平台垄断等问题产生。政府要抓紧对平台垄断案件中的相关市场的界定、滥用市场支配地位等法律问题进行研究，优化反垄断措施；出台保障数据流动安全的法律法规；找到鼓励创新与规范市场行为的平衡点。

政府一方面制定规则，另一方面也对各主体履责情况进行监督，维护生态共治体系。政府要推进生态环境及治理信息公开，并在此基础上保证信息传输渠道畅通，对参与共治的各主体予以监督。同时，完善司法与社会监督机制，严格落实生态惩戒举措，保证各主体履责。为提高监管效率，政府有关部门可运用互联网技术与信息化手段来改进监管工作。根据监管需要，向平台了解运营、服务、数据收集与使用情况等。平台要根据监管部门的要求，定期向监管部门报备数据收集和利用情况。此外，政府也要鼓励用户发挥社会监督作用，形成多方参与的社会共治体系和各类市场主体协同发展的良好局面；引导平台企业加强自身管理与行为规范，切实增强守法合规意识，强化服务社会经济发展和保障用户权益的社会责任感；健全行业自律与承诺机制，加强诚信体系、社会责任体系建设。

作为制度供给和执行的主体，政府部门要立足扩展生态位的角色定位，深刻把握平台经济发展的基本规律和平台生态系统的运行规律，推动平台生态系统将外部治理机制内化。同时，政府也可以将现实中平台生态系统运行规则的良好实践吸纳至外部治理机制，保持外部治理体系的开放性和外部治理的动态合意性。

社会组织：进行非正式引导

社会组织作为非正式规则的制定者，为构建健康、有效的平台生态系统协同治理机制提供了社会大环境的有力支撑。社会大系统针对平台间竞争的道德约束以及社会对平台行为信任监督的文化氛围，对平台生态系统治理产生了重要影响。

社会组织应发挥引领作用，加强对平台公平竞争的道德约束。纯粹以经济效率和竞争为导向的运行规则与程序容易导致用户和平台的行为出现偏颇，诱发各主体的机会主义倾向、道德风险和失责偏好。公平竞争的道德约束要求从社会运行的角度影响治理规则，对可能存在的道德风险进行规避，形成能够激发各主体遵守责权利边界的秩序，发挥内部治理机制对打造具有道德责任感的平台生态系统的真实作用。

社会组织应重点建立社会信任机制。最突出的例子是将数据安全问题上升到数字道德和数字信任的高度，为利益相关者的数据共享和数据变现提供保障。以苹果为例，自2014年iCloud数据泄露令消费者一片哗然之后，苹果着力于客户数据使用和安全保障方式的公开透明，基于用户信任对Apple Pay和HealthKit进行设计。当企业足够强大安全并遵循道德标准时，消费者才能确信自己的数字足迹能够保持安全、私密，从而安心地进入平台并使用各种应用程序。

营造协同共治的文化氛围也是社会组织非正式引导的任务之一。对硅谷创新能力的研究发现，营造协同共治的文化氛围对模块化组织治理具有重要意义。因此，为了驱动平台生态系统积极创新，带动中小企业共同进步，社会整体需要营造鼓励创新的文化氛围，增强企业参与创新的意识与意愿。

国际市场：倡导国际合规性

随着参与国际竞争的平台越来越多，适用于国内市场的协同治理体系需要提高国际合规性，平台生态系统也应根据不同国家的平台生态系统治理模式做出灵活调整，不断更新治理结构。

一方面，不断增强参与国际规则制定的话语权。国际市场要求平台生态系统在双边与多边贸易领域制定相应的符合国情的国际规则，争取平台企业国际化过程中合理合法的利益，增强参与规则制定的话语权。

另一方面，着力推动国内法律法规与国际接轨。推动有关数字经济、平台生态的国内法律规范与国际通用规则接轨，增强平台生态系统治理的国际合规性，助力平台国际化发展。在不同国家的市场环境下，生态系统的治理范围、治理内容、治理焦点、治理方式都会呈现出动态变化，对平台自身、政府、社会组织、用户的治理需求也不尽相同。因此，应当在与国际外部环境共同演进的过程中动态调整、优化、创新协同治理体系。

10.3　协同共治：构建完整的协同治理框架

图 10-1 表明了平台生态系统协同治理框架由内部治理体系和外部治理体系共同构成。

内部治理体系的本质是治理主体和治理责权利的解构与协同。下面根据平台运行逻辑进行归纳。第一，封闭或开放的技术架构决定平台所有者的治理重心处于事前监管或事后监管。第二，模块化的技术特征将平台细分为众多子模块，每个子模块负责不同的功能，拥有不同的资源。与传统企业科层制的治理体系不同，平台生态系统不再是所有者决策、参与者执行的命令-响应体系，而是所有者将决策权细化并让渡给各类参与者，使参与者拥有充分的自我治理空间。为了提高治理主体的独立性，平台事先对界面接口进行标准化解构，将生态系统简化为即插即用式的线性关系，让每一个意图加入生态系统的参与者都符合平台的底线准入规定。然而，对平台治理主体和治理责权利的解构，无疑使平台生态系统治理具有更大的分散性。为了减少治理关系的分散性，平台所有者将解构后的颗粒化主体协同，增强分散参与者之间的联系，通过设置明确的竞争规则或清晰的利益分配约定，让不同参与者相互激励、相互制约，形成协同运作的整体。

```
                    ┌─────────────────┐
                    │    治理核心      │
                    │ 使利益摩擦最小化 │
                    └─────────────────┘
```

内部治理体系

- 解构治理主体和治理责权利
  - 设计标准化界面与准入规则
  - 分配各主体的治理责权利

- 协同治理主体和治理责权利
  - 界定清晰的协同目标
  - 设置明确的竞争规则

外部治理体系

- 政府部门：进行正式规制
  - 保障各主体自治
  - 统筹各主体权责
  - 监督各主体履责

- 社会组织：进行非正式引导
  - 加强公平竞争的道德约束
  - 建立社会信任机制
  - 营造协同共治的文化氛围

- 国际市场：倡导国际合规性
  - 增强参与国际规则制定的话语权
  - 推动国内法律法规与国际接轨

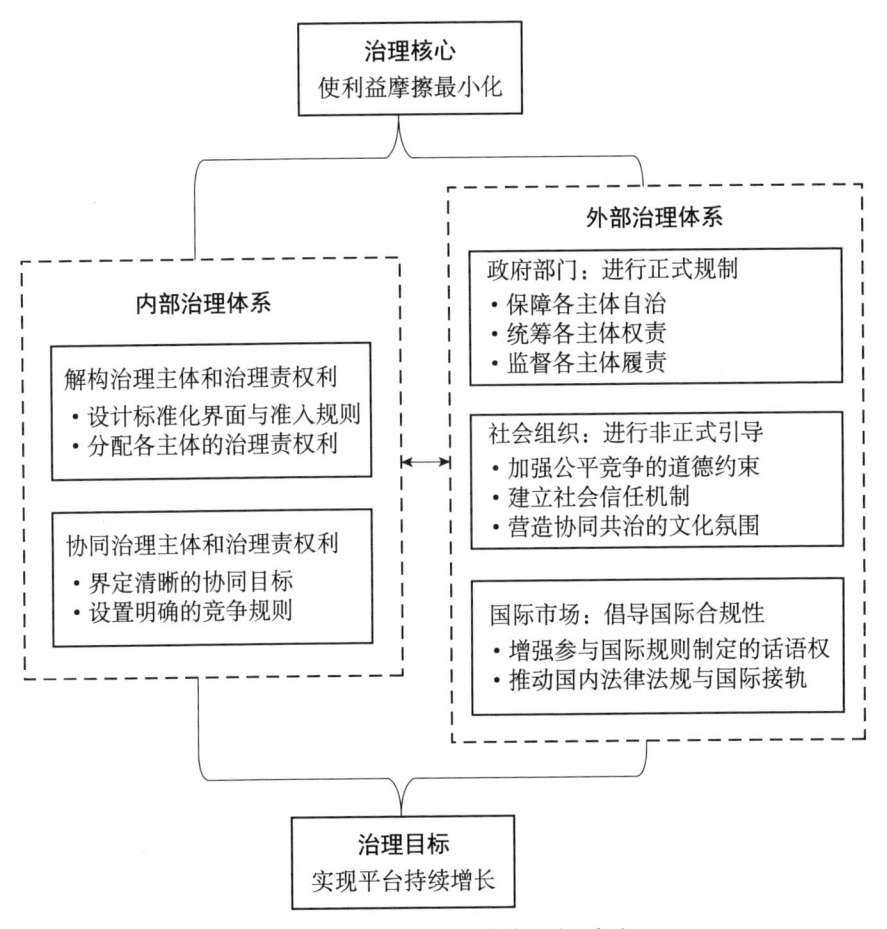

```
                    ┌─────────────────┐
                    │    治理目标      │
                    │ 实现平台持续增长 │
                    └─────────────────┘
```

图 10-1　平台生态系统协同治理框架

外部治理机制通过影响内部治理机制，对治理结果施加影响。仅凭借平台内部治理机制无法有效回答如何在鼓励创新的同时规制不正当竞争的问题。因此，在平台生态系统之外，政府、社会组织等外部利益相关者同样需要参与治理，通过法律法规、行业规范等正式规则和道德理念、网络舆论等非正式规则，对平台生态系统设置的准入标准和竞争规则分别施加影响。同时，政府和社会组织根据平台情境与现有治理体系的矛盾，不断填补政策漏洞，增强外部治理措施落地保障。此外，平台生态系统协同治理体系也需要提高国际合规性，不仅要在国内市场环境中生根，还要具备适应国际竞争规则的能力。

综上，内部治理体系促使外部治理体系更新调整，外部治理体系通过内部治理体系落地生效，构成一套完整的平台生态系统协同治理体系。

10.4　讨论与小结

本章主要探讨了平台生态系统协同治理框架的构建。协同治理的核心是使平台主体之间的利益摩擦最小化，因此内部治理体系是协同治理架构的重要基础。应对内部治理主体进行模块化解构并明确各主体的治理责权利。平台所有者作为最关键的内部治理责任主体，应不断探索治理策略，协调各方交互行为；平台互补者应明确自身在平台生态系统中的创新战略和速率；消费者也应关注平台产品以实现价值共创。而解构是为了使各主体之间更好地协同运行，因此构建消费者驱动创新的协同目标、明确协同运作的竞争规则才能实现高效有序的内部治理格局。

在内部协同治理的基础上，外部治理体系成为平台强有力的治理补充。这不仅需要发挥政府正式规制的作用，即保障各主体自治、统筹各主体权责、监督各主体履责，还应注重社会组织的非正式引导，加强对平台公平竞争的道德约束，建立社会信任机制，营造协同共治的文化氛围。同时，应提高协同治理体系的国际合规性，适应平台参与国际竞争的趋势。

平台生态系统通过内部治理体系与外部治理体系的协同共治，共同实现平台的持续发展。

第 11 章

政策架构：平台生态系统治理的政策建议

11.1 平台生态系统外部治理面临的挑战

平台生态系统的内部治理体系是内生塑造的，由平台所有者规定各类参与者的责权利边界和行为准则。然而，平台作为商业主体的趋利性易引发经济、社会问题，仅靠内部治理机制无法充分解决这些问题，因此引入多元主体力量有助于平台生态系统治理，激发数字经济的活力。我国现行法律已经针对平台生态系统的市场准入、责权利界定、市场竞争、国际贸易和数据安全等方面出台了一系列匹配措施，但仍需进一步完善。表 11-1 列举了我国针对不同市场问题出台的政策。

平台生态系统由跨行业的多方参与者构成，跨业竞争增加了外部监管的难度。外部监管者一方面要保障多方主体参与平台生态系统构建的权利以及最终消费者和竞争者的合法权益，另一方面还要判断市场结构究竟是高度垄断还是过度竞争，通过合理约束和监管激发产业活力，推动产业创新，改善消费者福利。

表 11-1 现行平台生态系统外部治理政策

针对问题	政策名称
市场准入	《网络交易监督管理办法》《电子商务法》《网络借贷信息中介机构业务活动管理暂行办法》《国务院关于进一步做好防范和处置非法集资工作的意见》《互联网金融信息披露个体网络借贷》《网络借贷信息中介机构备案登记管理指引》《关于做好 P2P 网络借贷风险专项整治整改验收工作的通知》《网络预约出租汽车经营服务管理暂行办法》《网络餐饮服务食品安全监督管理办法》《国务院办公厅关于促进平台经济规范健康发展的指导意见》等
责权利界定	《消费者权益保护法》《网络交易管理办法》《电子商务法》等
市场竞争	《反垄断法》《网络交易监督管理办法》《反不正当竞争法》《电子商务法》《国务院办公厅关于促进平台经济规范健康发展的指导意见》等
国际贸易	《国务院办公厅转发商务部等部门关于实施支持跨境电子商务零售出口有关政策意见的通知》《关于支持跨境电子商务零售出口的指导意见》《关于跨境贸易电子商务进出境货物、物品有关监管事宜的公告》《电子商务法》《外商投资法》《中共中央 国务院关于推进贸易高质量发展的指导意见》等
数据安全	《网络交易监督管理办法》《网络安全法》《国务院办公厅关于进一步加强政府信息公开回应社会关切提升政府公信力的意见》《政务信息资源共享管理暂行办法》《推进"互联网+政务服务"开展信息惠民试点实施方案》《政务信息系统整合共享实施方案》《政务信息资源目录编制指南》等

严把市场准入：保障经营质量与开放平台权利

我国社会主要矛盾已经转化为人民日益增长的美好生活需要和不平衡不充分的发展之间的矛盾。当前，消费者需求日益个性化、多元化，驱动平台不断拓展新技术、新业态、新模式。平台生态系统通过开放吸纳创新不断打破行业边界，通过多方协同不断创造价值。但粗放引入生态参与者往往容易引发质量和安全问题，这对平台内部治理机制提出了更高的要求，也要求外部治理充分约束平台把好入门关，做好下游企业的备案、审查登记等工作。

外部治理要进一步规范第三方交易平台经营者备案登记

《网络交易监督管理办法》规定,网络交易经营者应当依法办理市场主体登记。已办理市场主体登记的网络交易经营者应当如实公示营业执照信息以及与其经营业务有关的行政许可等信息,或者该信息的链接标识。《电子商务法》则要求平台对经营主体的真实身份信息进行核验登记,建立登记档案并且定期核验更新,若平台因未准确核验经营者信息而导致消费者无法维权,平台应承担相应责任。2019 年,《国务院办公厅关于促进平台经济规范健康发展的指导意见》提出要推进平台经济相关市场主体登记注册便利化,放宽住所(经营场所)登记条件,经营者通过电子商务平台开展经营活动的,可以使用平台提供的网络经营场所申请个体工商户登记。因此,外部治理应进一步规范第三方交易平台经营者备案登记制度,市场监管、网信办等相关部门要开展定期核验、抽查,确保平台落实监管责任,保障消费者的监督权利。

外部治理要进一步规范特定行业备案登记

目前我国针对 P2P 网贷行业、网约车行业和网络餐饮服务业已经出台了具体管理办法。随着更多新兴行业的萌生,政府也将持续审慎出台相关市场准入政策。对于一度野蛮生长的 P2P 网贷行业,我国以 2015 年银监会等四部委发布的《网络借贷信息中介机构业务活动管理暂行办法(征求意见稿)》为始,将其视为重点监管领域,先后发布了《国务院关于进一步做好防范和处置非法集资工作的意见》《互联网金融信息披露 个体网络借贷》《网络借贷信息中介机构备案登记管理指引》《关于做好 P2P 网络借贷风险专项整治整改验收工作的通知》等文件,对 P2P 网贷平台新设机构和已存续机构的备案登记申请管理制度进行严格规定,并取得了显著成效。2016 年,停业及问题平台数量的增长率从 327% 降至 33%。2017 年,停业及问题平台数量降至 645 家。随着网约车日益成为大众出行不可或缺的工具，2016年，国务院办公厅针对网约车管理出台了《网络预约出租汽车经营服务管理暂行办法》，将"专车"定义为网络预约出租汽车，列入出租汽车管理法规框架体系，并对平台的资质、服务器、支付协议等也做出详细规定。对于渗透到日常生活中的网络餐饮服务平台，国家食品药品监督管理总局在2017年发布了《网络餐饮服务食品安全监督管理办法》，明确规定平台需要履行的各项义务，包括备案、建立食品安全相关制度、审查登记、设置机构和配备人员、公示、记录、抽查和监测等在内，要求平台提供者对入网餐饮服务提供者的食品经营许可证进行审查，登记其名称、地址、法定代表人或负责人及联系方式等信息，保证食品经营许可证载明的经营场所等许可信息真实，并在餐饮服务经营活动主页面予以公示。以平台商业模式为主的新兴行业在社会经济中日益发挥着重要作用，对此，《国务院办公厅关于促进平台经济规范健康发展的指导意见》指出需要放宽融合性产品和服务准入限制，指导督促有关地方评估网约车、旅游民宿等领域的政策落实情况，对仍处于发展初期、有利于促进新旧动能转换的新兴行业，要给予先行先试机会，审慎出台市场准入政策。对于这些接入第三方主体会给消费者带来较大财产、人身安全风险的平台，执法部门应依据各行业特征倡导严格的资质审核，加强消费者投诉及反馈在第三方主体延续经营上的影响，保障消费者权益。

明确责权利边界：发挥准公共性与正视商业属性

随着我国经济发展进入新常态，在保持经济平稳健康发展的同时实现就业稳定、民生改善、文化繁荣和生态良好，离不开企业社会责任的切实履行。平台生态系统天然具备普惠共享的特性，吸引众多互补企业和消费者群体的广泛参与，满足了特定的社会需求，社会经济也对作为准公共品的平台提出充分履行社会责任、积极维护公共利益的要求。但平台企业首先是一个商业主体，商业诉求是其发展的原动力所在，过高的社会期望和责任压力会对平台的正常有序发展产生不利影响。因此，需要正视平台具备的双重属性，明确外部治理与内部治理的侧重，明晰责权利归属。我国现行政策在消费者权益和知识产权维护等方面强调发挥平台能力，在税收等方面为平台发展提供必要保障。

平台企业侵权责任认定和消费者维权

目前我国《消费者权益保护法》《网络交易监督管理办法》《电子商务法》等对平台企业侵权责任认定和消费者维权均有相应规定。2013年修正的《消费者权益保护法》就平台企业侵权行为索赔进行规定，明确指出如果消费者通过网络交易平台购买商品或者接受服务但其合法权益受到损害的，可以向销售者或服务者要求赔偿。网络交易平台提供者不能提供销售者或服务者的真实名称、地址和有效联系方式的，消费者也可以向网络交易平台提供者要求赔偿；网络交易平台提供者应当履行更有利于消费者的承诺，并在向消费者赔偿后，有权向销售者或服务者追偿。《网络交易监督管理办法》要求第三方交易平台经营者应当建立消费纠纷和解与消费维权自律制度。消费者在平台内购买商品或接受服务，发生消费纠纷或其合法权益受到损害时，消费者要求平台调解的，平台应当调解；消费者通过其他渠道维权的，平台应当向消费者提供经营者真实的网站登记信息，积极协助消费者维护自身合法权益。此外，鼓励第三方交易平台经营者设立消费者权益保证金，并只可用于对消费者权益的保障，不得挪作他用，且使用情况应当定期公开。《电子商务法》中也规定电子商务平台经营者知道或应当知道平台内经营者销售的商品或提供的服务不符合保障人身、财产安全的要求，或有其他侵害消费者合法权益行为，未采取必要措施的，依法与该平台内经营者承担连带责任。对关系消费者生命健康的商品或服务，电子商务平台经营者对平台内经营者的资质资格未尽到审核义务，或对消费者未尽到安全保障义务，造成消费者损害的，应依法承担相应的责任。平台应进一步加强对参与经营的第三方主体资质资格的审核，畅通维权途径；有关部门应定期检查确保平台具备完善的消费维权机制，并在执法过程中依据切实情况合理界定平台责任比例。

知识产权保护和侵权追责

《电子商务法》明确规定，如果知识产权权利人认为其知识产权受到侵害，有权通知电子商务平台经营者采取删除、屏蔽、断开链接、终止交易和服务等必要措施，并且该通知应当包括构成侵权的初步证据。电子商务平台经营者接到通知后，应当及时采取必要措施，并将该通知转送平台内经营者；未及时采取必要措施的，对损害的扩大部分与平台内经营者承担连带责任。在此基础上，平台应建立自律制度，定期抽查平台内经营者是否发生侵权行为，进一步完善知识产权人追责应对体系；相关部门落实事后惩处机制，提高平台知识产权意识。

平台纳税义务和税收优惠

《电子商务法》明确规定，电子商务平台经营者应当依照税收征收管理法律、行政法规等规定，向税务部门报送平台内经营者的身份信息和相关纳税信息，并且应当提示个人销售自产农副产品、家庭手工业产品，个人利用自己的技能从事依法无须取得许可的便民劳务活动和零星小额交易活动，以及依照法律、行政法规不需要办理市场主体登记的电子商务经营者依照规定办理税务登记。电子商务经营者应当依法履行纳税义务，并依法享受税收优惠。平台应落实对第三方主体纳税信息的收集、报送和提示义务；税务部门需要对享受税收优惠主体做出更加清晰、可执行度更高的定义，降低平台管理的难度，并针对新兴业态发展状况设置不同税收优惠力度，兼顾发展活力和社会公平。

鼓励市场竞争：发挥规模效应与防止不正当竞争

党的二十大报告指出，要"完善产权保护、市场准入、公平竞争、社会信用等市场经济基本制度"。建设统一、开放、竞争、有序的市场体系是经济社会持续健康发展的必要条件，也是提高资源配置效率和公平性的重要保障。平台生态系统具有较强的网络外部性和赢者通吃效应，该特征使平台能够充分发挥规模效应获取较高的经济效益，但也导致平台之间始终保持激烈竞争，因此为积累更多用户、保证市场优势地位，平台所有者往往采用倾斜式定价获取规模效应，并且试图压制第三方主体的多归属行为，甚至采取不当手段进行恶性对抗。这要求在保留平台必要的管理权力、发挥其规模效应的同时，赋予平台参与者充分的自主权，防止平台滥用市场权力，保证公平的市场竞争环境，在良性竞争中促进平台发展和创新。

现行政策法律界定了平台垄断或不正当竞争行为

目前，我国出台了《反垄断法》《网络交易监督管理办法》《反不正当竞争法》等相关法律规范。《反垄断法》中对垄断行为做出明确界定，包括经营者达成垄断协议、经营者滥用市场支配地位以及具有或可能具有排除、限制竞争效果的经营者集中等。一般认为，在平台经济中没有发现不能纳入现有反垄断法律体系的新的垄断形式。《网络交易监督管理办法》针对平台发生过的典型事件对不正当竞争行为做出详细说明，要求网络商品经营者销售商品、有关服务经营者提供服务时，应当遵守相关法律规定，不得以不正当竞争方式损害其他经营者的合法权益或扰乱社会经济秩序等。同时，不得利用网络技术手段或载体等方式，从事不正当竞争，如擅自使用知名网站特有的或与之近似的域名、名称、标识，造成消费者误认；擅自使用、伪造政府部门或者社会团体电子标识，进行引人误解的虚假宣传；以虚拟物品为奖品进行抽奖式的有奖销售，且虚拟物品在网络市场约定金额超过法律法规允许的限额；以虚构交易、删除不利评价等形式，为自己或他人提升商业信誉；以交易达成后违背事实的恶意评价损害竞争对手的商业信誉；法律法规规定的其他不正当竞争行为。《反不正当竞争法》针对利用技术手段实施不正当竞争做出新规定，进一步明确了混淆行为的概念和商业贿赂的对象，针对互联网刷单、炒信等虚假宣传问题做出规定，补充了侵犯商业秘密的法律规定。同时，规定经营者不得利用技术手段，通过影响用户选择或者其他方式，实施下列妨碍、破坏其他经营者合法提供的网络产品或者服务正常运行的行为：未经其他经营者同意，在其合法提供的网络产品或者服务中，插入链接、强制进行目标跳转；误导、欺骗、强迫用户修改、关闭、卸载其他经营者合法提供的网络产品或者服务；恶意对其他经营者合法提供的网络产品或者服务实施不兼容；其他妨碍、破坏其他经营者合法提供的网络产品或者服务正常运行的行为。随着平台经济的发展，新业态、新模式层出不穷，有关部门应当及时辨别、管束在此过程中出现的新型或隐性的垄断或不正当竞争行为，积极引导平台良性发展。

现行政策法律明确了平台公平竞争原则

当前我国法律文件中《电子商务法》对平台公平竞争做出详细规定，《国务院办公厅关于促进平台经济规范健康发展的指导意见》做出提纲挈领的指示。《电子商务法》通过一系列规定，要求电子商务平台经营者应当遵循公开、公平、公正的原则，制定平台服务协议和交易规则，明确进入和退出平台、商品和服务质量保障、消费者权益保护、个人信息保护等方面的权利和义务，并需要将协议和规则在醒目位置公示,在修改时公开征求意见。同时规定,平台经营者不得利用服务协议、交易规则以及技术等手段,对平台内经营者在平台内的交易、交易价格以及与其他经营者的交易等进行不合理限制或者附加不合理条件,或者向平台内经营者收取不合理费用,针对现实中屡禁不止的大型平台"二选一"即逼迫平台互补企业只与自己独家合作的行为做出反应。此外,电子商务平台经营者应当建立健全信用评价制度,公示信用评价规则,为消费者提供对平台内销售的商品或者提供的服务进行评价的途径,不得删除消费者评价,对删除差评等不当行为做出限制。《国务院办公厅关于促进平台经济规范健康发展的指导意见》提出需要维护公平竞争市场秩序,制定出台网络交易监督管理有关规定,依法查处互联网领域滥用市场支配地位限制交易、不正当竞争等违法行为,严禁平台单边签订排他性服务提供合同,保障平台经济相关市场主体公平参与市场竞争。维护市场价格秩序,针对互联网领域价格违法行为特点制定监管措施,规范平台和平台内经营者价格标示、价格促销等行为,引导企业合法合规经营。平台在制定内部交易规则与服务协议过程中的权威性和影响力应得到充分尊重,同时相关部门应建立平台内第三方主体意见反馈渠道,对平台市场权利加以限制。

参与国际贸易:给予政策扶持与国际规则协同

在致第五届世界互联网大会的贺信中,习近平强调,为世界经济发展增添新动能,迫切需要我们加快数字经济发展,推动全球互联网治理体系向着更加公正合理的方向迈进。世界经济数字化转型是大势所趋,构建全球市场竞争优势、参与国际经济治理也成为引导平台发展的重要方向。平台生态系统天然具有全球化的基因,普遍具有跨行业、跨地区的特征,因此多数平台企业在国内用户规模达到一定程度后纷纷选择融入国际竞争。但国内平台企业参与国际竞争的时间较短、市场规模较小、对政策的依赖性较强，在面临来自世界各国同类型企业的强势竞争时，往往需要政府通过扶持性政策予以帮助，扩大国际市场份额，形成全球市场竞争力。但同时，宽松的政策法规或将成为平台企业钻空子的帮手，也可能引致不利的国际舆论。现阶段我们仍需参考并遵循已有国际规则，逐步提高国家在全球数字经济领域规则制定的公信力和话语权。

支持跨境电子商务发展

近年来，我国不断出台相关政策法规和通知公告，以规范平台企业特别是跨境电商的发展。2013年，《国务院办公厅转发商务部等部门关于实施支持跨境电子商务零售出口有关政策意见的通知》印发。之后各地方和相关部门积极落实。商务部开展政策宣传。2014年，海关总署增列跨境电子商务海关代码和新型监管模式，发布《关于跨境贸易电子商务进出境货物、物品有关监管事宜的公告》。财政部和国家税务总局发布《关于跨境电子商务零售出口税收政策的通知》。国家质检总局出台《关于支持跨境电子商务零售出口的指导意见》。此后，《电子商务法》《外商投资法》等也做出规定。各项公告和法规对多方面事项做出规定，提出要建立电子商务出口新型海关监管模式并进行专项统计，海关对经营主体的出口商品进行集中监管，并采取清单核放、汇总申报的方式办理通关手续，降低报关费用；要建立电子商务出口检验监管模式，对电子商务出口企业及其产品进行检验检疫备案或准入管理，实施集中申报、集中办理相关检验检疫手续等便利措施；支持电子商务出口企业正常收结汇，允许经营主体申请设立外汇账户，凭海关报关信息办理货物出口收结汇业务；鼓励银行机构和支付机构为跨境电子商务提供支付服务，完善跨境电子支付、清算、结算服务体系，切实加强监管力度；实施适应电子商务出口的税收政策，对符合条件的电子商务出口货物实行增值税和消费税免税或退税政策；提出建立电子商务出口信用体系，严肃查处商业欺诈，打击侵犯知识产权和销售假冒伪劣产品等行为，不断完善电子商务出口信用体系建设。针对跨境贸易，有关部门需要积极参照已有国际规则，不断便利平台企业出口备案管控流程，完善支付税收等配套设施建设，在符合国际合规性的同时考虑自身发展特性，做好平台企业国际化的鼓励帮扶和正面引导。

参与数字经济国际规则制定、跨境贸易协定谈判

在互联网信息技术不断发展、"一带一路"倡议倍受世界各国瞩目的基础上，"数字丝绸之路"越来越多出现在公共视野中，成为我国参与数字经济国际规则的重要举措。"一带一路"倡议正在从基础设施建设走向数字化建设，利用数字经济帮助发展中国家实现跨越式发展，摆脱落后困境，为构建人类命运共同体提供可能，也成为我国参与全球治理、增强数字经济规则制定话语权的重要路径。但是，沿线众多发展中国家在经济和社会发展方面仍然相对落后。在世界各国普遍进入互联网时代的时候，部分沿线国家仍处于被边缘化地位，同时各国隶属法系、对外开放程度、法治状况、市场化水平和经贸政策存在较大差异，也为共建"数字丝绸之路"带来挑战。2019 年 11 月，《中共中央 国务院关于推进贸易高质量发展的指导意见》提出要提升贸易数字化水平，形成以数据驱动为核心、以平台为支撑、以商产融合为主线的数字化、网络化、智能化发展模式，推动企业提升贸易数字化和智能化管理能力，大力提升外贸综合服务数字化水平，积极参与全球数字经济和数字贸易规则制定，推动建立各方普遍接受的国际规则。总体而言，我国在数字贸易领域占据国际市场领先地位仍然任重道远，应当持续推进"数字丝绸之路"建设，更多参与多边或双边贸易协定谈判过程，加强我国数字经济国际话语权，推动符合我国经济发展需要的国际贸易规则的制定与落实。

保障数据安全：合理使用资源与防止数据泄露

在全国网络安全和信息化工作会议上，习近平强调，没有网络安全就没有国家安全，就没有经济社会稳定运行，广大人民群众利益也难以得到保障。数据是数字经济的核心要素，数据的获取、挖掘和使用对平台具有重要意义。然而，由于缺乏统一的监管标准和引导，对于数据使用的权利和义务尚有模糊，各类平台所有者与第三方参与者鱼龙混杂，用户数据隐私常常难以保障。在强调数据安全的同时，平台企业也对合理利用数据资源提出诉求，这直接要求作为全社会共同资产的政务数据应当充分释放其经济价值，为平台正常经营与发展提供帮助。此外，随着平台企业国际化程度的提高，平台还面临跨境数据流动创造的巨大价值和数据泄露对国家网络安全带来的高危风险之间的权衡。针对数据监管问题，现行政策提出以下原则。

规定平台企业数据收集和使用原则

目前我国的《网络交易监督管理办法》和《网络安全法》对此做出规范。《网络交易监督管理办法》规定，网络交易经营者收集、使用消费者个人信息，应当遵循合法、正当、必要的原则，明示收集、使用信息的目的、方式和范围，并经消费者同意；应当公开其收集、使用规则，不得违反法律、法规的规定和双方的约定收集、使用信息。网络交易经营者及其工作人员应当对收集的个人信息严格保密，除依法配合监督执法活动外，未经被收集者授权同意，不得向包括关联方在内的任何第三方提供。另外，网络交易经营者应当采取技术措施和其他必要措施，确保信息安全，防止信息泄露、丢失；在发生或者可能发生信息泄露、丢失的情况时，应当立即采取补救措施。针对商业短信、邮件泛滥的情况，要求网络交易经营者未经消费者同意或者请求，或消费者明确表示拒绝的，不得向其发送商业性信息。2016年通过的《网络安全法》，对网络安全相关事项做出全面严格规定。网络运营者应当对其收集的用户信息严格保密；收集、使用个人信息应当遵循合法、正当、必要的原则，公开收集、使用规则，明示收集、使用信息的目的、方式和范围，并经被收集者同意；不得收集与其提供的服务无关的个人信息；不得泄露、篡改、毁损其收集的个人信息；未经被收集者同意，不得向他人提供个人信息；建立网络信息安全投诉、举报制度，公布投诉、举报方式等信息，及时受理并处理有关网络信息安全的投诉和举报。作为平台经营者，需要加强对其用户发布信息的管理，发现法律、行政法规禁止发布或者传输的信息的，应当立即停止传输该信息，采取消除等处置措施，防止信息扩散，保存有关记录，并向有关主管部门报告。此外，任何个人和组织不得窃取、非法获得、非法出售或提供个人信息，发送的电子信息、提供的应用软件，不得设置恶意程序，不得含有法律、行政法规禁止发布或者传输的信息。平台对数据隐私的收集、使用无疑会给消费者和经济社会带来较大的安全隐患，应积极利用区块链等新技术手段明确数据权属，约束平台及第三方主体对数字资源的合理收集与规范使用，同时充分考虑平台作为商业机构并不具备专业判断能力与执法能力，适当放宽平台的责任界定，加强执法部门的监督管理，完善消费者的投诉举报机制。

规定政务数据公开和互动原则

当前我国已经制定出台了《国务院办公厅关于进一步加强政府信息公开回应社会关切提升政府公信力的意见》《政务信息资源共享管理暂行办法》《推进"互联网+政务服务"开展信息惠民试点实施方案》《政务

信息系统整合共享实施方案》《政务信息资源目录编制指南》等相关政策文件。《国务院办公厅关于进一步加强政府信息公开回应社会关切提升政府公信力的意见》提出，在信息公开过程中应充分发挥政府网站的平台作用，通过政府网站对涉及群众切身利益的重要决策征求意见、积极回应，并积极探索利用微博、微信等互联网平台打造新型政民互动渠道。《政务信息资源共享管理暂行办法》中就政府信息资源分类与共享要求做出明确规定，加快推动政务信息系统互联和公共数据共享，充分发挥政务信息资源共享在深化改革、转变职能、创新管理中的重要作用。《推进"互联网＋政务服务"开展信息惠民试点实施方案》提出，要以解决群众办事过程中"办证多、办事难"等问题为核心，运用大数据等现代信息技术，加快推进部门间信息共享和业务协同，简化群众办事环节，提升政府行政效能，畅通政务服务渠道。《政务信息系统整合共享实施方案》强调，要促进部门内部信息系统整合共享，提升国家统一电子政务网络支撑能力，推进接入统一数据共享交换平台，加快公共数据开放网站建设，建设完善全国政务信息共享网站，开展政务信息资源目录编制和全国大普查，加快构建政务信息共享标准体系，规范网上政务服务平台体系建设，开展"互联网＋政务服务"试点，促进跨地区、跨部门、跨层级信息系统互认共享，实现政务数据共享和开放在重点领域取得突破性进展。国家发展改革委和中央网信办负责制定的《政务信息资源目录编制指南》明确了政务信息资源的分类、责任方、格式、属性、更新时限、共享类型、共享方式、使用要求等内容。尽管数字政府、"互联网＋"政务服务已经开始实践并取得一定成效，但仍未能很好满足个人和企业需要，需进一步建立健全国内与国际数据交流中心。相关部门严格把控数据加密、审查、流通等环节，设置不同数据开放等级与分时段开放清单，在实现网络安全的同时满足平台各主体需要。

11.2 平台生态系统外部治理的政策建议

在综合考虑平台生态系统理论、结合我国平台经济发展现状、借鉴世界各国政策经验的基础上，我们提出相关政策建议。图11-1说明了平台生态系统外部治理的政策和制度体系需考虑国际市场和国内市场。完善平台生态系统外部治理的政策和制度体系，对促进平台经济的健康有序发展起到举足轻重的作用。

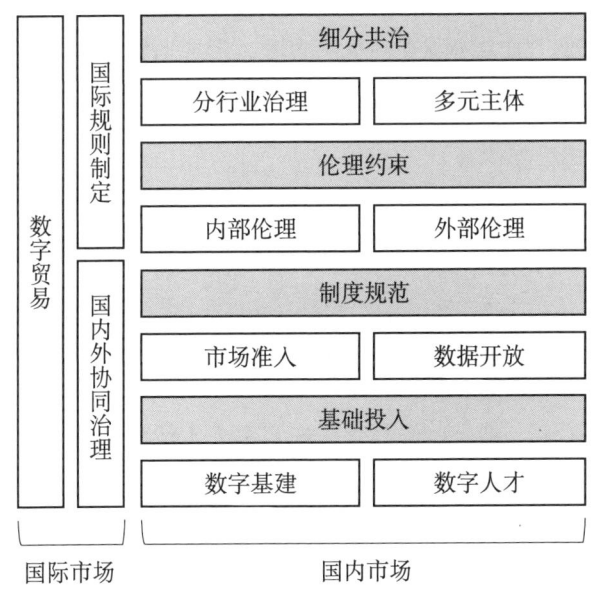

图 11-1　平台生态系统外部治理的政策和制度体系

治理框架：结合"互联网+"建立健全协同治理框架体系

依托"互联网+"助益平台治理

平台生态系统的运行由互联网驱动，其治理也离不开互联网的助益，需要依托"互联网+"监管系统推动国家监管平台与企业平台联通，线上开展信息识别监测，实现运营数据即时留痕，加强判断、记录、处理违法违规行为的能力，深化平台数据的挖掘、整合、分析和利用，时刻保障平台合法合规运行。

建立健全协同治理框架体系

平台生态系统具有多主体参与，跨行业、跨地区的特点，需要在监管治理的各个环节充分考虑多元协同治理。这就要求从平台内部微观视角与政府市场宏观视角出发，多主体共同参与平台治理，实现内部自律与外部规范的有机结合；加强不同监管部门协同作用，保障监管全面、信息互通、执法互助，提高监管效率；发挥各区域之间、中央与地方之间的协同治理，加大协调查办执法力度，形成监管合力。最终，在监督审查与处理纠纷过程中，能够依托"互联网＋"监管系统，构建一个完整的协同治理框架体系。

治理原则：坚持责权分明原则，营造包容审慎的监管环境

坚持各方主体责权分明

平台生态系统聚合政府、平台所有者、平台互补者、消费者群体等多方利益相关者。平台监管与治理涉及多个主体的利益平衡，要确保各方利益不受到侵害，需要各参与主体，特别是平台与政府，在发挥治理能力方面遵循责权分明的治理原则。平台经济渗入交易环节的深度远远超过传统经济形态的线下市场，其内部管理权能在一定程度上具备公共管理属性，适度赋予平台在经营活动各环节的管理权能，明确平台监管责任，能够更经济有效地维护平台内部市场秩序。同时，必须充分认识到平台经济只是经济形态，平台只是商业主体，交易环节的最终责任不应过分苛责于平台，而需落到平台互补者，相应的监管责任不应转嫁给平台内部落实执行，而需强化政府的监管执法职责，通过明确各方主体责权利，促进监管治理与市场竞争的有机结合。

营造包容审慎的监管环境

平台生态系统作为数字经济发展的新物种，需要本着鼓励创新、包容审慎的原则，制定合理的监管规则，营造良好的监管环境。对处于快速发展阶段、发展势头良好的平台模式，政府需要充分听取平台生态参与者的现实诉求，鼓励代表性企业和行业协会主动参与制定监管标准，避免用老规矩框新经济，切实解决现实需要。对尚处于萌芽阶段的新兴业态，政府要本着包容的态度，在合法合规的基础上提高对成长中的烦恼的容忍度，在一定时期内于公共决策上向之倾斜，促进其健康发展。对已经呈现发展乱象、踩在现有法律法规红线上的平台模式，政府需要加强监督管控，甚至予以取缔，切实优化平台经济发展环境，夯实新业态成长基础。

稳步推进基础投入

稳步推进信息基础设施建设，培育数字经济发展的优质土壤

信息基础设施建设是提升一国数字竞争力的关键所在，不仅能够支撑短期经济快速增长，更有利于长期经济效益的取得及国际竞争力的提高，因此世界各国在发展数字经济时都将基础设施建设摆在首位。平台经济的进一步发展也对我国信息基础设施建设的普及性和完备性提出更高要求。以宽带网络为例，根据第53次《中国互联网络发展状况统计报告》，截至2023年12月，我国互联网普及率为77.5%，其中农村网民占网民整体的29.8%，与发达国家之间仍存在一定差距。因此，我国要继续推进国家层面信息基础设施建设的战略计划，通过财税政策的支持为建设过程提供宽松的发展环境。构建高速、移动、泛在、安全的信息基础设施，推进光纤宽带和移动互联网的演进升级与入户普及，加强云计算中心、大数据平台、物联网等新型基础设施建设的部署和应用，推动已有水电交通运输网络等的智能化、绿色化改造，提高基础设施使用效率，为平台经济的发展奠定坚实的物质技术基础。

稳步壮大数字人才队伍，重视产学研结合

我国数字人才的岗位需求和学历层次存在结构性错配，数字人才的缺口将掣肘数字经济发展，同样也成为平台经济发展壮大的阻力。因此，我国应当加大数字人才培养力度，鼓励各大高校开设大数据、云计算、物联网、数据科学等与数字经济相关的专业和课程，优化数字技术类课程在通识课程中所占比例，鼓励校企合作实施数字技能培训，支持产学研共建实习实训基地。而针对越来越多的网络灵活就业人员，我国需要考虑在社会保障、养老医疗、税收缴纳等方面创新完善相应制度体系的设计，让这部分数字人才在充分发挥价值创造能力的同时享受应有的社会福利保障。企业作为数字人才的需求方，也应当成为人才培养的重要主体，需要正视人才缺口问题，提升存量人才能力，通过提供专业课程培训、员工转型培养项目等，帮助已有员工特别是高管快速适应数字经济挑战，优化管理方式。同时，企业也应设计适合年轻人才的快速晋升通道，提高对人才的吸引力。

探索建立制度规范

强调平台质量与信用，完善市场准入规则

作为事前管理的重要部分，完善市场准入规定，是保障平台内数字产品与服务质量、促进平台良性竞争、推动平台健康发展的重要方式。

在平台质量方面，应当加强对平台互补企业营业资质资格的审核。例如，避免无资质经营者进入；简化平台内经营者的登记注册环节，优化审批流程和服务，降低个人或企业的市场进入成本；推动平台经济参与者资质资格网络化管理，根据参与者已有资质信息和经营管理信用情况,避免进入不同平台时的重复审核、违规主体转移经营场所等情况发生,促进快捷合规管理;适当放宽新兴业态的进入标准,对于存在进入障碍的新业态、新模式给予发展机会;建立健全经营者资质定期核验制度,保障消费者的合法权益。

在平台信用方面,借助数字化信用体系,要求进入平台的企业具有良好的信用,尽量减少平台内部违法违规行为的源头。信用是数字经济的灵魂,没有完善的信用体系,平台生态系统也难以建立发展。平台生态系统治理同样需要严格区分作为软约束的信用惩戒和作为硬约束的行政处罚的边界,避免以失信惩戒之名,行行政处罚之实,打击平台发展的积极性。

做到开放与发展并蓄,满足数据共享的客观需要

作为信息时代的"石油",数据需要得到监管保护,但也要得到合理使用。我国各级政府部门掌握着社会近80%的公共数据资源,但政务信息开放共享仍然不足以满足平台企业或公众个人的需要。对此,建议政府数据以恰当的方式和途径开放共享,保持数据高速公路畅通。建立政府数据交流中心,收集处理公共数据、政务数据和个人数据,开展统一的数据管理工作。参照国内外已有经验,研究制定各类数据共享的标准规范和操作流程,设置不同数据权限等级,设立数据资源目录并分批次制定开放清单,针对不同数据使用者予以开放,在加强数据监管的同时促进数据共享,满足各主体对数据的需求。搭建国家管制的国际数据交流平台,有效解决数据本地化、加密、审查和透明度等重要问题,满足平台跨境贸易和在线商务需要,实现国家数据安全保护。制定数据交易相关法律法规和交易流通的一般规则,合理促进数据资源交易流转,规范交易行为,推动数据开放共享。

强化倡导伦理约束

健全平台内部伦理规则，引导平台自觉保障数据安全

算法的普及和数字经济的智能化使人们日益关注技术的伦理属性和价值观问题。长期以来，为了最大化攫取数据资源的价值、追逐最新的技术进步，平台对数据隐私和安全义务的执行力度往往不够，未经授权过度收集、挖掘、传输和使用用户个人数据的情况时有发生，不仅侵犯用户隐私，而且可能对国家公共秩序造成挑战。要求保障个人信息安全、保护用户隐私已经成为趋势。因此，要强化法律执行力度，将数据保护上升至政府机关而非下放到企业自觉。要求企业充分尊重用户隐私，未经用户允许不得擅自收集、传播或使用个人数据；支持数据被遗忘权，如用户要求则需停止使用已有历史数据；保持针对数据侵权行为的举报维权途径的畅通，用群众监督平台合规使用数据；利用区块链等新技术手段明确数据权属，保障数据安全。

健全平台外部伦理规则，强调政府、社会共同约束平台行为

平台生态系统的特殊性质决定了平台在一定程度上具有准公共政策制定者的地位，掌握了较强的市场控制权力，但其本身不具有对专业监察、审判、执法机构的替代能力，因为平台容易为追求市场竞争力的扩大、商业利益的累积和市场地位的提高滥用权力，对平台生态系统治理与经济发展起到负面作用。

在政府层面，需要依靠行政力量约束平台市场控制权力。例如，禁止平台制定排他性服务规则，依法查处平台滥用市场支配地位限制交易、进行不正当竞争等违法行为；针对平台经济违法行为特点制定监管措施，更新对平台滥用市场支配地位行为的判定，维护市场秩序，保障平台公平参与市场竞争，引导平台合法合规经营，激发平台竞争活力和创新动力；探索推进负面清单管理模式，破除行业和地域壁垒，保护各类平台主体依法平等进入，激发平台发展动力。

在社会层面，可以参照美国经验，加大数字文化和理念的宣传力度，做好舆论引导，营造包容开放、积极鼓励的社会环境。具体而言，可以通过传统媒体与自媒体及时发布、宣传并推广促进平台经济发展的官方政策与专家解读；积极举办有关平台经济的展览、会议或新闻发布活动，帮助全社会认识了解平台经济；宣传推介有广阔市场前景和较强市场竞争力的平台服务类型，正向引导平台发展大方向；评选平台企业典型示范案例以提高全社会对平台作用的认识，扩大优秀企业在国内外市场上的知名度和影响力；大力支持平台生态领域的创新创业大赛等活动，激发平台经济活力，发挥创新引领效能，吸引领军企业、优秀团队、高端人才的充分聚集，营造充满创新活力的市场环境。

细分协同治理责任

立足行业治理规范，有序推进分行业治理体系的建立

平台生态系统是数字经济发展的新业态、新模式，需要本着鼓励创新、包容审慎的原则，制定合理的监管规则，营造良好的监管环境。对处于快速发展阶段、发展势头良好的平台模式，政府需要充分听取平台参与者的现实诉求，鼓励最了解平台发展现状的代表性企业和行业协会主动参与制定监管标准，适当支持行业自治，分行业建立详细的监管相关规则，以激发新业态、新模式的创造活力。同时也需要重视在这一过程中可能出现的垄断行为，政府部门仍需监督管控平台治理过程中可能存在的乱象，切实优化平台经济发展环境。

立足多元协同原则，逐步细化生态系统各主体的责权利

平台生态系统聚合政府、平台所有者、平台互补者、消费者群体等

多方利益相关者，平台监管与治理涉及多个主体的利益平衡。驱动平台生态系统参与者间的良性互动，使各主体的利益均能得到保障，是平台治理的重点所在。因此，有必要明晰平台各方参与者需承担的责任和能掌握的权利，更好地实现多元协同治理。

政府可以将财政政策、税收政策作为抓手，营造包容并蓄的监管环境。在财政方面，设立专项基金、提供低息创业贷款等，为创业阶段的数字企业提供资金支持。在征税方面，对尚处于萌芽阶段的新兴业态，在萌芽期予以税收减免，在发展期扩大税基，在成熟期逐步取消税收优惠，在夯实新业态成长基础的同时维护市场秩序。

平台所有者主导协调平台决策权在所有者和互补者之间的分配，为各类参与者的自我治理赋能。平台所有者把治理决策权让渡给互补者和消费者后，需要激励互补者和消费者履行责任。因此，为了发挥平台所有者的主导作用，需要建立一定的倒逼机制，激励所有者通过学习，不断寻找支持生态系统各主体自治的资源。此外，政府和社会应鼓励平台所有者依托商业平台搭建社会平台，聚合与配置多元社会主体共同解决社会问题，以便通过平台资源配置实现更高的社会价值配置效率。例如，依靠商业平台的用户流量推出公益募捐，撬动多元社会主体参与到社会问题的解决中。

平台互补者的核心责任是确定自身在平台生态系统中的创新战略和创新速率。平台互补者可以通过分析平台的技术架构，判断自己在平台生态系统中的地位，进而调整自身战略行为，与平台所有者和其他互补者进行互动，同时追求自身利益最大化。因此，为了激励平台互补者与其他主体进行价值互动，应当引导平台所有者建立更加透明的运营机制，科学定位互补者在平台中的功能优势，最大限度地发挥互补者现实的和潜在的优势。

消费者在监督平台所有者和互补者行为、贡献专业知识等方面的作用不可或缺。一方面，消费者可以通过评价机制监督互补者；另一方面，消费者可以贡献专有经验与知识，参与到产品和服务的改进乃至设计中来，开发出真正符合消费者需求的产品和服务。因此，为了鼓励消费者参与平台生态系统的治理，应当引导平台构建畅通的消费者反馈渠道，保障消费者的价值诉求和合理期望得到及时回应。同时，政府和社会需要约束消费者的不负责行为，如恶意刷单、操控评分等，保证消费者的反馈真正有益于平台生态系统的改进和完善。

推进国际合规性进程

主导数字经济全球治理体系建设，推进数字贸易发展

美国、欧盟等数字经济先行者、平台生态领先者在数字贸易领域已经取得了领先地位，在全球范围内制定符合自身经济发展需要的、或主张自由开放或加强区域合作的贸易规则。我国如果要同时满足数字贸易国际规则的全球合规性与国别差异，需要积极推进数字贸易的发展，并在数字贸易国际规则制定方面占据一席之地，为平台企业国际化发展起到保驾护航的作用。

我国需要完善国内关于数字贸易的相关政策法规，并推动有关法律规范与国际通用规则接轨，增强平台治理的国际合规性，帮助平台企业更好地走向国际化。"一带一路"倡议的推行为我国数字贸易带来了难得的发展机遇，有关企业特别是电子商务企业可以以此为契机，建设跨境商业平台，逐步扩展，增强国际竞争力，避免与美欧等国已有的成熟平台企业产生直接竞争。从国家的角度来看，可以依托"数字丝绸之路"，在"一带一路"沿线国家或地区范围内取消或减免数字贸易关税，在网络安全的基础上支持数据自由流动，打破数字市场壁垒，释放这一区域的市场活力和潜力。数字贸易国际规则仍在不断发展的过程中，建议更

多参与到双边或多边经贸协定谈判之中，争取符合国情需要的国际规则，争取平台企业国际化过程中的利益，加强我国参与规则制定的话语权。

11.3　讨论与小结

本章探讨了平台生态系统治理的政策建议。首先是对平台生态系统外部治理面临的挑战的探讨。平台作为商业主体的趋利性导致了一系列经济与社会问题，仅靠其内部治理机制无法充分解决。因此，目前我国法律法规已针对市场准入、责权利界定、市场竞争、国际贸易和数据安全等方面的问题出台了外部治理政策。针对市场准入问题，规范第三方交易平台经营者与特定行业的备案登记；在责权利界定方面，保障消费者维权、保护知识产权、规定平台纳税义务并给予税收优惠；明确界定市场竞争中的平台垄断或不正当竞争行为，树立平台公平竞争原则；在国际贸易方面支持跨境电子商务发展，参与数字经济国际规则制定与跨境贸易协定谈判；为保障数据安全，规定平台企业数据收集和使用原则，规定政务数据公开和互动原则。

基于以上讨论，本章进一步提出了平台生态系统外部治理的政策建议。从治理框架来看，由于互联网驱动平台生态系统运行，且平台生态系统具有多主体参与、跨行业、跨地区的特点，应结合"互联网+"建立健全协同治理框架体系。从治理原则来看，要坚持责权分明原则，营造包容审慎的监管环境。具体治理政策可从推进基础投入、建立制度规范、倡导伦理约束、细分协同治理责任、推进国际合规性进程等方面入手，完善平台生态系统外部治理的政策和制度体系，促进我国平台经济健康有序发展。

第 12 章

未来展望：平台治理与国家治理现代化

　　数字经济治理是国家治理在数字经济领域的生动实践，是国家治理的重要组成部分。党的十八届三中全会首次提出了推进国家治理体系和治理能力现代化的重大命题，党的十九届四中全会第一次全面阐释了坚持和完善中国特色社会主义制度、推进国家治理体系和治理能力现代化的总体要求、总体目标和重点任务，为数字经济新形势下推进国家治理现代化做出重大部署并指明方向。党的二十大则把国家治理体系和治理能力现代化深入推进列为未来五年的主要目标任务之一。

　　数字经济的蓬勃发展，给经济社会带来了颠覆性影响。无论是从生产组织形式，还是从生产要素等方面来看，数字经济都是一种与农业经济、工业经济截然不同的经济形态，尤其是数字经济的数据化、智能化、平台化、生态化等特征，深度重塑了经济社会形态，引发了数字经济治理的根本性变革。传统的治理理念、治理工具等，均面临前所未有的挑战，而且这些挑战是全球数字经济治理面临的共同难题。在此背景之下，寻找数字经济治理的准确定位，构建适应全球数字经济发展趋势的治理体系，具有极大的紧迫性与必要性。

　　党的十九届四中全会提出，中国特色社会主义制度是党和人民在长期实践探索中形成的科学制度体系，我国国家治理一切工作和活动都依照中国特色社会主义制度展开，我国国家治理体系和治理能力是中国特色社会主义制度及其执行能力的集中体现。

12.1 国家治理的基本特征

中国的国家治理

我国的国家治理是社会主义性质的国家治理。2014年，习近平在省部级主要领导干部学习贯彻十八届三中全会精神全面深化改革专题研讨班上的讲话中指出："我们治国理政的本根，就是中国共产党领导和社会主义制度。我们思想上必须十分明确，推进国家治理体系和治理能力的现代化，绝不是西方化、资本主义化！"

国家治理体系和治理能力现代化是中国之治的重要组成部分

国家治理体系和治理能力现代化是中国之治的重要组成部分。党的十九届四中全会，在党的历史上首次把推进国家治理体系和治理能力现代化作为大会的鲜明主题。所谓国家治理体系现代化，是指通过一系列的制度安排和宏观顶层设计，使国家的治理体系日趋系统完备、不断科学规范、愈加运行有效的过程。而治理能力现代化，是将制度优势转化为治理效能的能力不断获取并逐渐强化的过程。其中，国家治理体系现代化体现了国家的制度设计能力，治理能力现代化体现了贯彻治理体系的执行能力。

根据党的十九届四中全会对新中国成立70年经验的总结与提炼，中国特色社会主义制度呈现出13个方面的显著优势，为推进国家治理体系和治理能力现代化奠定了坚实的实践基础。具体来看，这13个方面包括：坚持党的集中统一领导，坚持党的科学理论，保持政治稳定，确保国家始终沿着社会主义方向前进的显著优势；坚持人民当家作主，发展人民民主，密切联系群众，紧紧依靠人民推动国家发展的显著优势；坚持全面依法治国，建设社会主义法治国家，切实保障社会公平正义和人民权利的显著优势；坚持全国一盘棋，调动各方面积极性，集中力量办大事的显著优势；坚持各民族一律平等，铸牢中华民族共同体意识，实现共同团结奋斗、共同繁荣发展的显著优势；坚持公有制为主体、多种所有制经济共同发展和按劳分配为主体、多种分配方式并存，把社会主义制度和市场经济有机结合起来，不断解放和发展社会生产力的显著优势；坚持共同的理想信念、价值理念、道德观念，弘扬中华优秀传统文化、革命文化、社会主义先进文化，促进全体人民在思想上精神上紧紧团结在一起的显著优势；坚持以人民为中心的发展思想，不断保障和改善民生、增进人民福祉，走共同富裕道路的显著优势；坚持改革创新、与时俱进，善于自我完善、自我发展，使社会始终充满生机活力的显著优势；坚持德才兼备、选贤任能，聚天下英才而用之，培养造就更多更优秀人才的显著优势；坚持党指挥枪，确保人民军队绝对忠诚于党和人民，有力保障国家主权、安全、发展利益的显著优势；坚持"一国两制"，保持香港、澳门长期繁荣稳定，促进祖国和平统一的显著优势；坚持独立自主和对外开放相统一，积极参与全球治理，为构建人类命运共同体不断作出贡献的显著优势。

以这13个方面的显著优势为基础，党的十九届四中全会围绕国家治理体系和治理能力现代化进行了一系列制度设计，与时俱进地提出了坚持和完善党的领导制度体系、人民当家作主制度体系、中国特色社会主义法治体系、中国特色社会主义行政体制、社会主义基本经济制度、繁荣发展社会主义先进文化的制度、统筹城乡的民生保障制度、共建共治共享的社会治理制度、生态文明制度体系、党对人民军队的绝对领导制度、"一国两制"制度体系、独立自主的和平外交政策、党和国家监督体系在内的13项制度建设的实践路径，使中国之治的制度图谱更加系统。

国家治理体系和治理能力现代化是中国现代化路径的重要组成部分

中国到底需要什么样的现代化？怎样实现这样的现代化？这是近代以来一以贯之的时代之问。围绕这样的时代之问，仁人志士进行不懈探索。19世纪下半叶的洋务运动是对器物现代化的探索，而后的戊戌变法和辛亥革命是对制度现代化的探索，五四新文化运动使中国的现代化深入至心性层面。由于变迁的单向性和片面性，近代中国的现代化逡巡曲折、屡屡受挫。新中国成立后，现代化的目标历经不断动态调适的过程，主要有"一化三改"、"四个现代化"、党的十八届五中全会提出的"促进新型工业化、信息化、城镇化、农业现代化同步发展"、党的十七大报告提出"社会建设"并将中国现代化的总布局由"三位一体"延展至"四位一体"。另外，党的十八大报告提出"生态文明建设"，将中国现代化的总布局由"四位一体"扩展至"五位一体"；党的十九大报告围绕"坚持走中国特色强军之路，全面推进国防和军队现代化"进行系统论述。党的十八届三中全会基于全面深化改革的总布局，首次提出"推进国家治理体系和治理能力现代化"；党的十九届四中全会通过系统研究国家治理体系和治理能力现代化的若干重大问题，把这一全新的现代化维度具体化。可以说，直到国家治理体系和治理能力现代化的隆重出场和不断实践，中国现代化的路径图谱才愈加完整。

国家治理体系和治理能力现代化，是全景性的现代化维度。习近平强调，全面深化改革是关系党和国家事业发展全局的重大战略部署，不是某个领域某个方面的单项改革。全面深化改革需要现代化的不同维度协同发力和联动推进，才能形成国家治理体系和治理能力现代化的集群效应。

国家治理体系和治理能力现代化，是深层次的现代化维度。习近平指出，中国改革已进入深水区，可以说，容易的、皆大欢喜的改革已经完成了，好吃的肉都吃掉了，剩下的都是难啃的硬骨头。"难啃的硬骨头"就是更加成熟和更加定型的制度。推进国家治理体系和治理能力现代化，意味着中国的现代化探索已经步入"攻坚期和深水区"。

国家治理体系和治理能力现代化，是贯通型的现代化维度。政治、经济、生态、军事等其他维度的现代化，有赖于国家治理体系和治理能力现代化。换言之，这些维度的现代化探索，都需要系统完备、科学规范、运行有效的国家治理体系的支撑，需要不断提高党的科学执政、民主执政、依法执政的水平，需要不断提高国家机构的履职能力，需要不断提高人民群众依法管理国家事务、经济社会文化事务、自身事务的能力。有鉴于此，党的十九届四中全会指出，中国特色社会主义制度和国家治理体系是以马克思主义为指导、植根中国大地、具有深厚中华文化根基、深得人民拥护的制度和治理体系，是具有强大生命力和巨大优越性的制度和治理体系。

12.2 平台生态系统的治理逻辑：延续与转型

随着网络空间的崛起以及云计算、大数据、人工智能等成为基础性技术，技术驱动的互联网平台正取代企业成为未来主要的资源配置与组织方式，成为社会治理、国家治理以及全球治理的新型力量，深刻影响着科技创新、商业发展与社会变革。

随着数字经济的进一步发展，全球数字经济治理的话语权博弈将日趋激烈。未来的数字经济治理需直面数字经济发展带来的一系列风险与挑战，优化经济治理方式，在发展与保护等多重目标中寻求动态平衡。

强化对数字经济的治理成为全球趋势

一直以来，相对自由的互联网发展环境给数字经济增长创造了充分的发展空间，但其带来的风险、冲突、矛盾、问题与不确定性也与日俱增。缺乏价值观的算法产生的低俗信息泛滥、数据泄漏严重侵犯个人权利、平台垄断挤压中小企业成长空间等问题亟待解决。特别是相关风险从经济社会领域传导至政治领域，导致负面影响进一步扩大，引起各国政府高度重视。2019年，数字经济在经历多年持续高速增长之后迎来治理热潮，多国在规则制定、调查执法等方面强化作为。美国一改以往的包容姿态，对谷歌、脸书、亚马逊等数字平台频繁开展反垄断调查；欧盟依据《通用数据保护条例》实施多起处罚；多国加强网络信息内容相关立法。可以预见，未来各国政府将进一步加大对数字经济引发的负外部性问题的治理力度，持续深化对数字经济发展规律的认识，积极探索新的规制，以更好地应对数字经济治理要求。

适应数字经济发展水平是各国治理的根本出发点

值得注意的是，数字经济治理的目标选择是多元的，这些目标之间并非完全统一，如何在多元目标中寻求均衡将考验各国政府的治理艺术。数字经济治理在个人层面需要关注消费者权益、隐私保护等，在产业层面需要关注促进数字经济的发展，而在国家层面则需要考虑如何提高本国的数字经济全球竞争力。不同层面的价值考量往往存在冲突，如个人信息保护与企业算法训练需要获取更多数据之间的矛盾；即使在同一层面也会存在价值冲突，如对数字平台的反垄断来说，过于严格可能会打击本国数字经济产业，削弱大平台的全球竞争力，过于宽松又可能会挤压中小企业的成长空间。显然，如何选择并没有明确的标准答案，但各国的数字经济治理都是服务于本国数字经济发展这一根本宗旨的。不同国家和地区在制定各自数字经济规则时，也是基于本国数字经济发展实际情况和发展阶段进行的。我国在制定数字经济相关规则时，应综合考虑我国市场优势和核心技术短板劣势等，在多种治理目标之间做出妥善平衡。

协同治理的价值将进一步显现

无论是从数据治理、算法治理、数字市场竞争监管还是网络生态治理中均可看出，数字经济具有高度不确定性与复杂性，决定了单靠政府或者参与主体中的某一方力量难以有效应对诸多挑战。事实上，就数字经济治理的理论内涵而言，从管理到治理的转变，正是强调政府、平台、行业协会、平台用户等多元主体在治理中作用的发挥。政府着力于负外部性、平台垄断等市场失灵问题的解决，为数字经济发展提供公平竞争的市场环境；互联网平台，尤其是数字平台应约束自身竞争行为，并充分发挥算法、数据、贴近用户等治理优势，打造清朗的网络空间；行业协会积极构建政府与平台之间的沟通渠道，加强行业自律。未来，打造责权利清晰、激励相容的协同治理格局，形成治理合力，将成为数字经济治理的重要选择。

全球数字经济治理规则博弈正在加剧

当前正处于数字世界规则重塑窗口期，信息技术快速发展，新技新应用层出不穷，必将深刻改变数字世界规则。在全球数字贸易领域，以贸易便利化、规则透明、非歧视待遇为代表的第一代规则已经基本成熟。以跨境数据自由流动、数字产品关税、知识产权保护为核心的第二代数字贸易规则正在积极构筑阶段。可以预见，跨境数据自由流动与数据本地化的协调、数字税征收的平台化和属地化之争、信息技术产品和服务的保护等议题，将成为未来一段时间内国家间数字贸易领域的博弈焦点。在重塑世界数字经济治理规则的关键时期，主要国家都在积极构建并推广本国制度模板。在全球数字贸易领域，美国模板与欧盟模板基本成型，美欧通过国际协议、自贸区等机制积极扩大各自影响圈。在数据保护领域，欧盟个人信息制度发达，逐渐成为全球个人信息保护和执法中心；美国则一方面加快本国个人信息和隐私保护进程，另一方面推动自身成为跨境数据自由流动规则的主导者。未来，各国的规则博弈将在更多领域上演，竞争也必将更加激烈。我国作为全球第二大数字经济体，也应增强数字经济关键领域规则制定能力，强化布局、把握机遇，在全球数字经济治理规则创新中贡献中国智慧和中国方案。

12.3 国家治理现代化的挑战和未来

新时期中国国家治理面临诸多挑战，加强和完善执政党的领导，恰当发挥政府的作用，经济、政治、社会、文化、生态文明建设等各个方面都成为提升国家治理现代化水平亟需关注的领域。

政府治理水平和治理能力的提高，直接关系到国家治理效能的提升和治理现代化的推进。党的十八大以来，党和国家机构改革进一步深化，政府治理体系进一步理顺健全。进入新发展阶段，无论是构建高水平社会主义市场经济体制或是保障和改善民生等，都需要更好地发挥政府的作用。推动国家治理现代化对政府提出了挑战，要求政府加快转变职能，建设职责明确、依法行政的政府治理体系。政府也要进一步深化简政放权、放管结合、优化服务改革，全面提高行政效能，提高政府部门办事服务效率，有效节约和降低行政成本，建设法治政府，增强政府执行力和公信力。

12.4　讨论与小结

本章探讨了平台治理与国家治理现代化。首先，对国家治理的基本特征进行了阐述。我国的国家治理是具有中国特色的社会主义性质的国家治理，国家治理体系和治理能力现代化是中国之治的重要组成部分，也是中国现代化路径的重要组成部分。其次，对平台生态系统的治理逻辑进行了分析。当前，加强对数字经济的治理已成为全球趋势，尽管在不同层面治理的目标是多元的，但各国的根本宗旨都是服务于本国数字经济的发展。数字经济治理还需要多元主体参与，发挥治理合力。未来，全球数字经济治理规则博弈将进一步加剧并在更多领域上演。我国作为全球重要的数字经济体也应增强在数字经济关键领域的规则制定能力。最后，对国家治理现代化的挑战和未来进行了探讨。

图书在版编目（CIP）数据

平台生态系统治理：数字时代的企业治理范式 / 易靖韬著. -- 北京：中国人民大学出版社，2024.5
ISBN 978-7-300-32713-6

Ⅰ. ①平… Ⅱ. ①易… Ⅲ. ①网络公司-企业管理-研究 Ⅳ. ①F490.6

中国国家版本馆 CIP 数据核字（2024）第 070355 号

数字化转型与企业高质量发展
平台生态系统治理：数字时代的企业治理范式
易靖韬　著
Pingtai Shengtai Xitong Zhili: Shuzi Shidai de Qiye Zhili Fanshi

出版发行	中国人民大学出版社	
社　　址	北京中关村大街 31 号	邮政编码　100080
电　　话	010-62511242（总编室）	010-62511770（质管部）
	010-82501766（邮购部）	010-62514148（门市部）
	010-62515195（发行公司）	010-62515275（盗版举报）
网　　址	http://www.crup.com.cn	
经　　销	新华书店	
印　　刷	北京联兴盛业印刷股份有限公司	
开　　本	720 mm×1000 mm　1/16	版　　次　2024 年 5 月第 1 版
印　　张	18.25 插页 2	印　　次　2024 年 5 月第 1 次印刷
字　　数	222 000	定　　价　95.00 元

版权所有　侵权必究　印装差错　负责调换